U0102609

印 顺 法 师 佛 学 著 作 系 列

佛法是救世之光

释印顺 著

中華書局

图书在版编目(CIP)数据

佛法是救世之光/释印顺著. —北京:中华书局,2011.10
(2022.11 重印)
(印顺法师佛学著作系列)
ISBN 978-7-101-08063-6

Ⅰ.佛… Ⅱ.释… Ⅲ.佛教-文集 Ⅳ.B948-53

中国版本图书馆 CIP 数据核字(2011)第 125759 号

经台湾财团法人印顺文教基金会授权出版

书　　名	佛法是救世之光	
著　　者	释印顺	
丛 书 名	印顺法师佛学著作系列	
责任编辑	陈　平	
责任印制	管　斌	
出版发行	中华书局	
	(北京市丰台区太平桥西里 38 号　100073)	
	http://www.zhbc.com.cn	
	E-mail:zhbc@zhbc.com.cn	
印　　刷	三河市宏盛印务有限公司	
版　　次	2011 年 10 月第 1 版	
	2022 年 11 月第 4 次印刷	
规　　格	开本/880×1230 毫米　1/32	
	印张 9　插页 2　字数 185 千字	
印　　数	5001-6000 册	
国际书号	ISBN 978-7-101-08063-6	
定　　价	39.00 元	

"印顺法师佛学著作系列"出版说明

　　释印顺(1906—2005)，当代佛学泰斗，博通三藏，著述宏富，对印度佛教、中国佛教的经典、制度、历史和思想作了全面深入的梳理、辨析与阐释，取得了一系列重要学术成果，成为汉语佛学研究的杰出典范。同时，他继承和发展了太虚法师的人生佛教思想，建立起自成一家之言的人间佛教思想体系，对二十世纪中叶以来汉传佛教的走向产生了深刻影响，受到佛教界和学术界的的高度重视。

　　经台湾印顺文教基金会授权，我局于 2009 年出版《印顺法师佛学著作全集》(23 卷)，系统、全面地介绍了印顺法师的佛学研究成果和思想，受到学术界、佛教界的广泛欢迎。应读者要求，我局今推出"印顺法师佛学著作系列"，将印顺法师的佛学著作以单行本的形式逐一出版，以满足不同领域读者的研究和阅读需要。为方便学界引用，《全集》和"系列"所收各书页码完全一致。

　　"印顺法师佛学著作系列"的编辑出版以印顺文教基金会提供的台湾正闻出版社出版的印顺法师著作为底本，改繁体竖排为简体横排。以下就编辑原则、修订内容,以及与正闻版的区别等问题,略作说明。

编辑原则

编辑工作以尊重原著为第一原则,在此基础上作必要的编辑加工,以符合大陆的出版规范。

修订内容

由于原作是历年陆续出版的,各书编辑体例、编辑规范不一。我们对此作了适度统一,并订正了原版存在的一些疏漏讹误,主要包括以下几项:

1. 原书讹误的订正:

正闻版的一些疏漏之处,如引文、纪年换算、人名、书名等,本版经仔细核查后予以改正。

2. 标点符号的订正:

正闻版的标点符号使用不合大陆出版规范处甚多,本版作了较大幅度的订正。特别是正闻版对于各书中出现的经名、品名、书名、篇名,或以书名号标注,或以引号标注,或未加标注;本版则对书中出现的经名(有的书包括品名)、书名、篇名均以书名号标示,以方便读者。

3. 梵巴文词汇的删削订正:

正闻版各册(特别是专书部分)大都在人名、地名、名相术语后一再重复标出梵文或巴利文原文,不合同类学术著作惯例,且影响流畅阅读。本版对梵巴文标注作了适度删削,同时根据《望月佛教大辞典》、平川彰《佛教汉梵大辞典》、荻原云来《梵和大辞典》等工具书,订正了原版的某些拼写错误。

4. 原书注释中参见作者其他相关著作之处颇多,为方便读者查找核对,本版各书所有互相参见之处,均分别标出正闻版和本版两种页码。

5. 原书中有极少数文字不符合大陆通行的表述方式,征得著作权人同意,在不改变文义的前提下,略作删改。

印顺法师佛学著作对汉语佛学研究有极为深广的影响,同时在国际佛学界的影响也日益突出。我们希望"印顺法师佛学著作系列"的出版,有助于推进我国的佛教学以及相关学科的研究。

中华书局编辑部
二〇一一年三月

目　录

一 佛法是救世之光

——讲于菲律宾信愿寺

各位善友！在这世事纷乱、人心浮动的时代里，我们有此机会，能够安心欢喜地听佛法、讲佛法，我觉得这是三宝的恩典，佛陀的慈悲！

今天在信愿寺讲佛法，还是新年第一次，所以我便取题"光明"两字。我看到许多人，都热心求光明，都希望得到光明，无疑的，生活在光明中才能得到平安。但是在这宇宙之中，却充满了黑暗，谁能给你以光明呢？只有佛与佛法。换句话说：人们只能在信仰佛法之下，才能得到光明。

我们常听到许多人讲，这世界是太黑暗了，无论哪一角落，哪一国家，都充满了矛盾与种种斗争，而得到刺激或苦闷。学佛的人了解这点，明白社会、世界的黑暗，因之想在黑暗中求光明。

以佛法讲，世界人类之所以黑暗、纷乱，真正的问题就是自己。每一个人都以为自己很不错，很聪明，很有办法。其实，人类并不怎样聪明，也没有多大的办法。我们常把坏事当好事，而好事却没有人去做，尤其把那错误的事当作正确，认苦为乐，你想人类聪明吗？举个例吧！现在人类一天天聪明，科学文明也一天天进步,可是这种聪明所产生的是害自己的东西,给与人类本身的威胁是怎样呢? 人人害怕战争的来临,担心原子弹的爆炸,这就是为聪明所误的大见证。所以今日种种的发明与进步的结果,都是祸害众人的。

我非讲科学进步不好,而是指出人类根本不聪明,不能好好利用科学,反而被科学利用过去。这正如厨房里的菜刀,不用来切截食物,反而以之残害自己。因不能善用科学,所以科学虽进步而人类仍然生活在黑暗中,在黑暗中摸索着。佛法就是要在这黑暗中指出我们一条光明之路!

人类处在黑暗中,常产生错误、恐怖、忧苦的心理,好比在暗室里,不是看不到东西,就是看错东西,有时候会把一条绳看成一条蛇,或把闪影子看成人身,或跑错方向。

世界上的宗教,均自认为会指出人生的光明,所有的学问也自以为是真理。其实,真理只有佛法。释迦世尊在两千多年以前即成为佛,只有佛法才有光明。他的光明能给我们光明,照耀人心与普照大地。现在大家所念的“阿弥陀佛”,就是无量光明的意思。而佛救济人类有两种光明,大智慧光与大慈悲光。佛的大智慧光,让人类知道:没有出世以前是怎样的,死后又是怎样的,什么是善恶,且指出人类为什么会痛苦,指出痛苦之路还不够,还要解除痛苦,使能得到快乐,这都是他的大智慧光所明明白白现示给我们的。如果我们能接受这大智慧光,就不会有错误,随顺佛的大智慧光去了解人生真正的意义。刚才说过,人类的聪明是靠不住的,人类的错误很多。舍利子有言:人们如果没有得到佛的智慧光,就像是瞎了眼似的,什么都没有光明,外面的光也不能进来，就是这个道理。

佛不但用他的大智慧光照射我们，还用他的大慈悲光救济我们。没有一个时候，没有一个地方，不在救济我们的，他对我们比自身的儿女还关切。如果我们得到大慈悲光，心理就会非常平安，没有忧郁和苦恼的感觉。这正如一个小孩子独自行走在街上，心里很恐惧，怕跑不远路，会有别的小孩子来欺侮，如果母亲跟他在身边，他就不怕了，这是因为慈母慈悲的力量。学佛者如果学了佛还有忧郁、苦恼的感觉，就是还没有真信，还没有亲切地了解佛法，所以还没有得到佛陀慈悲的光照。

佛的大慈悲光是处处有的，但有些人还说我为什么没有接受到，这就好像外面的太阳很大，而我们却把窗门都关起来，不让太阳进来一样。所以，只要我们能真正信仰，就可以做到没有烦恼与忧愁，光明也自会来临的。我想也许有人要问：我的心肠很好，也很信佛，为什么没有得到光明？我看见国内有这种现象：人们跑到菩萨的面前，要求菩萨给他成功与发财的机会，一旦希望没有实现，他就怨佛怪佛了，这种情形是不成的！要知道：信佛应该在任何环境之下，而毫无条件的。有了绝对的信心，自有得到佛光的机会。

佛到世间讲述佛法给我们听，用大智慧光与大慈悲光来照耀我们，使我们能生活在光明当中，得到两种好处：一、成就事业——人类无论任何作为，都需要光明的指示，佛法的慈光可救济众生，使人人能心安理得，得到人间的快乐，一切的功德，一切大小事业，均能在佛的大智慧与大慈悲光中展开下去，得到满足。二、充满希望——在佛的大智慧光与大慈悲光中，永远有无穷的希望,学佛者遇到困难决不灰心,不畏失败。因他们得了佛光,深信前途是光明的。

所以,世间的一切困难,问题都在自己,如果人人都能接受佛光,还可藉此去照耀别人。自己有正确的观念,也可让别人受自己的影响,这就是佛救济世间的方法。今天在这里与诸位见面,谈佛法是救世之光,希望诸位能接受佛的大智慧光、大慈悲光,永远生活于光明当中,敬祝前途无量!

（小娟记）

二　佛为救护我们而来

　　今天是释尊的圣诞日,大家受佛的恩德感召,热烈地来参加庆祝世尊的圣诞,虔诚表示着内心的欢喜。我想在这庆祝佛诞的法会中,说到我们应如何感谢佛的恩典。今天诸位,还不是为了感激佛陀的恩典而来吗?佛在二千多年前,诞生到这五浊的苦恼世界,目的即为拯救我们这些苦恼众生,能说佛对我们没有恩吗?

　　约佛的本身说:发心修菩萨行,经过了三大阿僧祇劫,积集无边的清净功德,应到清净的国土成佛,得到最圆满的果报。可是,为了拯救众生,他还是在五浊的娑婆世界成佛了。换句话说,释尊是为救度我们而来的。所以佛出现人间,与我们的关系太深,我们怎能忘掉佛给我们的恩典呢?佛在修学菩萨道时,固不断精进地去自利利他,即完成了佛果,也还是念念不舍世间的苦恼众生。从佛时时拯救众生的行动上,表现了无比殷重的悲心。人间,如污秽不堪臭气充满的粪坑,我们如沉溺在这污秽的粪坑中,谁愿意跳进这污秽的粪坑把我们拯救出来?唯有悲心殷重的佛陀,才肯到这苦难的人间来。所以佛在二千多年前的今天,诞生到人间,出家修行,成道说法。若使没有我们苦恼众生,他已了脱生死,证悟了诸法实相,还来这苦恼世界做什么!
佛对我们的恩德深重无比,信奉佛教的群众,应加强报谢佛恩的
观念。否则,大家不能体谅佛心,不学佛的慈悲,不求大乘佛法
的广大功德,这实在不够做佛陀的忠实弟子。

　　佛诞生人间,对人间究竟有何好处? 拯救众生的方法是什
么? 一、释尊诞生到这个黑暗的世界,为众生带来了光明。不要
以为太阳大,电灯亮,就是光明,我们现在所住的世界,到处表演
着斗争、欺凌的丑剧;人与人之间,充满了恐怖与黑暗,显然的人
间失去了真理的光明,这是人类心中最大的缺陷。人类的一切
动作,好像有理想,有计划,有目的,但仔细一看,糊里糊涂的动
作,一切做不得主。这个世界里的众生,终日生活在愚痴黑暗
中,苦恼糊涂地过一生。舍利弗说:佛未出世,我犹如盲人。舍
利弗在佛的弟子中,智慧第一。想想看:智慧第一的舍利弗还说
自己如盲,况其他一切众生? 所以,佛出现人间,带给我们真理
的光明,为我们指出了解脱苦痛的正确之道,人间才有真智慧,
佛对我们的恩德,能说不深重吗?

　　二、佛生人间,又带给了我们温暖。温暖是从光明同时而来
的,如太阳出来,有光,也有暖。世间家庭的夫妻、兄弟、儿女的
恩爱,亲戚朋友的诚挚友谊,社会与国家的帮助,都是人类的温
暖。可是,世间人的恩爱、友谊一旦破裂,即成怨家,会冷得比什
么都冷酷。但佛的光明,佛的慈悲护念,一切时不舍众生。一
次,佛到僧伽的住宿处看看,见一出家病人衣服卧处染满了粪
尿。佛问他说:"你的同参道友呢?""跑了!"他痛悔地又说:"过
去人有病时,我没有照应人,故今日我有病,也无人照应我。"佛

慈悲地安慰他说:"你不要难过,我会照应你的。"于是佛把他的粪尿洗净,给他汤药。别人虽然遗弃了他,可是佛对他一样地关怀、护念。又如经中记载周利槃陀伽的故事说:周利槃陀伽是个极笨的人,他与他的哥哥一同出家,住在一处。一次,他哥哥把他赶出了山门,他可怜地站在山门外哭。佛走近他的身边,非常爱怜地问他说:"周利槃陀伽! 你为什么哭呢?""我哥哥说我太笨,不能修学佛法,从此再不要我出家了!"他说完这两句话,哭得更厉害了。佛对他说:"佛法是我的,你不要怕,跟我去学。"哥哥虽然冷酷地遗弃了弟弟,但佛仍亲切地把他带回来,留在身边,耐心地教他学习佛法。这种不舍众生的伟大精神,只有佛的广大慈悲才能做到。所以佛的慈悲,才是人间的真正温暖。

三、佛出现人间,为我们的皈敬处,给我们非常的力量。我们皈依了佛陀,心中即增长了力量。这是佛给我们的一种不可思议的加持力。如过去所不能做的事,学佛后能勇敢地去做;未学佛时,身心中充满了苦痛,学佛后就感到无比的愉快。如佛弟子出门,身边没有照顾的人,心生惊怖,这只要自己忆念佛的功德、相好,自能减除心中的怖畏。比如军人只要见到自己的军旗屹立在战场上,他就会发生强大的力量克服敌人。学佛人,前途充满了光明与希望,即最后命终时,仍在佛力的加护中,这还有什么失望与恐怖的苦痛呢?

慈悲是佛的特殊功德,他以深广的慈悲心,救护一切众生,所以他虽然离开了人间二千多年,我们仍在热烈地纪念他;佛陀还是时刻活跃在我们的心里。说老实话,若佛对我们没有深重的恩典,今天还有谁来举行这隆重的庆祝法会呢?

慈悲,是佛的特殊功德。慈是给与众生的快乐,悲是拔除众生的痛苦。慈悲虽然有浅深,但拔苦与乐的原则是一样。有人说佛教的慈悲与孔子的仁爱、基督教的博爱,没有什么差别。其实,仁爱或博爱,与佛教所说的慈悲,是有很大差别的。

一、佛的慈悲,不受阶级的限制:有人这样问:"佛教都说人类的苦痛深重,极为可怜,是不是一学佛就不可怜呢?"其实佛教说可怜,连自己在内,因为我们皆在深重的烦恼苦痛中,怎能说自己不可怜? 真正说,唯有证悟法性了脱生死的佛陀,才是万德圆具的幸福者。众生如不求智慧,不断烦恼,谁也不能说自己不可怜。事实是如此,凡是沉沦生死的一切众生,时时在极重的悲哀痛苦中,当然他们是佛陀慈悲护念极堪可怜的一群。但我们如好好地做——精进地断烦恼,求智慧,一样可以达到究竟的正觉,脱离人间的苦痛。佛对一切众生,都予以平等的地位,予以平等的救护。慈悲并非神的特权,我们也并非永远是被可怜的。我们要虔诚地接受佛的慈悲救护,同时也要有慈悲救护心去慈念众生,才能离苦得乐,达到与佛一样的大慈悲。

二、佛的慈悲,没有狭隘的偏私性:世间一母生养了几个儿女,你要叫她对儿女不生偏爱,这很不易做到,可是佛视众生如一爱子。老年的看为父母,年纪相等的看为自己的兄弟姊妹,年纪较小的看为自己的子女。世间人,要与自己相爱的才亲近,不好的就远离,人类的互相往还,处处表现了亲疏的现象。佛打破了这亲疏的观念,运用自己的深广悲智救度一切众生。即罪大恶极的众生,佛也还是一样地护念他。如基督教,信我(上帝)则受上帝的恩典,可以得救;反之,你是罪人,永远堕在地狱中,再也没有解脱的日子。如此，即使我现在信了上帝，而我过去的祖先皆没有信仰基督，岂不永远堕在地狱吗？这种仇视异己者、反对自己者的残酷，实在不能使我们同情，因为我们不能接受这残酷的阶级爱。佛法不舍一切众生，普遍地慈悲救护，即使堕地狱的众生，一时无从慈济，但将来出生人天，还是一样地拯救他，而终于要向上发展到成佛。故佛的普遍慈悲、平等救护的精神，非一切的仁爱可及。

三、佛的慈悲，不但是情感的爱，而是通过理智而发动的：父母爱自己的儿女，有时会失去理性的，一切都是自己的儿女好；若听到别人说自己的儿女不好，心里则非常的不快活。佛的慈悲中，充满了理智。佛有慈悲救济我们的能力，为什么我们至今还在悲哀苦痛中呢？"佛门广大，难度不善之人。"众生都有他们过去的善恶因果，当他恶业因缘成熟时，佛的慈悲也救不了他。佛要众生止恶行善，但众生偏去作恶，不信世间的因果，佛的慈悲又怎能救度他呢？我们能在因果的定律中，做种种的善行，佛对我们自有一种不可思议的护念。只要有一毫的可能，佛就会以因果的正行来救济我们。反之，佛的威德慈悲虽然广大无边，也救不了我们。佛对众生的慈悲护念，并不因为众生都对佛陀有虔诚的信心。这是一个值得重视的原则，凡是众生的一切行为都是善的，自然会受善果。善心增长，虽不信佛，佛也照常地护念他，而且自然会受佛所摄引而归于佛。不然，即抹煞了世间因果律了。佛的威德，佛的慈悲愿力，虽然广大，但众生的业力更大。明白这，才会知道佛的慈悲愿力中充满了理性。有许多对佛法没有正确了解的人，自己病倒了，受不了病苦的煎熬,即觉得学佛无用,这完全没有理解佛法的正义。如人做生意,以种种投机不合法的手段骗取钱财,结果犯法失败了,佛又怎样救得他呢? 所以佛救护众生,决不抹煞世间的因果律,这是慈悲中的理性表现。此外,佛的慈悲,是有理智配合的慈悲行,不但不违反世间的因果事理,在佛陀的心境中,即出世的真理也完全吻合。所以佛的慈悲,是悲智平等的,慈悲而能体验真理,智慧而又能救护众生。世间的一般宗教,只讲信仰,这太偏向了感情的爱而忽略了理智;而出世的小乘圣者,又偏重了理智,缺乏了救护的悲心。佛把感情与理智能合成一体,不偏向任何一边,而到达悲智平等与究竟的最高峰,这是佛教慈悲的尊贵处。

四、佛的慈悲,着重于彻底的救济:如世间人的治病,治本即治病的根源,治标即头痛医头脚痛医脚的医法,这虽能止一时的痛苦,而不能彻底地杜绝了病源。救济人类的苦痛,世间也有两种方法:甲、方便:如遇着没饭吃没衣穿的贫乏者,给他们衣食,这即是临时的方便办法。乙、根本的救济,是要研究贫乏者的原因,如有人因缺乏了谋生的技能而贫苦的,那就教他学个技能;如因每年水灾而贫乏的,就得想法疏通河流,这才能彻底治止他们的贫乏苦痛。佛法也如此,方便主张布施救济等;而根本却重在自身的努力,自己的苦痛要由自己努力解决。所以一个真正的修学佛法者,每能从佛法中照着实行而获得痛苦的究竟解脱。若自己不去好好地照着佛陀指示的方向努力,只想佛菩萨的慈悲救护,那是永远不能获得根本救济的,永远会流转于苦难中的。

　　世间人往往只见浅处,不见内面的要紧处。从前有人请客,客走进了主人的厨房,见烟囱直直地靠着屋檐,便非常关心地对主人说:"烟囱靠近屋檐,容易起火,最好作成曲形。"当时,主人并没有听从客人的话。不久,不幸失火,烧去了部分的房产。这时候,主人一面为自己的房产烧去而伤心,一面又感激许多来救火的人们,可是却把最初教他移烟囱改成曲形的那位客人忘掉了。部分的信佛者,但知信佛求救护,而忽略佛陀的根本救济法,不能如实奉行,这等于那位失火主人那样的愚痴。

　　学佛应注重如实的依法奉行,能切实地奉行佛法,自会得到佛力的加被,一切困难自能得到圆满的解决。若自身不断地去作恶,或不肯依照佛的教法去行,佛虽慈悲地救护一切众生,但救不了你。所以我们要依佛的教法如实奉行,这也即是接受了佛的救济。是的,佛对我们有深重的救济之恩,希望今天来庆祝的,不要忘掉佛陀的恩德!

（唯慈记）

三　降魔的方法

　　释迦牟尼佛在未成正觉前，由于了知苦行不能趣证解脱，于是到菩提树下，心善思惟，降伏魔军，经过七七四十九日，于腊月八日，夜睹明星，成等正觉。这几天正是释尊修道降魔的时候，所以特拈"降魔的方法"为题，来和大众谈谈。

　　魔，在佛法里，其义为恶的力量。凡是障碍我们向上和向善的努力的，就是魔。做人应该修行善法，奉行道德，这是正途。如遇到教我们去做不善法违背道德的事，就是遇到了魔。我们要追求真理，趣证解脱，而遇到有人教我们安于欲乐，不必精进求道学法，也就是遇到魔。魔是很多的，自己内心中的恶念、烦恼，是魔；扰乱家庭、社会的安宁与和平，使大家陷于苦痛的深渊的人，也是魔。如希特勒等，他们是障碍世界和平自由的，使世界人类不能实现和谐共存的生活，而掀起仇恨、斗争，使世界人类陷于战争的苦痛中，所以人们就称他们为"希魔"等。佛法里也说有魔王，这和其他宗教所说的撒旦差不多，魔王是恶势力的统治者，不让人超出它的势力范围。凡是欲求向上向善的，就是企图跳出魔的势力范围，这时魔就尽其伎俩，以种种方法去扰乱它，障碍它。我们学道的人，对于此等魔事，必须有一清楚的认识,才能制伏魔的滋扰,达到自己向上向善的目的。比如,一个精进修道的人,身体忽遭重病,或遇到环境、人事的障碍,就容易起烦恼,退失道心,这就是魔力。总之,魔是代表世间生死的最大力量,你不想超出它的范围,永远在它的势力范围之内,它对你是非常客气的。一旦你要想出离三界,超出它的势力范围,它就来捣乱你了。一般地说,魔是我们向上向善的障碍。其实,魔在扰乱的时候,它的方法也是很多的,譬如它以障碍的方法来使你退心的时候,你能够不为它所动,它就改用软的办法,向你说好话,现出关心你、同情你的姿态,以遂它的目的。例如:你发起出离心,要断烦恼,了生死,魔王就向你说:生死是不容易了的,不如居家衣食无忧,五欲自乐,以诸财宝,广行惠施,修善作福,死后生天。这些话,听起来是很不错的,可是骨子里就不对了,它是教你味著世间,不求解脱的,当知这就是魔。还有,如果你是爱乐大乘,发菩提心的,魔又是一套说法了!如说:菩萨是很难做的,菩萨的行门还没修好,是仍不免坠落于生死的,还是急速了生死好。总之,凡是我们想要向上走一步,魔就设法把我们向下拉一步。即使我们的志向坚定,魔不能阻碍我们发菩提心,等到我们修菩萨万行的时候,魔又来了,并且赞叹地说:你真了不起呀!修行布施、持戒、忍辱、精进、禅定、智慧,其福德果报,是如何的不可思议!施者、受者,及所施物等等都是实有的,不是自性空的。这样的赞叹宣说相似波罗蜜多,当知这也是魔。由上面所说的看来,魔之障碍我们向上向善,是有二方面的:一种是障碍我们的善行,一种是把我们向下拉一步。从表面上看,魔所说的是好话,是好事,但却是障碍我们向上增进的。简单地说,凡是我们想向上进步而向下拉我们的,不管他的话说得怎样动听,都是魔的现前。学佛的人在这上面应该提高警觉,努力向前,如果听了魔的话而退后一步,就上了魔的大当!所以,我们不但要降服自己内心中的懒惰、懈怠、放逸等的恶魔,对于师友们所说的法和所劝慰我们的话,也要多加留意。凡是引导鼓励我们向上进步的,才是善知识,而劝导我们退一步的,就是恶知识,也就是魔。魔是很多的,自己的身心、家庭、社会,处处都是有魔的,我们应该时时留意,以坚强的毅力来克服各种各样的魔的障碍力。这样才能终于达到我们最后的目的——成佛,否则是很容易被魔的圈套套住的。

甚么是魔,我们知道了,但是用甚么方法去降伏它呢?降魔的方法很多,这里且举三种来说。第一种降魔方法,这可以举一则事实来说明。佛灭度后,五传至优婆毱多尊者,尊者度人无量,弘宣正法,闻者咸受其化。魔即常来扰乱,障碍尊者的教化。尊者想了一个方法来降伏它,找了一条死蛇,以神通力变死蛇为花鬘。等到魔来到尊者面前,正想施其故伎,尊者就把死蛇变成的花鬘送给魔。这时魔很高兴,以为尊者从来没有对他这么客气过。今天尊者向他献花鬘,真是喜出望外,就欢喜地把花鬘套在颈项上。哪知道才套上去,就现了死蛇的原形,又烂又臭,无论如何也没有方法除掉它。于是跑回魔宫去,死蛇也跟着去,臭得魔没有办法,除也除不掉,只有跑回尊者面前,请求尊者为他除掉又烂又臭的死蛇。此时尊者即向魔说道:你也怕这又脏又臭的东西吗?那你为什么要拿世间的恶不善法去扰乱修道的人呢?魔央求尊者道:尊者!请你为我除去这又脏又臭的死蛇吧!

从今以后,我再也不敢到尊者面前来捣乱了。这种降魔方法,就和《西游记》上给孙猴戴上金箍圈一样,是防止他作怪的,作怪就和他不客气。因为作恶的人,本身还是怕恶的东西来加之于他的。害人的人,也是怕人家害他的。优婆毱多尊者这种降魔的方法,是给魔一点苦头吃,而使魔回心转意不再作恶了。这种方法,佛是不用的,因为佛的功德大,有更妥善的方法去降魔。但是这种方法,必须自信有超越魔的力量,才能把魔降伏下来。不然的话,变成了彼此打架,那就打不完了!

第二种降魔方法,也可以举一件事实来说明。佛在世时,时常讲法给众人听,城里的人民大多来到佛所听佛说法。魔王感到十分恐惧,以为这样下去,人民都学佛了,魔的子孙就减少了,于是就想出方法来对付。魔王差遣他的眷属们,在城的东西南北四门的要道上,跳舞、唱歌、作戏,逗引人们来看来听。因为这些世俗之乐,都是人们乐意习近的。这样一来,到佛那里听经的人就少了。佛就对弟子们说:近来听法的人少了,魔又在把人引诱了去!舍利弗和目犍连以神通力知道是魔的作怪,就准备和魔王斗一斗法。目犍连跑到四门看了一看,找到了魔王头,魔王就对目犍连说:尊者,来参加我们的歌唱跳舞吧!目犍连尊者毫不犹豫地回答说:好,我也来跳、来唱。目犍连尊者就在跳唱中,演说佛法的道理,劝导人们离恶向善,发出离心;凡是来看来听的人,都很欢喜地接受目犍连的说法。这种降魔的方法是,你跳我也跳,你唱我也唱。你所跳唱的是贪、嗔、痴,我所跳唱的是作佛事。这样,就把魔王破坏佛法的办法给消除了。后来,大乘佛法,提倡歌颂、艺术、音乐等,就是迎合一般人的心理,而利用这种方法来引摄世人入佛法的。这是大乘佛法降魔的方式。

第三种降魔的方法,事实出在《维摩诘所说经》。魔王扰乱的方法,不外是威胁、利诱和淫欲的几种。这则故事,是魔以万二千天女到持世菩萨所,劝菩萨受是万二千天女以供扫洒,持世菩萨却而不受。维摩诘知是魔王故意来娆乱菩萨的,即教魔王把天女送他,魔王不得已,只好把天女送与维摩诘。维摩诘教导她们发菩提心,以法乐自娱。后来,魔王要求天女们跟他回去,天女们说:我等与居士,有法乐,我等甚乐,不复乐五欲乐也。因为魔的世界,是教人向下向恶向黑暗的地方走的,天女们既已闻法发菩提心,再要她们走向黑暗中去,那是不可能的,所以她们不肯跟魔王一道回去。但是维摩诘却劝她们回到魔宫去,并且希望她们把自己所知道的佛法,讲给魔宫里面的人听,使他们也能逐渐地向上与向善。譬如一灯燃百千灯,明终不尽,这叫做无尽灯法门。自己学到了佛法,应该把自己所学的所知道的教给他人。若是自己明白了佛法,即脱离旧住的社会,这是不对的。深入魔宫去化魔,这种降魔的方法,自也不是一般人所能做到的。

第二、第三的两种降魔方法,不是人人都可以做到的。如目犍连以跳舞、唱歌来感化人学佛法,这必须自己先有把握,才能转物不为物所转。若自己没有把握,结果没有感化了他人,反被他人感化了,这是非常危险的。深入魔宫去度化魔众,更非自己具有超拔的力量不行。不然,未入魔宫,即为魔化了,怎能化魔?唯有佛、菩萨、阿罗汉,才具有超越魔的力量,才能入魔化魔,才可以采用这些降魔的方式。上面所说的三种,只是给大家介绍降魔的方式，不是真正降魔的办法，真正降魔的办法，还是要向释尊学习。

我们追溯释尊在菩提树下的降伏魔军，他所使用的方法是：使魔无所施其技，从根本上令魔对佛没有办法，这才是真正降魔的方法。佛在菩提树下，魔王用种种方法扰乱佛。最初，魔王差遣魔兵魔将，手持刀枪箭戟，用恐怖威吓的手段。这时，佛稳如泰山，根本不为魔所动，也不理睬它，魔兵魔将自然就退却了。魔王看到用威胁的手段不能使佛回心转意，于是就改变用利诱的方法。魔说：你若回去做王，可以统摄四大部洲，五欲自在，七宝具足，举世拥戴，何必弃世荣华，自苦其身！释尊依旧不理睬它，不为魔的利诱所动。魔王看到用威胁、利诱的方法都不能动摇佛的志向，于是就派遣魔女用声色之乐来诱惑释尊，释尊仍用"不睬它"的办法来对付。这样，魔王使尽了伎俩，费尽气力，结果一点效用也没有，只好偃旗息鼓，低头丧气地跑回魔宫去。这和中国古人所说的"贫贱不能移，富贵不能淫，威武不能屈"的精神是一致的。威胁、利诱、声色、欲乐，这是一般人所最难忘怀的，能够做到"不睬它"的工夫，这是很不容易的！要真正做到"不睬它"，对于这些世间欲乐荣华必须要彻底放下；不能够彻底放下，说不睬它那是没有用的，因为魔的力量是很强大的。佛的"不睬它"，是内心里有个确立不移的东西在那里，不是把眼睛闭起来，把耳朵塞起来，不见不闻的那种"不睬它"。要知道，佛有大慈悲力和大精进力，由此二力，所以能够破除一切魔军。佛已证觉宇宙人生的真理，五住永尽，二死已亡，以大慈悲心视一切众生等同一子，所以对魔的威胁、利诱、声色、欲乐，在佛眼看来,不但不觉得可怖、可喜、可乐,只觉得魔的可怜可悯。这有如慈悲的母亲,对于稚子送糖给她吃,只觉得好笑,决不会因此而动摇她的心。同样的,稚子手持玩娱的刀枪向母亲刺打过来,母亲也只有觉得可笑可怜,决不会生起什么嗔心的。一般人就是因为没有慈悲的力量,所以不可贪的而贪,不可嗔的而嗔,不可爱的要爱,这才流转生死,不能跳出魔的罗网。佛具有大慈悲力,对于这一切,都有深切的认识,所以能够很容易地做到"富贵不能淫,威武不能屈"。在一切所有的力量中,慈悲的力量最大,有了慈悲,才能忍受一切苦难,才能克服魔的一切诱惑。我们要降魔,首先须学习佛的大慈悲力。

佛又具有大精进力,因为有此大精进力,才能勇往直前地一直向上,远离恶法,修学善行,朝着最高的目标前进。如经说:魔王劝佛回宫做转轮圣王,而佛回答说:做转轮圣王那算得什么,做三界的法王,岂不是更伟大吗?必须有了这种一直向前,不屈不挠的精神,才不会再为一切恶法所扰乱所破坏,也才不会在中途跌倒。唯有具备大精进力的人,才能堪任以大法化导一切人。否则,难免不被恶法魔事所动摇的。我们常听说:降魔!降魔!但不知用什么方法去降魔。要知道佛法最根本而妥善的降魔方法,就是要具备如上所说的:大慈悲力和大精进力。这二种力量如果不能充实圆备,魔是不容易降伏的。

再者,大家不要以为到成佛的时候才降魔,要知道魔随时随处都在跟着我们的。我们要天天降魔,时时降魔,才能够对于善法有所增进;不能够随时随处破除魔的障难,在佛法中是不会有进步的,学佛就是不断地在破除魔难的过程当中。能够深切地理解这一点,则对于降魔的二种方法——大慈悲力与大精进力,就要不断地力求充实,才可以立于不败之地。等到二力充实圆满,自然可以你跳我也跳,你唱我也唱;或打进魔宫去教化魔众了。希望大家不断地降魔,在一切善法中前进。

(续明记)

四　南无当来下生弥勒佛

——在善导寺共修会讲

　　诸位法师,诸位居士! 依照农历的习惯说,今天是新年的第一个星期日,也是我们第一次为佛法而聚会,第一次宣讲佛学。首先,在三宝的威德加被中,为诸位发愿,祝大家福慧增长,身心安乐!

　　佛教新年的第一件大事,就是礼赞称念:"南无当来下生弥勒佛。"这是过去大陆上大小庙宇共同举行的。因此,有以为年初一是弥勒佛的诞辰。其实弥勒还是菩萨,还是"当来下生";弥勒佛尚未下生,哪里来的生日呢? 那么,为什么中国的佛教徒都在除夕晚上举行弥勒普佛;初一早上又称念弥勒的圣号呢? 要知道,这就是表示学佛人新年第一件大事——共同发愿:祝弥勒佛早日下生到此世界来。虽然经里说弥勒佛要经过若干时劫才下生到这个世间,可是佛弟子却希望弥勒佛早日下生。这是学佛人的深切愿望,是很有意义的一件事。因为弥勒菩萨下生成佛,有二种好处:一、弥勒下生成佛时候的世界,和我们现在所住的五浊恶世不同,那时候的世界是清净幸福的。依据经文所说,那时世界和平,人口众多,财富无量,没有苦痛与困难,真是快乐极了。所以佛弟子希望弥勒早早下生到这个世界来,大家好同享和平自由的幸福。二、弥勒菩萨下生成佛,佛法昌隆,所谓龙华三会,有众多众生发出离心了生死,众多众生发菩提心志愿成佛。从世间方面看,那时的世界是繁荣幸福的;从佛法方面看,是充满了真理与自由的。必须这二方面具足,才可称为快乐幸福的世界。如佛法昌隆,而世人却生活在苦痛之中,这当然是不够圆满的。如世界繁荣,而没有佛法,如天上一样,大家不向上求进步了生死,成佛,那也是不够理想的。弥勒菩萨降生的世界,这二个问题同时解决。世界既安乐幸福,人们也知道依佛法了生死,发菩提心。这是太好了! 所以佛弟子新年第一件大事,就是为弥勒菩萨早日下生而发愿,称念“南无当来下生弥勒佛”。世人每谓佛教徒只求自了,不问世界的福乐,可说是完全误会。真实的佛弟子,希望世界和平,国家富强,佛法昌隆,决不是比不上别人,这可以由佛弟子新年的祝愿中看出。

　　知道了佛弟子在年初一的希愿,然后我们要进一步说,仅是发愿是不够的,必要有一种方法,使这愿心获得成就。其方法可有两种:一、看弥勒菩萨在释迦牟尼佛法会中是怎样的。经里说:弥勒菩萨是“具凡夫身,不断诸漏”,又说:“虽复出家,不修禅定,不断烦恼。”弥勒菩萨的真实功德,不是我们所知道的,但他在这世间,为引导我们所表现的风格说,弥勒菩萨还是一个凡夫。他不但不是佛,也没有断除烦恼,成为四果罗汉。他虽是出家人,然并不摄意山林,专修禅定。不修禅定,也不断烦恼,好像是一位没有修行的,其实却不是这样。弥勒菩萨之所以表现这种风格,因为在五浊恶世,菩萨的修行应该重在布施、持戒、忍辱、精进、慈悲、智慧……如不修习这些功德,福德不足,慈悲不足,专门去修定断烦恼,是一定要落入小乘的。弥勒菩萨表现了菩萨的精神,为末世众生作模范,所以并不专修禅定,断烦恼,而为了利益他人,多作布施、持戒、忍辱、慈悲、精进等功德。经里曾有人发问:像弥勒菩萨的这样不修禅定,不断烦恼,何以能成佛呢? 而释迦牟尼佛却说,唯有他才能当来成佛。因为行菩萨道的人,多重于利他,是于利他中去完成自利的。

二、不但要学习弥勒在释迦法会中所表现的,为我们作榜样的风格;我们希望弥勒菩萨早日下生,那要怎样去修行,才可以实现此一希有的愿望? 最可靠的方法,就是弥勒菩萨在哪里,我们也去哪里。等到弥勒菩萨下生的时候,我们也跟着一齐来,在龙华三会中,见佛,闻法,断烦恼,了生死,发菩提心,修菩萨行。弥勒菩萨现在上升兜率天内院,学佛的应该求生兜率;将来弥勒菩萨下生成佛,三会说法,就可以参预法会,增益功德,自行化他。要达到此一目的,就要与弥勒菩萨结法缘。弥勒菩萨的特德,可以从他的姓名中看出。梵语弥勒,译为中国语就是慈。他最初发心,是从慈心出发的。一般人每合称慈悲,其实悲是悲悯心,着重在拔救他人的苦痛。慈是与乐心,众生没有快乐与幸福,要设法给与他。菩萨,慈与悲都是具足的,不过弥勒菩萨的特德,侧重在修习慈心。经里说弥勒菩萨最初发心时,即不杀生,不食众生肉;从此以来,都以慈为姓。

像释迦牟尼佛,发愿在五浊恶世里成佛,拔济苦痛的众生,象征着释迦佛的悲心殷重。弥勒菩萨当来下生的世界是净土,发愿在净土成佛,人人得享快乐幸福,这象征着弥勒佛的慈心弘薄。我们了解这点,就要与弥勒菩萨一样的发心,随时随地,尽自己的力量去帮助人,使他人得安乐,得利益。素食、不杀生,都是增长慈心的方法,弥勒菩萨因修习慈心法门而称为慈氏。大家能这样做去,就可以与弥勒菩萨的慈心相应,不难上生兜率天了。弥勒菩萨将来下生,要在清净世界中,这可以用浅近的比喻来说。如一国的总统,要到某处去,那个地方总是先为整齐洁净一番。如这个世界不使它逐渐地转向清净,弥勒菩萨是不会下生到此世界来的。如这个人间,逐渐地转向清净,到那时轮王出世,专以道德化人,社会繁荣,世界和平,弥勒菩萨下生的时间也就到了。假使要世间逐渐地清净,应修习"和乐善生"的法门。人与人间要和谐相亲,彼此和合共处,减少斗争、摩擦,苦痛与困难也就会合理地解决。世间怎样才算是幸福?彼此和乐共处就是幸福;彼此不和不乐,就没有幸福可言。如不能和乐,就是有金钱,有高楼大厦,也是充满痛苦的。如彼此能谅解,和乐相处,就是生活在苦难中,也是充满欢喜与信心的,一定会一天天走向光明的。所以佛法净化人间的根本,重在和乐互助;要达到彼此和乐互助的目的,要修习善生的法门。甚么是善生的法门?简单地说,即修习五戒十善。大家能做到不杀生、不偷盗、不邪淫、不妄语、不贪、不嗔、不痴,世界就可以达到繁荣和平与自由。人间的苦痛解除,世间才有真正的进步。如不照此和乐善生的法门去修行,你杀我害,你抢我夺,互相淫乱,欺诈,这个世界就永远谈不到和乐善生。经里告诉我们,要亲近弥勒菩萨,要想龙华三会有我们参加的份,就要励行此善生法门。大家这样做了,世间自然清净,弥勒菩萨也自然下生了。

中国佛教徒大年初一的大家发愿,里面含有佛教徒的真正愿望。要想使此一愿望实现,增长我们的慈心,是根本的问题。一般人过年,彼此见面,都道一声恭喜,问一句你好!这也是希望别人喜乐的意思。大家能维持此新年的心境,真能做到愿意别人好,人人能这样想,这样去做,社会自然的就进步,人人有幸福可享。如大家不这样做,见他人有好处、快乐、幸福,而心生障碍、嫉妒、破坏,社会自然也就难得和乐清净了。学佛的人,处处希望他人好;虽然希望自己好,但希望他人比我更好,这才是佛教徒的存心。再加上奉持五戒,修习十善,自利利他,读大乘经,念弥勒名,发愿往生兜率净土,将来弥勒下生时,一定会共享世界清净佛法昌隆的幸福,一定会从龙华三会中,得解脱,成正觉。太虚大师一生提倡往生兜率净土的法门,凡是大师创立的道场,每日早上皆诵持《弥勒上生经》和称念弥勒菩萨名,就是这个意思。总之,我们要念弥勒菩萨的圣号,还要同弥勒菩萨一样慈念一切众生,广行一切和乐善生的法门。

平常说:一年之计在于春。今年我们来修学佛法,大家要从此新年做起,发愿立志。无论是修学何种法门,都要将此祝望弥勒早日下生和世间早得安乐为根本。由于愿望一切人得到快乐幸福,而自己励行五戒、奉持十善。

佛弟子祝愿弥勒净土的早日实现,从宋朝以后,历元、明、清。有些外道利用人类的希望,假说弥勒菩萨下生了,说王某或张某即是弥勒菩萨,像过去白莲教等,都有此话。这些外道,想借此作号召而造反,争权利,其实他们所行是完全不合佛法的。他们假借弥勒降世的名目,而来杀人放火打天下,不是增加人人的快乐幸福,而是增加社会的苦难,与弥勒菩萨的愿行是绝对相反的。弥勒菩萨哪里会在这样扰乱的世界降生呢?真正学佛的,要从净化自己的身心做起,人人都能这样做,清净安乐的世界自然可以到达。今天希望大家在这新年开始的时候,共同发愿:愿人人得到快乐幸福,世界和平自由,佛法昌隆,人人走上学菩萨成佛的大路,以求实现与弥勒菩萨同生一处,亲逢龙华三会。

(法增记)

五　皆大欢喜

——在马尼拉大乘信愿寺讲

　　各位善友！依我们中国的农历来说，今天这个星期讲演会，还是今年的第一次，在新年第一次来向诸位善友讲演，首先也得循俗例向诸位说一声："恭喜！"

　　在我们佛教里，每逢正月初一，总是称念"南无当来下生弥勒尊佛"。从佛法方面说，新年开始，庆祝弥勒菩萨，也充满了"恭喜"的意味。在马尼拉的寺庙里，可以见到弥勒菩萨的圣像。本来在中国的大丛林里，当我们一进山门，迎面就见到有一位大肚皮的菩萨，敞着胸怀，坐在那儿向着大家笑，笑得是那么慈祥、自在！所以每个人走进山门，首先就生起了欢喜心。今天我就以弥勒菩萨的"皆大欢喜"作为讲题。

　　所谓"皆大欢喜"，就是人人见了皆生欢喜心，其中也就含有"恭喜"之意。当我们一进山门，弥勒菩萨含笑相迎，似乎在祝福大家"皆大欢喜"！这中间含了一种很重要的意义，就是启示大家要修学"随喜法门"。

　　世间上的人，人人皆想欢喜，个个总想快乐，这本来是人之常情。不过这中间有种毛病，就是"不耐他荣"，总是希望自己欢喜,一看到他人在欢喜,自己反而难过起来。譬如看到别人有钱,而自己没有钱;别人的生意做得好,而自己经营不佳;或在学校里读书,看到别人考到第一……这种种客观的欢喜因素,反而造成自己的不愉快。因为自己不欢喜,又惹得别人不高兴。结果,自己也苦,别人也苦,这又何苦呢!

这种不欢喜的主因,是由于一种烦恼——嫉妒心在作祟。每个人大都是为自己的利益打算,看到别人比我好,自己总不免有些放不下。不过中国人通常还有一种好习惯,就是一到过年,大家总能暂时放下自私自利的心理,即使平常有些难过的人,新年见了面,彼此皆互相恭喜发财,祝福健康! 假使能够把这种美德永远保持下去,不但新年初一恭喜,就是初二、初三,乃至十二月三十夜,一年到头彼此总存有一种恭喜的心理,那是多么的好呢! 由此,我们就得注意到:在正月初一互道恭喜,大都是出于一种虚伪心,好像例行客气话。其实我们不恭喜别人便罢,要恭喜人,就得生起一种真正的观念来:必须从内心恭喜别人身体健康,生意兴隆,家庭和睦,学业进步! 能真诚地彻底做到为别人欢喜,也就做到了佛法上的随喜法门,这种功德比什么都大!

现在再来谈谈弥勒菩萨所倡导的皆大欢喜的法门。关于弥勒菩萨的圣德,一般修学佛法的人总会了解的。怕也还有人不大知道,现在简单地来说一下。我们这个娑婆世界的教主是释迦牟尼佛,弥勒菩萨是佛的一位大弟子,当初世尊曾为他授记,将来可以做佛,号弥勒佛。当弥勒菩萨成佛时的一切殊胜境界,当然是最美满而理想的。

在未讲到弥勒菩萨成佛的胜境之前,先从他示现人间的一副慈祥的姿态说起:弥勒菩萨的样子,是胖胖的,肚皮大大的,这种圆满的福相,正显示了很富有的样子。有钱的人,大都长得肥肥的,俗语说:"十个胖子九个富。"但也有些有钱的人,不一定胖,这也许他的心思太多,心境狭隘吧! 所以除了物质丰富以外,精神也要力求开阔,心量宽大,含容一切,才能达到"心宽体胖"的地步。这是弥勒菩萨所表现给我们学习的一种榜样。

还有,弥勒菩萨终日对人总是笑眯眯的,这表示他是真心的欢喜。世间上有各色各样的笑,但一般人的笑,只是因自己一时的欢喜而从内心发出得意的笑,很少纯为别人欢喜而笑的,故笑起来总没有弥勒菩萨那样笑得天真自然。弥勒菩萨觉得一切人都与他有缘,他的悲心止不住他的笑容。他运用了佛法四摄中的"爱语"来接近众生;而众生也就因为他那副慈悲和蔼的态度,对他乐意亲近和归化。我们知道弥勒菩萨的胸襟和态度以后,因有钱、有势,自恃事业成功而自己感到欢喜的,这分明还不够。应该以弥勒菩萨为模范,第一要心量广大,大度包容;第二对人讲话要和颜悦色,不要以势凌人。我们的态度很要紧,同样的一句话,因为态度和措辞的失当,或者动不动就发脾气,往往把很好的事情弄糟了。所以我们应该时时学弥勒菩萨和蔼的风度,对一切人相处总笑眯眯的,自己也欢喜,别人也欢喜,在欢喜豁达的心境中,可以很容易地解决一切问题。

在佛教里,弥勒菩萨坐镇在山门口,就是暗示着修学佛法,首先要培养欢喜心,开拓心境,包含一切。希望我们从弥勒法门中讨个入处,在现生即获得利益。

弥勒菩萨现在尚位居补处,将来龙华三会成正觉时,得到究竟的欢喜,那是不用说的了。众生生逢佛世,大家也有无限的欢喜。因为弥勒菩萨来成佛时,有两件事值得我们欢喜的:第一是世界和平,第二是佛法兴隆。因此,佛与众生,皆大欢喜!

我们目前这个混乱的世界,到处充满了火药气味,终年在颠沛流离中讨生活,精神是够痛苦的。虽然也有人倡导世界和平,口号喊得震天价响,但那还是一种理想的境界,与事实相差太远。然而,弥勒菩萨一降临人间,那时的确是世界和平的。仁王出世,国土清净,政治廉明,没有战争、诉讼,也没有贪污舞弊,衣食住一切生活所需,样样都好。气候也冷暖适中,甚至连蚊蝇也绝迹了。生存在这样理想的环境中,人与人之间已没有倾轧和冲突,个个总和乐相处,大家皆信仰佛教,皈依三宝,奉行五戒、十善等种种善行。能有缘生到那个时候,是真正值得欢喜的!

我们现在大家所感到欢喜的,其实只是一种小欢喜。一般人以为生意做得顺利,有了大洋房,有了新汽车,身体又健康,于是就心满意足了。其实这些都是靠不住的!例如说:你的家道是十足富有吧,而社会上的贪污、敲诈、盗贼等种种罪行不一而足,你的财产时时被坏人觊觎,随时有侵损的可能。再说到你的身体健康吧,而你四周的环境未必合乎卫生,别人患了传染病,病菌会慢慢向你袭击,所以个人独善其身地满足于眼前的快乐是不够的。同时,我们所认为的事业发达,儿孙满堂,也往往在时间的变迁中变化了。诸位侨居海外,长一辈的人,对世态无常的变幻,总该看得很清楚的。例如说:某人数十年前,家财万贯,生意做得顶大,可算是数一数二的大侨领。曾几何时,竟倾家荡产,一败涂地。推其原因,虽然问题很多,但主要的还是因为有了钱，又有地位，吃的用的一切皆考究享受。奢侈的生活又造成浪漫的行为，终日挥霍无度。加以儿孙因家产得来容易，一向养尊处优惯了，视金钱如粪土，也就促成他造罪。这样不到一两代，有些富豪自然也就慢慢趋向没落了。故最要紧的，还是要修学佛法，提高道德观念，才能保持财富。弥勒菩萨的作略，才是真正的富足呢！

弥勒佛出世，在龙华三会说法度生，佛法非常兴隆，每个人至少也得皈依三宝，受持五戒。因为大家奉行佛法，有了钱，也就获得适当的处理，除了各人必须的生活费用外，多余的皆供养三宝，或救济别人，做公共福利事业。在这样优越的佛化胜境中，自然善行日渐增长，大家奉公守法。所以弥勒菩萨的时代，个个都是上进的，每个人只有一天天地更加好起来。能够生到弥勒的化土中，是何等的幸福！

方才所说的弥勒菩萨时代的富有状况，还只一种浅近的讲法。再进一步说，生到那个时代的人，大家皆发菩提心，修菩萨道，将来还可以了生脱死，同证佛果呢！所以生到那个时代，做个人也比现在好多了，没有罪恶，只有幸福！看看目前的一切不如意事，难怪大家总希望弥勒菩萨早日来成佛。故每年正月初一，大家皆欢聚在寺庙里，恭祝弥勒菩萨。有人误会那一天是弥勒诞，其实弥勒菩萨还没有降生人间，哪里会有诞期呢？这实是对他的一种"预祝"，祈祷他早日降临。因为他来了，会给我们带来兴隆的佛法与和平的世界，并赋予每个人一颗欢喜的心！

今天是新年第一次讲演会，我拈出"皆大欢喜"四字，对诸位解释佛法中的"恭喜"之意。希望诸位发大愿，常常称念弥勒

菩萨的圣号;并发随喜心,成就一切。祝福大家同赴龙华三会,
恭喜诸位早成佛道!

（自立记）

六　观世音菩萨的赞仰

今天,是观世音菩萨的圣诞,大家受了菩萨的恩德所感召,来本寺同聚一堂,共祝圣诞,实为难得。中国人信仰观世音菩萨特别多,尤其是女众。今天趁此殊胜的机缘,为大家一谈观世音菩萨的意义,以增长我们正确的认识和信仰。

观世音,是罗什的旧译,玄奘新译为观自在,这是同一梵语的不同传译。中国每略称为观音。菩萨,简单说,就是上求下化的大心众生,在修行历程中还没有达到究竟圆满的大乘行者。观世音在上求下化的菩萨中,据《悲华经》说,他是一生补处的法身大士,是继承阿弥陀佛位的菩萨,功行几乎圆满,十方诸佛的所有功德,几乎都具足了。经中有处说:观世音是过去"正法明如来",那么他是佛而现化菩萨的。他现身在无量的国土中,以菩萨身,拯救多难的苦恼众生,还表现他无穷的广大悲愿。观世音与阿弥陀佛有着特殊的关系,不但他是"西方三圣"中的一尊,而且还有说观世音就是阿弥陀佛的化身。

或有人问:观世音菩萨何处人,他的道场究在何处?其实观音是古佛再来,不可说他有固定道场,因为他是"无刹不现身"的。他是阿弥陀的辅弼,他的道场,便是极乐世界。但在这娑婆世界，南印度海边的普陀落伽山，是观世音菩萨的古道场，这如《华严经》等都如此说。梁贞元年，日僧慧锷在中国请了一尊观音像，想带回日本供养。谁知路经舟山群岛（在浙江定海县），却被狂风恶浪阻止了归程，被迫将圣像请上了海中的一个小岛——梅岑，筑一所茅蓬来供养。观世音菩萨与此岛有缘，日子久了，朝拜敬仰观音圣像的人多起来，此岛就成为观音菩萨的道场，也就改名为"普陀山"。此外在西藏拉萨，达赖喇嘛住持的地方名"普陀宫"，这因为传说达赖是观音菩萨的化身。这可见观世音菩萨的道场，并无一定，哪里有虔诚的观音信仰，哪里有观世音菩萨的大悲救世精神，哪里就是普陀，哪里就有观音。太虚大师说："清净为心皆补怛（即普陀），慈悲济物即观音。"诸位！即如今日台湾的善导寺，难道不是观音菩萨的道场吗？

随机应化，是菩萨行的特色。今天念诵的大悲咒，是千手千眼的观世音。千手，表拯救众生的伟大能力；千眼表智慧光的无处不照，这是大悲大智的表征。为了接引众生向正觉的大道，观音菩萨的方便应化，可以说无微不至。这在《法华经·普门品》中，叙述得最为清楚。如应以佛身得度者，观世音菩萨即现佛身而为说法，乃至应以夜叉阿修罗、人非人等身得度者，即皆现之而为说法。现实的世间中，如应以居士、农夫、工商、军政人等身得度者，亦现其类而为说法。随类应化的方便，是菩萨行中的同事摄。此不独观世音有之，如弥勒菩萨偈颂说："弥勒真弥勒，分身千百亿，时时示时人，时人自不识"，也就是此意。千手千眼而外，有十八臂观音、四臂观音，最一般的，即示现天人庄严相的圣观音。一向有三十三观音的类别，总不外随机示现而已！

观音菩萨的身像,究竟是男是女,一般人总不免这样的疑问着。其实随类现身,当然可以有男相,有女相。不过约大菩萨相说,都是大丈夫相。唐代以前的观音,也总是大丈夫相的。《华严经》也说:"勇猛丈夫观自在。"然而观音菩萨的特殊表德,是大慈大悲。约这个意义说,他的应化,一方面是内在的悲心激发;一方面是哪一类的有情苦痛多,菩萨的现身应化就多。观世音在人类中的应化,现女身的较多,这是有两个意义的。一、女众的苦难,从古代以来,一直多过了男人。二、女众内心的特性,是慈忍柔和。表现在她们的日常行为中,即是爱。女众的心理,慈爱确实超过了男人。如母亲对于自己的儿女爱,深重殷切,无微不至;父亲对儿女就没有那样深重殷切的了。爱,即在私我的黑影中所表现的慈悲,是慈悲的局限化,不免带点歪曲。慈悲,即爱的无我的扩大。由于女众内在具有了母亲的特性,故以慈悲为特德的观世音菩萨,即多应现女身。扩大为无私的大爱,泛爱广大的人类,一切众生,都如慈母爱自己的儿女一样。所以观世音的应现女身,不但为了女众受的苦痛多,而就是发扬人间的母爱,使广大而无私的,成为菩萨的平等慈悲。所以我们信仰观世音,应如孩子的敬仰母亲一样。能如此的诚切敬仰,如母子的心意感通,自能得观世音菩萨的救护。

观世音——阿缚卢枳帝湿伐啰,在今日印度教中也是有人知道的,而且还是女性。所以唐宋以来,观音像塑为女相是有意义与根据的。在海浪滔天生存俄顷的航海生活中,最危险,安全最无把握,即最需要慈悲的救护。所以,观音在海滨一带信仰最深。如印度的观音道场,在南海;中国方面,江、浙、闽、广、台湾,以及南洋的华侨间,观世音菩萨是唯一的安慰者。中国的普陀山,也在东海中。值得注意的,如台湾(闽广等沿海诸省都有)的天后宫、妈祖庙,都与沿海的民众信仰有关,而且都是现女相的。从人类的宗教学说,慈悲救护的要求,会无意识地现起女相来。西方的一神教,本是反对设像的;而天主教有玛利亚——耶稣的母亲像。玛利亚称为圣母,传说中也有种种慈悲救护的神迹,与观音菩萨一样。所以在宗教中,这不外乎无限慈悲的崇仰、无限慈悲的表现而已。如从菩萨的示现说,玛利亚还没有出世以前,观音的圣德已是大乘佛教共知的事迹了。这些都可看作观音的一种应化,特别是今日台湾所有的天后(妈祖),我们应以观音的精神去充实他,净化他。应以天后——妈祖身而得度者,即现天后妈祖身而为说法。

　　不过,这里特别要说到的是:一、一般人崇敬观世音菩萨,往往多为功利的交易,如向菩萨许愿,如菩萨佑助我,那么我来还愿,"重修庙宇,再塑金身"等等。这种贿赂式的祈求,即是毫无真实信仰,是非佛法的!信仰观世音菩萨,向菩萨祈求,应如孩子信仰自己的母亲,向母亲祈求一样,绝对信任,真诚亲切。只要与儿女有利益,母亲是会给予的。我们所祈求的,或是不合理的,或是与我们无益的,菩萨难道也会救助你?二、母亲护助儿女,但儿女的光明前程,不是母亲的赐予,不是一切依赖母亲,而是自己立志向上,努力创造的成果。所以信仰观世音菩萨,切不可推卸了自己在现实人生中应负的责任,过着事事依赖菩萨的生活,自己不长进,不离恶,不行善,不知皈依三宝,奉行佛法,颠颠倒倒。菩萨是大慈大悲的,但你自己罪业所障,菩萨也救不了你。所以应仰慕观音菩萨慈悲救世的精神,奉行佛法,诚切地实行,当然会得到菩萨的救护。在人生的旅程上,若遇到了无法解决的困难,如不是定业,不是罪有应得,凭着信仰的真诚,自能获得观世音不可思议的感应!

每一大菩萨,表征了一种不同的德性,慈悲即观音菩萨的德性。我们如果不杀生,而且对一切众生能予以普遍的爱护,那么我们的心行就与观音的慈悲相应。相应则相感,这即是"同类相感"的道理。所以,我们内心的信仰,要能表现在外表的行动上,现实的行为,要能与观音菩萨的慈悲行相应。这才是我们今天对观音菩萨应有的真正纪念!

(唯慈记)

七　修学观世音菩萨的大悲法门

　　在今天纪念观音菩萨的法会中,我想把菩萨的救世悲行作一简单的介绍,使我们对菩萨更有深一层的信解。诸位都知道观音菩萨的手中执有净瓶与杨枝。净瓶与杨枝,这是表示了菩萨普救世间的伟大悲行。世间如火宅,众生心中充满了热恼。观音菩萨时以瓶中的甘露水遍洒人间,使在热恼中的一切有情皆获清凉。有热恼煎逼的苦恼众生,谁不想到清凉? 如愚痴众生,渴求智慧;体弱多病,希求健康;贫贱众生,追求富贵……现实人生的种种缺憾与内心的种种烦恼,是热恼的根源。热恼,如天旱时稻禾需要雨水的灌溉一样。大家信仰观音菩萨,即渴求菩萨的甘露水,息灭内心的热恼。观音菩萨确有令众生热恼变清凉的甘露水,如愚痴众生、多病众生能时时虔诚地礼念观音,能得菩萨的悲心救护,便能渐增智慧,或体力康健。

　　可是,人们有一怪现象,即不到苦难当头,想不起观音菩萨;就是信仰,也不恳切,也不能真心诚意地接受指导。这种临时抱佛脚的行为,有智者决不出此。真正信仰观音菩萨,不仅是临时救急,更应重于平时的实践,在忠实的实践中得菩萨的感应,自能解脱现生的苦痛与内心的热恼。也唯有在平时奉行菩萨的言教,才能增长清净的功德法财。如信任医师,就得处处听医师的嘱咐。若你在病时,信任医师的诊治,一旦病好,就把医生嘱咐的卫生之道——多运动、慎饮食、注意清洁等完全忘却,这怎能求得身体的长久健康? 不但有了病需要恢复健康,无病时更需要维持健康、促进健康。所以我们在平时,必须遵守医师的嘱咐,注意运动、饮食、清洁等。信仰观音菩萨,也应重视平时的忠实奉行。若平时的行动与菩萨的教诲相违,等到身临苦难,即使得菩萨的救济,也已是下策了。所以要想彻底解决苦痛,常得杨枝甘露的灌洒,常得没有热恼的清凉,要在平时忠实奉行菩萨的教导。

　　观音菩萨教化众生是以身作则的。他自身精进地修大悲行,也教众生修大悲行;他从大悲行中自利利他,积集了无量功德,远离了生死苦恼而得究竟的解脱。我们若依菩萨的言说奉行,最低限度也能解脱现生的苦恼,获得人生的应有福乐。若能生生世世修大悲行,即可成就观音菩萨的无边功德,而得无上的解脱。所以,观音菩萨的大悲法门,是不可思议的。《华严经》中的善财童子参访观音,当时他求观音菩萨的开示:应如何学菩萨行? 观音菩萨直接地对他说:菩萨应学的法门无量无边,但在这无边的法门中,我是修学了大悲行解脱门。起初我渐渐地学行大悲,经过长久时间的学习,终于深入了大悲法门广度众生,成就无边的清净功德,而得无上的解脱。善财! 我以大悲法门修菩萨行,一贯的目的,在解除一切众生的苦痛,救护他,使他们免除怖畏。

　　众生欲得菩萨的护念,无有恐怖,应修学观音菩萨的大悲法门。但大悲应如何修学呢？学习大悲的方法极为简单。凡见人类的苦痛，不管他与我有什么关系，都能平等地予以同情，愿意他减轻现有的苦恼；如更能平等地同情一切众生，时时想减轻他们的痛苦，这即是菩萨的悲心。悲心，本来每一个有情都是有的，但是众生的心境狭隘，不能扩大同情成为菩萨的悲心。从前我还未出家时，记得家姊在某一晚上得病，我听到姊姊病苦的呻吟声，心里也感到非常的苦痛。因不放心姊姊的病，心急不安，不能入眠；可是越是心急，越觉夜长，干急地等天亮了，好去请医生。由我对姊姊痛苦的同情，推知他人的同情，如父母见自己的儿女得病，或儿女见父母得病，心里总有深重的同情，而且着急得很。人人对自己的亲人怀有深切同情心，但每不问别人的苦难，甚至亲见亲闻悲惨凄切的境界，还是若无其事，如此就离去菩萨的大悲义太远了。世人何以不能扩大同情，成为菩萨的悲心呢？这因我们无始来就被烦恼所迷惑，为自私的情见所包围，所以不能现起平等的悲心来。根据佛法的缘起义说：人与人间的关系很深；常人以为自己的亲属朋友才有关系，其实，农夫、军警、商人等……哪一界人不与你有深切的关系？你想：若没有农夫，你哪来资养生命的食物？没有军警，谁来保障你的生存？没有商人，谁给你转运别处急需的一切物品？你这样一想：整个人类都与你有密切关系，当然全人类是你的同情对象。若再深一层观察：一切有情都是与你同样的具有心识的动物，我与他都是障深业重的苦恼众生，无始以来都曾有过亲密的关系。能作如是观，自能扩大同情成为平等自救救他的悲心。

　　有人说：我没有权势，或没有财力，如何救人？其实这都不是不能悲恻援助的理由。真正悲心激发，即自己的力量多大，就献出多大的力量。力量可以有大小，却不会完全没有。如见小孩跌落水坑，难道没有扶起他的力量？再不然，难道没有呼救的力量？我们如存悲恻拔苦的心肠，决不问有多大力量，只是脚踏实地地随分随力地做去。观音菩萨起初也与我们一样，但他修学大悲法门，愈修愈深，悲心愈深，功德力愈大，如今观世音已是将入佛境的大菩萨了，他也还是由凡夫渐渐修成的。若我们能发愿生生世世地修大悲法门，当来不也可以成观音菩萨吗？大悲是趣向佛境的极要法门，有大悲行，才能积集自利利他的无边功德，趣证佛果，否则即没有成佛的可能。大乘佛法的实践者，即在乎具有深重的悲心。悲心虽然人皆有之，但没有菩萨的广大，若能不断地修学，悲心即能渐渐地发挥出来，成为无穷的深广。观音菩萨开示善财修大悲行，他自己也如实地广行大悲，他真是一位以身作则的大师。我们以观音菩萨为模范，渐渐地修学，大悲行总有圆满成就的一天。但在修学的过程中，不要以为菩萨的悲智如此深广，不能一天学成，生起畏难的念头；如怕难，即要失望而停顿了。要知道菩萨的深广悲智，是他在无量劫中修成的。学菩萨不要心急，但确定目标，不断地学去，必能渐入圣境。心急确为常人的第一病，但世间哪有一蹴即成的易事？心急对于学习是无益的，反而有碍学习的进步。如能不畏艰苦，耐心地学习，自会越学越快。这如初读书的童子，开始念一两句都背不出来。但书读多了，增长了理解力，就是数千字的长文，也容易熟背了。修学佛法，起初总觉不易，但能耐心修学，大悲力自一天天增长，等到悲力强大，救度众生的艰巨工作就容易负担了。

　　真正大乘佛法的实践者，对大悲的修学极为重视。因为大乘的发菩提心，广度众生，就是"菩提所缘，缘苦众生"的悲心发动。若离去了悲心，即不成菩提心，想成佛是不可能的。没有悲心的菩萨行——布施、持戒等，乃至广修礼佛、诵经、供养，这都是人天的果报，或者是小乘功德。若具有悲心，他的一切修行，都是将来成佛的因缘。所以经中说到修学，总是说"大悲为上首"。一切成佛的清净功德，都要以大悲为领导；无大悲领导所修的一切功德，至多也不过是人天或二乘小果罢了。

　　扩大同情而成为菩萨的平等悲心，在凡夫位上似乎不易做到，但我们若常观察人与人间的关系，则不难发现到我与人类的关切。当彻底透视了人我间的相关性，则不管什么人的苦难，都容易引起同情心。其次，我们要看他人的好处，别看他人的坏处。人总有多少好处，也不能完全没有错误的。若过去某人骂过我，现在他遭遇了不幸，我就欢喜，这是幸灾乐祸心，与悲心相障碍。若我们忘记他的错失，见到他人的功德，从好处想，别人有难，我们自能生起深重的同情心。能透视人我间的相关性，能注重他人的好处，自会逐渐引发同情，这即是向观音菩萨的悲心去学习。我们纪念菩萨，要发扬菩萨的大悲精神。我们要向菩萨看齐，相互策励劝进，这无论对己对人，都有无量利益。最后，我希望诸位都从学修大悲行中，做成大悲救苦的观音菩萨。

　　　　　　　　　　　　　　　　　　（唯慈记）

八　地藏菩萨之圣德及其法门

——一九六三年中元节讲于慧日讲堂

　　每年农历七月间,中国佛教界盛行超度救济的法会。一是盂兰盆法会:释迦佛住世的时候,目犍连尊者为救度母亲脱离饿鬼之苦,于七月十五日供佛供僧的一种法门。另一种即地藏法会:农历七月三十日,是地藏菩萨应化中国的涅槃日。因地藏菩萨救济地狱众生,故七月有地藏法会。还有,就是佛为阿难开示的救济地狱饿鬼的瑜伽焰口法门。此三种法会,在中国的七月中,有着糅合为一的趋势。在这次法会中,我想略说地藏菩萨法门。

一　中国僧俗的崇敬

　　一、民间信仰:地藏菩萨在中国,受到出家及在家众普遍的尊重敬仰。地藏菩萨是提倡孝道的,重视超度救济父母。中国人特重孝道,其慎终追远的精神与地藏法门相合,故地藏菩萨在中国受到特殊的尊敬。

　　经中提到的大菩萨虽很多,而为中国民间所熟悉的,是观世音菩萨与地藏菩萨。在我的故乡,七月三十日,家家都烧地藏香,纪念地藏菩萨。一般学佛的人,每念诵《地藏菩萨本愿经》或发心书写流通,可谓家喻户晓,实由孝父母超荐父母而来。所以在七月中,除了盂兰盆法会外,还有地藏法会,一般寺院也就特别忙碌了。这可见地藏菩萨已成为广大的民间信仰。我们信佛的,应怎样了解地藏菩萨的功德!

二、大德推重:地藏菩萨不但在民间为民众所崇仰,在出家的大德中,也有特别推重地藏菩萨的,现在举两位大德来说。明末清初,佛教史上有名的四大师,即紫柏、莲池、憨山、蕅益。蕅益大师是一位大通家,禅、律、天台、净土,无一不弘扬。他特别推重地藏菩萨,曾于地藏菩萨前发愿。他年轻时已受比丘戒,却又在地藏菩萨前舍比丘戒而成为菩萨沙弥。近代的弘一大师是人人所熟知的,他本是一位艺术家,后来出家,专研戒律,为近代唯一精研律藏的大师。他也特别推重地藏菩萨。某年至厦门,遇卢世侯居士刺血绘地藏菩萨圣像,因劝他画地藏菩萨应化事迹图。弘一大师每幅为之题赞,后印赠此图,以为大师六十寿。由此可见,两位大师是如何地推重地藏菩萨。一般人信仰地藏菩萨,只知地藏发过"地狱未空,誓不成佛"的大愿,要到地狱去救度众生,而对地藏菩萨的利生法门却还不大清楚。然由古今大德的赞叹推重中,可想见地藏菩萨之不可思议功德。希望由此而进一步了解菩萨的伟大,是这次讲说的意趣所在。

二　九华山之地藏菩萨

中国有四大名山,即四位大菩萨的应化道场。五台山文殊菩萨,峨眉山普贤菩萨,南海普陀山观世音菩萨,九华山地藏菩萨。此四大名山,有许多寺院,几乎全以本山的菩萨为中心,如五台山寺院皆供文殊菩萨,普陀山寺院皆供观音菩萨为本尊等。这样,四大名山即为四大菩萨的应化道场,也就成为全国佛教徒朝拜的圣地。

九华山在安徽的青阳县,本名九子山,唐李白至九子山时,见九峰如华,后来因之又名九华山。唐代的中国佛教,正如日丽中天,东传至日本、韩国,日、韩等国有不少僧人来中国求法,或学儒学、政治等。那时韩国分为三个国家,即新罗、高句丽、百济。有新罗王子发心出家,名地藏比丘,于唐太宗贞观四年来中国参学。最初随处参访,游化数年,后至南中国的安徽省九华山,见深山中有盆地,即于此山结庐苦修。不知过了若干年,为地方士绅诸葛节游山时所发现。见此一和尚,住的是石洞茅蓬,破锅残粒中渗有一些白土,生活异常清苦。询知是新罗王子,远来中国求法,诸葛长者深感未尽地主之谊,于是发心提倡,为地藏比丘修建寺院。九华山主姓闵,家财甚富。建寺必得请闵公布施山地,闵公对地藏比丘也非常敬仰,问他要多少地,地藏答道:"一袈裟所覆盖地足矣。"时地藏以神通力,袈裟一披,盖尽九华,于是闵公将整个九华山地全部布施供养。闵公为地藏护法,其子也随地藏比丘出家,法名道明,为地藏的侍者。现在所见的地藏菩萨像,两旁有一老者及少年比丘,即闵公父子。寺院建成后,各方来参学者甚众,新罗国也有不少人来亲近供养。九华山高且深,寺众增多,生活即发生问题,煮饭还要渗拌白土(此土色白而细腻,俗称观音土),其清苦可想而知,故当时称之为"枯槁众"。寺中大众只是一心为求佛法,而完全放弃了物质享受的要求。地藏比丘及大众在九华山的影响甚大,后来新罗国王得悉,即派人送粮食供养。地藏比丘一直领导此精进苦行的道场,至唐开元廿六年七月三十日涅槃,世寿九十九岁。大家都直觉到,地藏比丘实为地藏菩萨的化身,是地藏菩萨来中国的应化,所以大家称之为地藏菩萨,而九华山即成为地藏菩萨应化的道场,成为中国四大名山之一了。特别是每年七月三十日,九华山香火尤其鼎盛。地藏菩萨自有他特殊的因缘感应,才能得到民间一致的信仰。

三　地藏菩萨之名德

一、释名义:在佛法中,菩萨是依德立名,不像一般人的名字,与自身的心行无关。中国熟知的四大菩萨,于名号上皆加一赞词,如大智文殊、大行普贤、大悲观音、大愿地藏,可见地藏菩萨的愿力是特别深广的。大乘经中有《大集经》,以佛说法时,十方大众云集的大法会而得名。在大集法会中,菩萨多有以藏为名的,如日藏、月藏、虚空藏、金刚藏、须弥藏、地藏。何谓地藏?地是大地,也是"地大";藏是含藏、伏藏义,如金矿、银矿、煤矿、铁矿等。于佛法中名为藏,是库藏之意。地藏之含义,一方面是从地而说;地是四大之一,能担当一切,一切崇山峻岭,万事万物都在地上。此喻菩萨的功德,能为众生而荷担一切难行苦行。地也有依止义,一切草木皆依地而成,依地而生。喻世间一切自利利他功德,依此菩萨而存在而引起。地藏菩萨能含藏种种功德,能引生一切功德,难行苦行,救度众生,故名地藏。世俗称为地藏王,依经但名地藏,也许因地藏比丘为新罗国王子,而加"王"字以尊称之。

二、赞功德:九华山的地藏,是菩萨的应化,现在要来说地藏菩萨的真实功德。如《占察经》说:"发心以来,过无量无边不可思议阿僧祇劫,久已能度萨婆若海,功德满足,但依本愿自在力故,权巧现化,影应十方。"据经文的记载,地藏菩萨发心修行以来,已经很久——无量无边不可思议阿僧祇劫了。功德智慧,与佛一样。萨婆若即一切智——佛智。萨婆若海,形容佛之大觉悟大智慧,如海一样的深广。地藏菩萨于无量无边劫修行,早已达到了佛的智慧海,功德圆满具足,早应成佛了。但菩萨发愿度尽一切众生,故隐其真实功德,以本愿力,自在神通,到处现身说法,救度人天。故《楞伽经》中说到,有大悲菩萨,永不成佛。这不是因为程度差,或者懈怠修行,而由于大悲愿力,发愿度尽一切众生,所以功德与佛齐等,而不现佛身,始终以菩萨身于十方世界度脱众生。

地藏菩萨的功德,与佛平等,所以敬信菩萨的功德,也不可思议了。如《十轮经》(卷一)说:"诸大菩萨所,于百劫中至心皈依,称名念诵,礼拜供养,求诸所愿,不如有人于一食顷,至心皈依称名念诵礼拜供养地藏菩萨,求诸所愿,悉得满足。……如如意宝,亦如伏藏。"经上说:若至诚皈依文殊、弥勒等诸大菩萨,称其名号,礼拜供养,求自己所愿,如求健康,求长寿,求财富,或求断烦恼等。于一百劫中求诸大菩萨,还不如有人于一顿饭间——短期间至心皈依地藏菩萨,称名念诵菩萨名号,虔诚敬礼地藏菩萨的功德大,若有所求,皆能圆满达成愿望。这是弘扬地藏菩萨法门,所以特地赞叹地藏菩萨功德的超胜。如意宝,即摩尼珠,此宝能出生一切,所求皆遂。地藏菩萨的悲愿救度,令众生所求皆应。又如穷人忽得伏藏,立刻大富,一切都有了。若众生有种种艰苦,不得自在,修行地藏法门,这样的一切皆可满足。此外,依《地藏十轮经》说,地藏菩萨如观世音菩萨一样,于十方世界现种种身,说种种法,令众生离种种困苦,皆得满足。

地藏菩萨还有一特殊功德,也是从地藏的名义而来,如《十轮经》(卷一)说:"能令大地一切草木……花果,皆悉生长。"住在农村的,希望的是农作物丰收。地藏菩萨能满众生所求,增长一切花草树木,一切于地上生长的,皆得丰硕的收成。此经译出后,少人弘扬,故对地藏菩萨这方面的特殊功德,少人注意。对于这,农人们应是特别感恩祈求的。

还有,地藏菩萨的治愈疾病,如《须弥藏经》说:"汝今能于一切众生,能为大药,如大妙药。何以故?汝身即是微妙大药。"古代的药,主要是生于地上的草木及矿物,故地藏菩萨功德如药师佛一样。但不是大医王,而是大妙药,能令众生增长精气,增进健康,祛除疾病。若能见菩萨,亲近菩萨,一切病——身病、心病、生死烦恼病皆除,一切功德皆具足。

末了,就是一般熟知的,依《地藏菩萨本愿经》而说的"地狱未空,誓不成佛"了。依《地藏菩萨本愿经》,地藏本愿誓欲度尽地狱众生,众生中最苦恼者,应是地狱众生了,菩萨特发大愿,对极苦众生而加以救济解脱。

四　地藏菩萨之特德

一、来居秽土：一切大菩萨，如观世音菩萨，在此世界示现度生，所现皆在家相，如现白衣大士或现天人等相，文殊师利现童子相，普贤菩萨也是在家相。唯地藏菩萨现出家相。此一意义，很少人注意。地藏菩萨究竟为什么现出家相？为了说明此义，以"来居秽土"及"现声闻相"二义来说。地藏菩萨虽然遍到一切世界度生，但特别要在这秽恶世界度罪苦众生。此如《十轮经》（卷一）说："地藏已于无量无数大劫，五浊恶世无佛世界，成熟有情。"地藏菩萨发心于无量无边劫，皆于秽恶世界度众生，越是秽恶的世界越要去，越是苦恼的众生越要度。他还要到没有佛法的世界，众生苦难最多处去利益众生。菩萨的愿力各有不同，地藏菩萨的慈悲大愿，是着重于秽恶世间的成熟有情。因此，如《十轮经》（卷一）说："我今学世尊发如是愿，当于此秽土得无上菩提。"释迦牟尼佛是出现于秽恶世界，并于此秽土成佛的。地藏菩萨要学习释迦佛，发愿于此秽土成佛，于此秽土度生，可说是释迦佛精神的真正继承者。

二、示现声闻：地藏菩萨是大菩萨，功德与佛相齐，究竟圆满，于此娑婆世界释迦佛法会中，现出家相，如《十轮经》（卷一）说："以神通力，现声闻像。"声闻是出家弟子的名称，这是地藏菩萨的特色。依大乘经说，有些清净世界没有小乘法，也没有出家众。但释迦来此秽土成佛，即现出家相；秽土佛法与出家众是有密切关系的。地藏菩萨向释迦佛看齐，现出家相，也愿于秽土成佛。秽恶世界的佛法,有出家众,可以解说为适应时代,而有为己的独善的倾向。但从另一方面说,含有积极的特殊意义:在这秽恶世界,众生一天到晚非争名,即夺利,为生活忙,为私利忙,整个社会充满了罪恶黑暗。在此黑暗污秽的世界中,应给予一种光明和希望,所以释迦佛出现于秽土中,出家成佛。《十轮经》说,出家的僧相,是秽恶世界的清净幢相。在此不理想的社会中,建立清净的僧团,使大家见闻熏染,而达到身心清净。佛法是适应社会的,在秽土中弘法要有出家人现出清净庄严的解脱相。释迦佛及地藏菩萨,来秽土而现出家相,意义即在于此。出家无经济的私有,以乞化为生,不为享受,也就减少了因经济而来的问题。其次,现出家相,男不婚,女不嫁,不像一般人,因夫妇关系而发生纠纷苦痛。五浊恶世的无边罪恶,主要起因于男女及经济的占有。出家相,即提供了解决秽土困难以及解脱秽染身心的方案。即使做不到,也知道解脱苦难的真正方向。所以秽土的佛法,重心为出家众,而净土中就可以没有出家的了。地藏菩萨现出家相于此土度生,有着特殊意义,所以秽土众生对地藏菩萨感到特别亲切。地藏菩萨不只是提倡孝道,超度父母,而且现声闻身,度秽土众,实为古代大德特别推重的原因。

五　救度众生不堕地狱

地藏菩萨来五浊恶世救众生,而众生中最苦恼者是地狱众生,所以地藏菩萨的悲愿力,众所熟知,是为了救脱地狱的众生。一般人所知道的,是地藏菩萨把地狱里的苦恼众生救拔出来。

但这不是唯一的办法,也不是最理想的。最要紧、最彻底的,还是如何令众生不堕地狱,才是救度地狱众生的好办法。比如好的医生,非但能为病者治疗或动手术,还能教人如何调摄健康,预防疾病。如只知地藏菩萨救度地狱众生,而不知菩萨还苦心教导众生,何者应止,何者应作,才能不堕地狱,若等到堕入地狱受苦,已是迟了。

一、定生无间地狱之大罪:作什么罪会堕地狱? 会堕最苦的地狱——无间狱(印度语名阿鼻地狱)?《地藏菩萨本愿经》中有种种地狱名称。八热地狱,充满大火,铜床铁柱;最下层即是阿鼻地狱。作极重恶业的,死后不耽搁时间,立刻堕进地狱中;地狱受苦时间也没有间断,所以名为无间地狱。依佛法说,作善有善果,作恶有恶果,作重的恶业则堕地狱。但作了地狱恶业,是否一定要堕地狱? 有了堕地狱的恶业,来生不一定堕地狱。每人可能有很多的地狱业,是过去生所作的;在此生中,又从小至老,说不定也作有地狱业,但不一定非堕地狱不可。若有善的功德因缘或者胜过恶业,还是上升人天(但不是地狱的恶业没有了)。可是,若造了极重的恶业,除非不犯,一犯即堕,作其他功德或忏悔,都不可能不堕落。正如人患了绝症,非死不可。有些病看来虽然严重,但如逢名医良药,还有治愈希望,若是绝症就不可能了。五浊恶世的众生,作恶业的机会特别多,危险性也特别大。所以必须清楚了别善恶,特别先要认清极重而非堕落不可的恶业,这才能注意不作,免堕地狱。

堕落无间地狱的极重恶业,经中说到二类:(一)十一种恶业。如《十轮经》(卷三)说:"造五无间及近五无间四根本罪,并谤正法、疑三宝等二种人。……于此十一罪中，随造一种，身坏命殁，无余间隔，定生无间大地狱中。"此十一种重罪，分五无间、四根本戒、及谤正法与疑三宝——三类。五无间罪，是说作此五种的一种，必堕大无间地狱中。五无间罪是：1.杀父，2.杀母。父母生养我，教育我，从幼至长，恩重如山。依世间法说，杀害父母，简直是畜生行为；刑法中的逆害父母罪，也是极其重的。3.杀阿罗汉：已修行至阿罗汉者，是四果圣人，若杀之，罪极重。4.出佛身血：佛在世时，提婆达多欲害佛，从山上推下大石，欲把佛压死。但为护法神打碎，碎石碰伤佛的脚趾流血，于是成为出佛身血重罪。5.破和合僧：于出家清净僧团中，恶意破坏，令和谐的僧团分裂为二，即构成无间重罪。后三种，是佛法中特说的重罪。一般来说，在这恶世而犯此五无间者并不多。如杀父母的很少；出佛身血，除提婆达多，就没有第二人；能破坏出家人团体的也不多；杀阿罗汉的，到了末法中，阿罗汉绝无仅有，杀阿罗汉的自然更少有了。近无间四根本罪，是杀、盗、淫、妄中最重的，才造成无间地狱罪。如出家众犯此四根本戒即逐出僧团，如断树根，不复发芽；如大海死尸，不复为法海所纳。若犯的不是近无间的根本罪，或犯后立即于僧团中至诚求忏悔，接受处分，虽于现生中不能了生死，证圣果，但还可厕身于僧团，称为与学沙弥。如不知忏悔的，当然除外。在家或出家，如犯了近无间的根本重罪，一犯即堕落，不通忏悔。其中杀生（佛决不会被杀），以杀独觉为杀罪的最重。盗，以盗三宝物为最重，如属于佛、法、僧的东西，为大众发心供养的，若盗取是最重罪。淫，以淫阿罗汉比丘尼为最重；对已证阿罗汉之比丘尼，强迫奸淫她，必堕无间地狱。妄,以不实语,即挑拨僧团的是非,使僧团分裂为最重。世间一切功德,清净解脱,了生死,修菩萨行,成佛,皆从三宝来。此四重罪,皆破坏三宝,令三宝不清净,损害最大。此外,第三类的两种,看来似不要紧,却极其重要。1. 谤正法:若外道而谤正法,因他不懂佛法,胡说八道,如蛇吞青蛙,猫吃耗子,虽有罪但不犯重。若修学佛法的出家弟子,在佛法中自毁正法,如狮子身中虫,自食狮子肉,罪过就大了。我们信佛学佛,不应毁谤佛法。一般法师居士,都不会存心毁谤,但也可能谤了而不自知。如佛法有声闻乘、缘觉乘、菩萨乘(大乘),若修学声闻乘,赞叹声闻乘,而说大乘非佛说,即是谤法。若学大乘而呵斥小乘,认为不应该学,也同属谤法罪。若人只重持戒而废定慧,或重定而废戒慧,或重慧而废戒定,有所偏废,劝人不要学,都是谤法。换言之,只学一种修行法门,而轻慢其他的,认为不应该学,学了没有用,都是谤法。若只一法门就够了,何以佛陀要说八万四千法门? 重一法而轻其他法门,令众生生颠倒解,走入歧途,瞎众生眼目,故成无间狱重罪。2. 疑三宝:三宝——佛法僧,是佛弟子的皈依处。皈依三宝,受了净戒,不论出家在家,若于三宝外还信其他外道鬼神,疑与佛同等或胜于佛;见外道典籍,赞为胜于三藏十二部;皈依外道邪众,对佛教出家僧众无信心。这与佛法不相应者,都是以疑三宝而表现出不信的行为。例如一些神佛不分的,皈依三宝而又主张什么三教同源、五教合一的谬论,以为一切宗教都是教人行善,皆可信仰,即是叛教。如此是非不明,神佛不分,是疑三宝的无间重罪。杀人、偷盗,不一定堕地狱,若犯以上十一种的任何一种,必堕无间狱中。

（二）十恶轮：如《十轮经》（卷四）说："于十恶轮，或随其一，或具成就，先所修集一切善根，摧坏毁灭……命终定生无间地狱。"轮，是摧坏义。能破坏一切功德善根，所以叫恶轮。十恶轮即十种恶事，犯一种，或俱犯，向来所修之功德全被破坏无余，故名为十恶轮。十恶轮是：谤阿兰若，谤于别乘（分三种），嗔害比丘（分两种），侵夺清净僧物回与破戒者，毁害法师，侵夺僧物，毁寺逐僧。1.谤阿兰若：阿兰若是印度语，意思是无事处，寂静无嚣闹处。出家人于此寂静处修清净行，名阿兰若比丘，近于中国所说的闭关住茅蓬。佛说比丘有三种：一修定的，指勤修止观，真实用功，以达断妄成圣的目的。二读诵研究的，如研究阅读大藏经等。三为僧团做事者，如建寺安僧，做监院、知客等福事。于此三事中，当然以修定最好。修定比丘多住阿兰若，专修定慧，求了生死，得解脱。为寺院僧众服务，虽是修福业，但还不是出家人的本分事。研究佛学，也是为了要于修行上用功；若只在文字上打转，实非出家的理想。故住阿兰若比丘，精进于禅思，佛制应受上等的供养。佛世时，在僧团中，都要随众的，若真正修习定慧，到了紧要关头，是允许他暂时自由，不用随众的。若有人毁谤阿兰若比丘，是十恶轮之一。因为对真正修行求了生死的，不但不应障碍，而且应予成就。如加以诽毁，障碍修行，等于破坏佛教行人的最大目的。2.谤于别乘：佛法有三乘，声闻乘、独觉乘、菩萨乘，修声闻乘者谤独觉、菩萨乘；修独觉乘者谤声闻、菩萨乘；修菩萨乘者谤独觉、声闻乘，这三种都是毁谤正法，为十恶轮的三种。3.嗔害比丘，也有两种：一是嗔害有学有德有修行的比丘，如辱骂他、殴打他，或想方法使他失去自由，加以种种迫害。有些坏比丘拉拢地方上的恶势力,稳坐住持当家宝座,想尽方法,利用恶势力去破坏有德比丘,以达占有的目的。另一种是对于破戒比丘,看不起他、恨他、逼害他,认为根本不像出家人,不值得尊重。以为迫害有德比丘固然是造罪,嗔害破戒比丘又有什么关系呢? 不知此比丘虽然破戒,只要他还在僧团中,没有被取消出家资格,嗔害了还是恶业。试举例说:泰国是佛教国家,出家人不能人人是贤圣。假如有比丘在外面犯了法,警察不会即刻逮捕,因为他还披着袈裟,还是比丘身份,警察随着此犯戒比丘回寺,向寺僧报告,待寺僧决议,取消他的僧格,脱下他的袈裟,才下手逮捕。这是尊敬比丘,对破戒比丘也不敢嗔害的例子。所以,若以非法手段对付破戒比丘,也是恶轮。4.侵夺清净僧物回与破戒比丘:有些坏比丘能拉拢恶势力帮忙,在一般也称之为护法。帮助坏比丘争夺寺庙财物等,看来是为了护持出家人,但如护助破戒比丘,实在是造罪了。5.毁害法师:对于讲经弘法的法师加以毁害,现在已不会有此事发生了。从前地方风气还未开通,有出家人来弘法,很可能遭受毁害。如从前谛闲法师有一弟子天曦法师,到贵阳弘法,在黔灵山下一小庙中讲经。法师讲得好,听众多,引起恶人嫉妒,于是勾结官府,诬法师为游民,驱逐出境,此即毁害法师一例。6.侵夺僧物:夺取出家人的财物,也是无间重罪。自清末以来,中国寺庙的财产均被误解为公物,强夺诈取,兼而有之,每借口办学校等名义而侵占庙产。或觉得寺内地方空着,则利用势力,巧取强借。有些不是为了办学校等,只是以办事为借口而饱了私囊。每一寺院,是民众信仰中心,必须清净庄严。凡是像样的国家,没有不尊重宗教自由。无论欧美的教堂也好,日本的大寺院也好,平日看来空空的,但有时候还嫌不够用哩!这些是民众信仰中心,使人向善向上的,若视为浪费,任意侵夺,是十恶轮之一。如一直在造这些恶业,哪能有好结果呢? 7.毁寺逐僧:寺院被毁了,出家人赶跑了,这是最重的恶业。这七类——十恶轮,随便作任何一种,罪皆极重,一定要堕落无间地狱。十一种罪及十恶轮,都是地狱种子。谁也不愿堕无间地狱,如要不堕地狱,要知道堕无间地狱的因缘。不作这类恶业,就能不受恶报,不堕无间地狱了。

二、尊敬比丘勿得呵毁:在家信众对于出家人应该尊敬,不能呵毁。如《十轮经》(卷三)说:"若诸有情,于我法中出家,乃至剃除须发,被片袈裟,若持戒,若破戒,下至无戒,一切天人阿素洛等,依俗正法,犹尚不合以鞭杖等……或断其命,况依非法!"说起出家人,凡于佛法中离俗出家,剃除须发,穿上袈裟,就是出家了。但出家的也有好几类:有持戒的,有破戒的,也有无戒的。什么叫无戒? 是已现出家相,但于佛法衰微处没有受戒,随便披起袈裟,看起来也是出家人了。依国家正法,犯什么罪,判什么刑。但凡是持戒、破戒或无戒的出家人,即使触犯刑科,也不应该鞭打拘禁,或断其命。依国家正当的法律,尚且如此,何况不合法的枉刑冤狱呢? 换言之,不论如何,只要是现出家相,入僧团中,就不可以世俗的法律或非法的刑迫。佛法自有律法处理,如上面说过,在泰国的出家人如犯了法,由出家大众将他脱去袈裟,逐出僧团,然后才受国法制裁。为了尊敬三宝,不应随便地以世俗的法律来呵毁刑责。

清净持戒的比丘,当然不得以世俗的非法来刑责,那些破戒无戒的,为什么也不能以世俗的法或非法来刑责呢?这是有着深刻意义的。如《十轮经》(卷三)说:"破戒恶行苾刍,虽于我法毗奈耶中,名为死尸,而有出家戒德余势。"又说:"出家者虽破戒行,而诸有情睹其形相,应生十种殊胜思维,当获无量功德宝聚:念佛、念法、念僧、念戒、念施、念忍、念出家、念远离、念智慧、念宿植出离善根。"依经文的意义是:破戒比丘,犹如死尸(不可能现身修行证果),佛法大海,不能再容纳他,所以应逐出僧团。但犯戒的恶行比丘,过去曾于出家僧团中受戒;虽然破戒,还有戒德余势。换言之,破戒比丘不是破坏一切戒善,还有些功德在呢!如曾盛过香料的盒子,拿去香料后,还留有香气。破戒者因曾经受戒,所以还有些功德,还能令见者生起十种殊胜思维,增长福德。说到这里,大家倒可以想想自己。现在虽学佛而或者程度已较高了,已受五戒或菩萨戒,但最初是怎样信佛的?当然,有些是遇着大德法师而生起信心,皈依佛法;有些却是幼年在家乡时,见到平常的出家人,慢慢与佛法结缘而学佛;或者见到的是不成样的出家人——破戒或无戒的,也许初见的印象不太好,但还是使你生起良好的观念,知道有佛有法有僧,而种下现在学佛的种子。所以破庙中的佛像,或旧书堆里的佛经,破戒的出家人,都能引起众生对三宝的信心。这样,破戒无戒的比丘,是能令人生起功德,增长殊胜思维的。如念三宝功德不可思议,念持戒、布施、忍辱功德,生起出家,远离烦恼,想到寻求智慧,自己于过去生中的善根。所以若在出家人立场说,破戒恶行比丘,应逐出僧团;但在信众方面说,还能令人增长功德,可作众生福田。总结地说,能持戒的,固然理想,应加崇仰;破戒的,即使知道了,在家居士亦不能对他非法骂辱,或者拘禁,因为这是对僧团而造重罪的。地藏菩萨来五浊恶世,现出家相,充分表现了菩萨的慈悲度生精神,使大家知道剃除须发,身披袈裟。于出家僧团中,是好是坏,还是出家人。当没有逐出僧团,失掉出家身份以前,不予赞叹、供养、护持,是可以的,但却不能于当面或背后用手段对付骂辱。否则,对佛法起不良的影响,无形中造成破毁三宝的重罪。

地藏菩萨救济堕地狱的众生,而更着重于如何使众生不堕地狱。要不堕地狱,可总括为八个字:"尊敬三宝,深信因果。"这是一般出家在家佛弟子听惯了的,地藏菩萨现出家相来秽土度生,也不外乎此。其中最重要的,特别是如何尊敬法,尊敬僧,才能护持佛法,才能护佛法于世间救度众生,使众生于佛法中得利益。释迦佛来此世界成佛,现出家相,舍离家族财产修行而成佛。弟子们随佛出家,成为佛教出家僧团。僧是三宝之一,在佛法中非常重要,释迦佛是以此来度生,是组织出家众成为自利利他的清净集团。若僧团内部混乱,而在家居士又不明内部情形,如采取不正当手段,结果是增加僧团的困难、不和谐,削弱救度众生的力量。《地藏经》开示的法门,无论是十一重罪堕地狱,或十恶轮堕地狱,着重在谤正法、迫害出家人、谤修行者、侵损僧物等重罪。因为这是佛教僧团中的法与僧,若加以破坏,佛教于世间即失去其清净相,如何能发挥救度众生的大用? 例如爱国的,不能对国家不忠,更不能到国外去尽说国家不好。这只是捣乱,增加国家的困难,是国家罪人。佛教也如此,真正信佛教的,如破坏佛法及僧团,使佛法衰落,也是罪大恶极。这不只是《地藏经》说,也是一切大乘经所说到的问题。地藏菩萨知道五浊恶世,末法时代,出家人不如理想,而在家人不知修福修慧,反而对三宝的所作所为不如法如律。这一来,不用外道破坏,不用外道毁谤,自己就会衰落下去。地藏菩萨为此而现出家相,于释迦佛法会显示此一法门,令众生知道最易堕落的是什么? 使出家在家弟子,都能于此特别注意,爱护三宝。这不但自己不会堕落地狱,佛教的衰落也可以中兴,不清净的可以渐渐清净,一天天发扬起来。

三、无惭愧僧可亲近否:出家僧众,佛把他们分为好几类:最好的是有修有证的圣者;其次是虽未能证圣果,却能持戒清净,对佛法理解正确,得佛法正见。另外还有两种不理想的:(一)哑羊僧(如不会说话的羊):出家的佛弟子,要学习戒律。这不但是不杀不盗等戒,而是包括了出家团体中的规律、制度。如具什么资格才能为人师? 具什么资格才可以授戒? 如何受戒? 受戒有什么程序方式? 怎样才能修建及主持寺院? ……这些,佛都有扼要的规制。个人的,从出家受戒起,到每天托钵、吃饭、穿衣、睡觉。僧团的事,比如请职事、调解纠纷等,都有一定的规章。在团体中的事情,用现在话来说,是民主制度。如举行羯磨就是会议。会议的是否合法,议决须大家通过,而决定的是否合法,对于这些,出家人是应该知道的,应该学习的。若什么都不知道,那就是哑羊僧。(二)无惭愧僧:即破戒比丘。戒律有轻重,这里指破大戒而说。这些无惭愧僧,在家居士可否亲近他? 这也可分为两类:一类是可以的,如《十轮经》(卷五)说:"有无惭愧僧,不成法器,称我为师,于我形像及舍利深生敬信,于我法僧,圣所爱戒,深生敬信,……转轮圣王,尚不能及,况余杂类。"
这类无惭愧僧,并非天天破戒,而是在一次烦恼冲动,环境所诱
而破戒。犯了重戒即名破戒,如杯子有了裂痕。这样的破戒者,
不成法器,以后尽管如何修行,参禅念佛,也不能现身成圣,现身
解脱。但与一般破戒的不同,所以还是可以亲近。这因为,他虽
因烦恼冲动而破了戒,然对三宝还有充足的信心。对于佛的形
像、佛的舍利塔寺,都非常尊重敬仰。佛像前极尽清净庄严,恭
敬礼拜供养。他自己虽已破戒,然而称赞僧宝;对于清净圣戒,
也赞叹敬信。这样的无惭愧僧,自己虽不成法器,不能现身修
证,但自身还能增长福慧。对佛教来说,还可使众生培植功德,
生信仰心,于佛法中得利益。由于对佛法僧戒的信心充足,所以
无论有多大功德的外道,就是世间的转轮圣王,也不及他。转轮
圣王是世间的仁王,以十善道德法门教化世间,世间有了圣王,
人民就得安乐,但不能引导人趋向出世;而破戒比丘却能使人引
起超越世间的出世正见。所以约修证方面说,虽然不成法器;而
约护持三宝的功德来说,却能使他人得法益。这种无惭愧僧是
可以亲近的,在末法中也是不易得的了。

　　无惭愧僧中,也有不可亲近的,如《十轮经》(卷五)说:"有
无惭愧僧,毁破禁戒,不成三乘圣贤法器,坚执邪见,谤别乘,谤
别度,不应亲近,近则堕落。"这种无惭愧僧,不但已经破戒,此
生不能证圣果,不能得解脱,而且还要搬出大篇道理,自己邪见,
反谤正见者;自己不修行,反谤修行者。起大邪见,拨无因果,无
善无恶,贼住于僧团中。另有一种,邪知谬解,修小乘的即谤大
乘为非佛说;修大乘的即排斥小乘,认为不值得学。又如六度

中,只修某一度门,而谤其他度门。这种无惭愧僧,不但不成法器,而且破坏佛法,所以不宜亲近他。亲近他,受了他的熏染,也就会起邪见,毁谤别乘别度,而要堕落地狱了!

　　四、伪大乘者不应亲近:有些大乘学者,常公开宣扬他的大乘:说自己是大乘派;只有大乘经可听,大乘法才可学,声闻、独觉乘都是小乘法,都不要修学。换言之,这是执大谤小。一般人的想法,大乘比小乘好,那么学大乘不学小乘,专弘大乘不弘小乘,又有什么错误呢? 这错误可大了! 如《十轮经》(卷六)说:"唱如是言,我是大乘,是大乘党,唯乐听习受持大乘,不乐声闻,独觉乘法。"又说:"说者听者,俱获大罪,陷断灭边,坠颠狂想,执无因论。如是众等所有过失,皆由未学声闻乘法、独觉乘法,先求听习微妙甚深大乘正法。"如有这种执大谤小的偏见,佛为大众说,这是犯重罪的;听这种人说法,也会犯重罪。主要的有三种过失:(一)起断灭见,(二)起颠狂想,(三)执无因论。所以太虚大师的判摄一切佛法,建立五乘共法、三乘共法,才说大乘不共法。若无五乘、三乘共法,不共大乘法就没有根基。所以西藏佛教,自宗喀巴大师,以共下士道、共中士道、上士道而总摄一切佛法,佛法能一直发扬光大,传到青海、蒙古、及东北等地。这都与地藏法门相合;若不学小乘而修学大乘,自行教他,自己与佛教都要走入岔道了! 例如大乘经说空,如以为一切都没有;大乘禅宗说不是善,不是恶,如以为无善无恶,那就都错了。在小乘佛法中,显示善恶因果,生死轮回,苦恼在哪里,问题在哪里,然后如何修,如何证,才得永远究竟清净。这样切实地认清了自己,认清了这些基本问题,才能深一层地体会大乘空义。否则，即堕以上所说三种过失。（一）堕断灭见，即落于空。听说一切皆空，以为空掉因果缘起，于是把因果缘起、善恶报应、生死轮回，都看作什么都没有。如起了这样的断灭见——空见，即使说心说性说悟，都不是真正的大乘法。（二）颠狂想：听说人人有佛性，人人可以成佛，就好像自己是佛，狂妄颠倒得了不得！学大乘法的，容易走此邪道。这是离开声闻、缘觉法而学大乘所起的过失。（三）无因论：大乘经中，或说因缘不可得，因缘无自性，但这并非没有因缘。但有些学者，却由此而落入自然无因的邪见。因果是佛法的宗要，非好好地信解不可。现在有些地方，好像佛法很盛，但很少谈到三世因果，无形中佛法成了现生的道德学，修养法。这些变了质的，离根本佛法甚远，都是偏向于大乘所引起的错误，也可以说这根本不成大乘法了。总之，这都是未学声闻、缘觉，即学微妙大乘正法引起的副作用。大乘如营养丰富的补品，病愈体弱的人服之，能强壮身体，精神百倍。若疾病还未治好而服补药，必将引起副作用。声闻、缘觉法，少欲知足，淡泊自利，少事少业，净持戒律，为小乘的基本精神。大乘以利他为重，要救济世间，不妨多集财物，利益众生。然而，若离开少欲知足的精神而行大乘法，则走入了岔路，与世间的贪欲多求又有什么分别？没有出世的声闻精神，就不能有大乘的入世妙法，大乘必成为一般恋世的世间法。因此，若离开小乘，没有声闻的功德，而以为自己是大乘学者，不要小乘法，那等于病未愈而服补药，必将引起不良后果。《法华经》中说，大乘道如五百由旬，小乘道如三百由旬。三百由旬就在五百由旬中，并非于五百由旬外别有三百由旬。所以若不学二乘而只学大乘法，必成大错。

这样，不学小乘法，就不能学大乘，如《十轮经》(卷六)明说："不习小乘法，何能学大乘？""舍身命护戒，不恼害众生，精进求空法，应知是大乘。"又《十轮经》(卷七)说："何故说一乘？""舍离声闻独觉乘，为清净者说斯法。"这明显地呵斥一般大乘谤小乘的，等于不会走而想跳一样。大乘法，一方面重视持戒，不惜身命地持戒，卫护圣戒，对一切众生，慈悲充足，不加恼害(戒依慈悲而成立；真能持戒，即能起慈悲心)；一方面精进地求空法。这慈悲、持戒、精进，求一切空法，是大乘法的特色。一切不生不灭的空法(即空相、空性)，龙树说："信戒无基，忆想取一空，是为邪空。"这可见，正确的真空见，要在深信因果、净持戒行等基础上才能求得。而信因果、持净戒、精进等，都是共声闻、缘觉的功德。所以学大乘法，不能谤小乘，对小乘的基本理论、功德都要学习。有了小乘的功德为依据，那在学大乘法求空法时，才能稳当。有些人以为：《法华经》说一乘，一切众生成佛；学习小乘而终究回入大乘，那就学大乘法好了，何必再先学小乘？香港有一位老法师，对《法华经》有独特的见解。他以为，开权显实，即是开除权法而显实法，不要小乘之权，独显一乘的真实。这是最使人误解，学大乘一乘，即不要小乘了。但佛为什么要说唯一乘才是究竟，才能成佛？为什么到最后不说三乘而说一佛乘？要知道，佛说一乘，不是一般性的，是为身心清净的众生，有资格受大乘法而如是说的。佛并没有一开始即说唯有一佛乘。如《法华经》中，佛从三昧起，赞叹诸佛智慧甚深无量，不可思议。舍利弗请佛说法，佛再三止之，到舍利弗殷勤三请,才许可宣说。那时,五百增上慢人退席,佛说"退亦佳矣"!
那时的法会大众都是大乘根性,才宣说唯一佛乘。佛不曾开口
教人学大乘,而确是因机施教而渐渐引入,到此阶段,才为宣说
一大乘法。换言之,小乘虽不究竟,但有适应性,对这样根性的
众生,就必须说此法。佛于五浊恶世中建立清净僧团,就需要这
种严谨淡泊的小乘法,不为经济家庭眷属等所累。于人间建立
清净如法的僧团,即是于黑暗的世间现出一线光明的希望。故
佛在《法华经》中,最初觉得此法甚深不可说,但再一想,过去现
在未来诸佛,皆于五浊恶世说此法,皆为适应众生根机,于一佛
乘分别说三。若开始即说一乘,众生还没有清净,不能接受,不
但得不到功德,反令毁谤造罪。所以必须先说小乘,使众生做好
严谨淡泊的基础,再熏受大乘的微妙正法。小乘法以出家众为
主,这是于五浊恶世建立佛法所必要的。清净僧团若不能建立,
正法即将衰落。因此地藏菩萨于五浊恶世现声闻身,救度众生,
令不堕地狱。宣说两方面:(一)对于破戒比丘,应如何对付?
(二)于清净的僧团如何护持,才能使三宝于世间清净庄严,正
法不灭。

五、慎受权势财富勿造恶业:一般的在家佛弟子,能对佛法
发生大影响的,必定是社会上重要的人物,特别是国王大臣,担
当国政重任的。他们有权势,有声望,若对佛法发生正信,对佛
法的弘传流布自有良好的影响。但如护法而不知分寸,或不信
佛法而生恶见,那也能使佛法受到不正常的障碍。如上面所说
的,逼害出家人,侵夺清净比丘物与破戒比丘,侵夺寺院庙产等,
这都是那些有权势者所为。若穷苦的,既无力护持,也无力破

坏。所以有权势的富贵人护持三宝，有时也会出问题，何况故意地毁害佛法。这对于权势财富，应该谨慎而受，免于造作恶业。这种人，《十轮经》(卷七)分作四类：

（一）"有发愿不处尊位，以免造重罪"的。有些人发愿不做国王大臣等有权势者，恐怕妄想颠倒，于三宝中做破坏事。因为这些事，不犯则已，犯了即堕地狱。所以宁愿没有权势财富，虽不能护法，广积功德，也不致作重罪而堕落。

（二）"若诸有情已得法忍……受用种种胜大财业，及处种种富贵尊位，是我所许。"这是众生已得无生法忍，即已悟见真理，有了智慧的体悟，那做起国王大臣来，即有了把握，于三宝中必不造破坏三宝之罪。此人才可以受用胜大财业及荣华富贵的尊位。一般苦恼的众生，无财势，不能做大事，于三宝中只能做小功德。正如小乘人，怕犯重罪，宁愿苦恼，不要权贵。大乘法则不然，把三宝众生的利益放在第一位。如真是证悟法性的，那尽管有权势，居高官厚爵，必能为众生多作利益，护持三宝。

（三）"若诸有情，未得法忍，有能受行十善业道，亦劝众生令受学者，我亦听许。"又说："十善业道……得名菩萨摩诃萨也。于一切恶皆得解脱，一切善法随意成就，速得盈满大涅槃海。"有些众生，虽然未开悟，若能奉行十善业道，也教他人行十善业道。这样，虽做国王大臣宰官等有权势者，也决不会作破坏三宝的重罪。十善业道是：身三善业，不杀、不盗、不淫；口四善业，于语言文字方面，不妄语欺骗、不两舌挑拨离间、不恶口咒骂、不绮语诲淫诲盗等；意(思想)三善业，不贪五欲、不发嗔恚、不邪见愚痴，深信善恶因果。这样的十善业道，自作教人作，此人的道德品格提高,做事如法,自然不作毁法破僧事。所以虽没有开悟,若受富贵而能修行十善业道,也就不会作重罪了。大乘经都说,菩萨发菩提心,初修十善,也就是要从十善业做起。《仁王护国般若经》称为十善位菩萨。自己以道德修行,以道德化世,以十善菩提心化世间,虽然还未开悟,也能走上大乘正道。这类自利利他的十善菩萨,成就十善功德,断除一切恶法,所以虽拥有财富权位,决定不作破三宝的重罪。

(四)"未得法忍,不受行十善道……亦有别缘得方便救。……而有信力,尊敬三宝。""不毁法,不恼僧,不夺僧物,于三乘相应正法,听受奉行……免堕无间地狱,及余恶趣。"若未得无生法忍,也没有奉行十善业道的,这种人做起国王大臣来,似乎非常危险。但另有一种因缘,也可以方便救护,不会因此造重罪,堕入地狱。这种人有了权势富贵,信心很深,能恭敬三宝。如上面所说的破戒比丘,虽然已破戒,但对佛法信心充足,还是有功德的。此在家弟子,虽未开悟,也不修十善业道,恶行在所难免。但由于尊敬三宝,信心充足,也不会做出毁法恼僧、破坏三宝、侵夺僧物等重罪。三宝的东西,是属于三宝的,出家人尚且不能随便取用,更何况在家弟子自饱私囊?只要对三宝深具信心,对三乘佛法尊重恭敬,虽没有开悟或修十善道,还是有功德善力,可以控制恶力,不会因造重罪而堕于地狱恶趣。

这一节,是为一般有权势富贵的在家弟子而说。能悟证无生法忍,当然是最理想;若不能,也应修行十善业道;再不,也应做到对三宝具足清净信心,这才能不作以上所说的五无间、十恶轮等罪。生富贵家,具权力,有势位,能这样,也就能于佛法中做种种事,增长功德护持佛法了。

六、地藏发愿普为救济:地藏菩萨于无量劫以来,皆发愿救度众生,不堕地狱。现于释迦佛前,重发此愿:"五浊恶世空无佛时,其中众生烦恼炽盛,习诸恶行,愚痴狠戾,难可化导……善根微少,无有信心。……如是等人,为财利故,与诸破戒恶行苾刍相助,共为非法朋党,皆定趣向无间地狱。若有是处,我当往彼,以佛世尊如来法王,利益安乐一切有情无上微妙甘露法味,方便化导,令得受行拔济……令不趣向无间地狱。"(《十轮经》卷四)佛在世时,佛的威德大,众生根机利。佛灭度后,众生烦恼炽盛,作恶的多,愚痴狠毒,不辨是非善恶,残酷凶暴,所以经上说:"五浊恶世众生,刚强难化。"这些众生常为财利与坏比丘合作。佛法在世间,良好的道场,有德比丘当然会有人护持,如一些念佛参禅讲经道场,有大德领导,也有人护法。然有些地方名胜,古刹或者新建,不管是否有德高僧主持,财产一多,也要有护持的人。从前大陆上的寺宇,要维持得好,每有拉拢地方势力士绅,逢迎送礼,请他护持。有些在家人,对三宝多少有点信心,但出家人自己不长进,请客送礼,请托帮忙,渐渐养成了习惯性,不免有些地方士绅,不分好歹黑白,只要送礼就帮忙。这不但造成恶劣风气,反使有德比丘无法立足。这一来,不但未能护持佛教,反而增加佛教的不少困难。真正爱护佛法,欲令三宝清净者,对此只有痛心,故太虚大师对此甚为感叹!地藏菩萨于释迦法会中,示现出家相,建立清净僧团为佛法的中心。依此基本精神,地藏菩萨发愿,于恶世中令此等众生,能以方便把他们从堕落边缘救出来。这并不一定要显神通,把要堕落地狱的众生拉出来,而是开示正理,令其了解,特别令这群有财富势位,可能作重罪而要堕落地狱的,信奉佛法,不要作破坏三宝的罪。佛说此法门,以《地藏十轮经》为主,使五浊恶世众生不入地狱。

六　临堕已堕者之拔济

地藏菩萨的法门,特重于如何才能使人不堕恶道。不作重恶业,不堕落地狱,当然最好,但那已作了堕地狱的重恶业,在临命终时将要堕落,如何才能在紧要关头救济他？如果已堕地狱的,又将如何救度他？病人病重将死时,或者已死,那时如恶业已造成了,善业又来不及作,这将如何救度？在《地藏菩萨本愿经》中,特别着重说到这一法门。

地藏菩萨发愿,要救苦难恶趣众生。恶道众生中,地狱众生最苦,菩萨对苦难众生特别慈悲怜悯,所以特重于地狱的济度。地藏菩萨在释迦佛法会中,受佛嘱付。于佛灭后末法时代,众生根钝,烦恼深重,修行悟证者少,堕落者多。地藏菩萨于无边劫中发大愿,所以于佛前担负此责任,愿于秽恶世界救度众生,这是甚难希有之事！这里有一问题:菩萨希望每一个众生,都向上向善,不致堕落。众生也希望自己的父母六亲眷属能向善,不堕恶道。从作什么业,得什么果来说,当然是善有善报,恶有恶报,自作自受。但从另一方面来说,我们能眼看即将堕落者的堕落,坐视与我有着血统关系的人,堕在地狱中吗？自己成贤成圣,而父母祖宗于地狱中受苦,心中过得去吗？佛法不是只图自己利乐的,不是忘弃父母及六亲眷属的恩德的,所以对未堕恶道者,要以方便救济他;已堕落者,也要以方便救拔他。这如犯法的,虽被囚禁于狱中,也要想办法救他,不能说犯法的受罪,就是活该。与自己有关的,更要设法救度,这是人性流露,是存在于每人心中的。中国人对祖宗,有一番慎终追远的孝思,逢年节忌辰,好好地礼拜祭奠,表示儿女对祖德的不忘。中国民族传统的同情心,推及已死者,自己吃饭、穿衣,均想到父母,于是以饭食祭奠,以衣物焚化。后来渐渐用纸来代替烧化,这是一种孝思;用意虽善,但办法却并不理想。西方的宗教,本来对此也没有考虑,似乎人死即了结,如作恶的,一点办法也没有了。佛法不像儒家,仅限以祭奠的同情,慎终追远,而是对已死堕落者的加以救济,未死者是怎样使他不致堕落。宗教是适合人性要求的,所以西方神教在发展中,天主教也有炼狱的思想,为死人做弥撒,以消除亡人罪恶的教仪。这是源于人性发展而来;但对于救度的办法,佛法才能给以圆满的答复。

一、地藏本愿永为济拔:地藏菩萨发菩提心时,曾这样发愿:"我今尽未来际不可计劫,为是罪苦六道众生,广设方便,尽令解脱,而我自身,方成佛道。"(《本愿经》上)发菩提心,学菩萨道,也是要随因缘而发心修行的。地藏菩萨见六道众生受苦,见父母受苦,即发度尽一切众生、悉令离苦的大愿。此愿,不是数日数月数年,此生或后生,而是尽未来际,主要是令一切三恶道众生不受苦恼。但众生根性不同,智慧的程度不同,心境不同,以同一方法救度,不一定都得利益,所以要以种种方便,令一切众生皆成佛,然后自己才成佛。所以说"众生未尽,誓不成佛"。众生无尽,地狱也难以度尽,这样也就不成佛;这就成为不成佛

道的大悲菩萨。菩萨发心修行中,特重大悲,不为自己利益而急
于成佛,宁愿大众皆成佛,我才成正觉。地藏菩萨无量劫来,即
发这样的大愿。地藏菩萨发大愿广设方便,宁可自己不成佛道,
而专心于度众生,尽令解脱。地藏菩萨悲愿的深重、精神的伟
大,是怎样的值得我们崇敬!

　　释迦佛也曾赞叹地藏菩萨的功德说:"闻是菩萨名字,或赞
叹,或瞻礼,或称名,或供养,乃至彩画刻镂塑漆形像,是人当得
百返生于三十三天,永不堕恶道。"(《本愿经》上)"超越三十劫
罪,生天不堕恶道,不受女身,受则尊贵端严,鬼神护卫。"(《本
愿经》下)由于地藏菩萨功德的不可思议,所以赞叹他等会有这
样的功德。佛曾说:百劫称名赞叹文殊师利等大菩萨功德,不若
一顿饭顷恭敬称念地藏菩萨。因为地藏菩萨悲愿特重,顾名思
义,而知地藏菩萨功德。闻地藏菩萨名,知道菩萨过去生中事
迹,用种种方法称扬赞叹他。从前,印度流行以偈颂赞叹佛菩萨
功德。以现在来说,或以文章、诗词、歌咏等赞叹。见菩萨像时,
应恭敬地瞻仰礼拜;或称地藏菩萨的名字;或以香花供养;或用
彩画的菩萨像,或用木刻,石雕,铜、铁、金、银等铸的菩萨像,或
土塑等,无论什么,只要是菩萨像,恭敬礼拜,功德很大,能得百
世生于人天中的善果。经中对恭敬供养地藏菩萨,称名、塑像、
礼拜等功德,说得很多:(一)能灭三十劫重罪。(二)以后生中,
往生于天上。(三)不受女身。女人,本来没有什么不好,只是
生理不同,虽说男女平等,在体质上,实在不及大丈夫。若能称
地藏菩萨名,可以不受女身。若有以为女身也好,愿意受女身
的,那来生一定是端严尊贵,贤淑纯良,做一贤妻良母。或如摩

耶夫人,做佛母。(四)生于人间有鬼神卫护。世间的邪恶鬼神
很多,有些会娆乱人,但对有德的人,一分善良的鬼神会拥护保
卫,得到平安。

　　二、临终时之救拔:上面所说,是人在生前平时对地藏菩萨
的尊敬礼赞而得的功德,现在要说到将死时的救济。人死后不
一定堕落,或再生为人;若功德大的可能生天;念佛专精的,往生
极乐世界。这些人,根本用不着超度救济。但人生数十年中,错
误的事当然不少;尤其末法时代,斗争坚固,嗔恨心重,贪欲也
大,每人都免不了罪过,所以也就都有堕落——地狱、畜生、饿鬼
的可能。那用什么方法才能救济呢? 若在未死前,较容易,死后
就困难多了。现代学佛的,常重于死后的救济,其实最好是在生
前。救济方法,大致有两种:(一)施舍作福,(二)于三宝前修功
德,诵经及称佛名号。经中常说,病人在最危险最痛苦时,很可
能堕落,最好把属于他自己的东西拿去布施,尤以施舍他本人最
喜欢最心爱的东西为佳。如有人喜欢收藏古董字画、邮票等,各
人的嗜好不同,以心爱的东西布施,可破众生贪著。最心爱的物
件都能施,其他还有什么不可施舍? 以最爱物布施,功德也最
大。众生为钱财而造罪的最多,若能以金钱布施,并对病重者说
明,把你所最爱的东西,为你布施作福,必定获大功德果报。一
方面使他起舍心,减轻爱著,一方面增长他的福德。不恋著现身
财物,增长人天福德,那当然不会堕落了,这是佛教对病人临终
的根本救度法。另一方法,是于三宝前修功德,于佛前设供养,
诵经礼忏,称佛名号,凭仗三宝力的加被,使于临命终时得大利
益。这如《本愿经》(下)说:"临命终时,父母眷属,宜为设福以

资前路。或悬幡盖及然油灯,或转读尊经,或供养佛像及诸圣像,乃至念佛菩萨及辟支佛名字……如是众罪,悉皆销灭。"人在临命终时,境界不好,罪业又重,最容易堕落。若本人的父母兄弟姊妹等亲属,为之设福修功德,燃灯造幡,诵经或念佛菩萨名号,都能令死者离开危险的道路,走向平安的前途。更简要的,如"临命终时,得闻地藏菩萨名一声历耳根者,是诸众生永不历三恶道苦"(《本愿经》下)。在人临命终时,若能听闻地藏菩萨名字,一声圣号,直达耳根,知有地藏菩萨,此人即永不历三恶道苦;若更能为其布施念经,放生作福,则更不会堕落。

人于一生中,作业很多,临命终时什么业受报? 这有三类不同:(一)随重:比如作五无间罪,是最恶之业,一死即刻堕入地狱,又如修最高禅定,定力深强,死后必立刻生天。造业虽多,必依最有力的业而趣生。所以说"如人索债,强者先得"。(二)随习:依平常的习惯。业并不太重,但平常所作,久久成了习惯性。有些人,一生不作大恶,也不作大善,这就要看其平常的久习的业,哪些最多,即随着受报。(三)随念:最后时,其心念在何处,即向何处趣生。若作有重业,当然是转不过来。如无重业,于临命终时,教他不执著、看破、放下,以身外物为其布施作功德。虽然生命已垂危,只要他还知道自己布施作福,心中不再贪著,心境开朗,即随这意念而受生。或在临命终时,为他助念,引导他,使病者闻佛名,心中也随着念佛。即使本有堕落的危险,当他知道有人为他念佛,即会生起善念,向于光明。听到佛号,心中有安全感,就可以使他从恶道中转过来。所以平时能念佛当然更好,临终时助念,也是一重要的事。最可怕的是到了最后关头,烦恼恶业现前。恶念一起，一生的修行皆变成白费。所以临终时，家属高声啼哭，将使死者心情动乱，痛苦，令其堕落，这是爱之适足以害之了。所以最要紧的，是令其心境平静、清净、生欢喜心。特别是悭贪者，将堕饿鬼趣，若眷属为之布施修福，死者生舍心，即可救拔。作重恶业的，不但不易轻改，就是作生天重善业如修无想定，必生无想天，要使他不生，也是不容易办到的。虽有这三类，而救济的方法，就是以善念来转恶念，把握"随念"的好方法。佛法有方便，可以把临到地狱边缘的众生拉回来，但最好还是不作重恶业。

三、命终后之拔济：作恶业的，临命终时境界不好，即为其作福，仗三宝威力来救拔他。若已经死了，怎么办？经上说："身死之后，七七日内，广造众善，能使是诸众生，永离恶趣，得生人天，受胜妙乐。"(《本愿经》下)这应该于七七日内，为他修福、布施、念佛、回向，令他远离三恶道苦，生于人间天上。为什么要在四十九日内为他作功德呢？中国佛教徒，也是逢七天做"七"，四十九日叫做"满七"，这要解释一下。原来人的寿、暖、识都离开了身体，叫做死，这即是精神作用完全停止，身体内热度消失，命根断绝，才是死。人死后，有些即刻受果报，有些经过一段时间才受果报。如果作五无间恶业重罪的，死后立刻堕地狱，前一念死，后一念立刻下地狱，中间一念的距离都没有，即成无间狱。生天亦是这样，若作重善业，此一念死，下一念即生天。若生人间、畜生、饿鬼等，大多数经过一段时间。那时，虽然死了，另有中阴身起。人死了以后，下一次当生何处？若还生为人为畜等，大抵不能立即受果；从死后至再受生这一段时期，名为中阴身，这是过渡时期的过渡形态。此中阴身,七天死一次,死后于第二念中立即再受另一中阴身。可能在第一天第二天就受后生果报,但最久的经过四十九日的七生七死,即决定受生。换言之,此七七日中,还是过渡阶段,还未真正受生,这过渡时期结束后,一定要受为人为畜或堕落地狱的果报。当这下一生的业报还未现前(过渡时期)时,要广修众善。如果要堕落畜生道的,在中阴身时期,还未受畜生果报,此时为他修善作福,还可以转变。于七七日中作佛事,并不限于头七或二七的日期,而是四十九天内都可以做。这譬如由台北坐车到高雄,高雄是终点、是目的,假如有人找他,在中途的台中、台南,每一站都可以下车,而改变到高雄的目的。于四十九日内为亡者修福、布施、念经做佛事,使他从恶道中转回来,等于使他在半路下车。如果过了四十九日,则随业受其果报,已无法挽回,正如车子已达目的地,已经无办法了。

　　佛在世时,主要为病者死者布施修福,或供养三宝,或救济贫困等,为死者回向。现在中国佛教流行为死人做功德,斋主请出家人念经、念佛、礼忏。有些并没有虔诚的心为亡者修福回向,而等于买卖交易,多少钱一天或一夜,一切谈判妥当,才开始做佛事。这样以钱雇人念经,自己家属没有半点虔诚,拿钱到寺院中,不作布施想,也收不到布施的福果。布施是一回事,请出家人念经念佛而出钱,又是一回事。若以钱请人念经,即失去布施的意义。今日的诵经念佛,超度亡者,是祖师传下来的,说起来也是人生重要的事;但问题在佛事的营业化,失去佛法方便拔济的意义。

　　家属为死人诵经念佛,功德并不完全归于亡人。如《本愿经》(下)说:"命终之后,眷属大小为造福利。一切圣事,七分之中而乃获一,六分功德,生者自利。"又说:"营斋资助……如有违食及不精进,是命终人了不得力。"原来为亡者念经,做佛事,所得的功德,活人多,死人少——活人得七分之六,亡者只得七分之一。若人命终后,为他布施、作福、诵经、念佛等一切功德,都是做者得六分,死者得一分,故《地藏经》说"存亡两利"。若出家人为人做佛事,至诚恳切,自己也得功德。可是现在一般出家人,为人诵经,做佛事,似乎并不将此作为修行。若不能于做佛事时至诚恭敬,一心以此为修行方便,亡者既不得利益,自己也毫无功德,只是一天得了××元钱而已。亡者未死前为他念经念佛,仗三宝力,令他自己也发欢喜心、虔敬心,所以容易济拔。等到死后于七七日内,为他做功德,超荐回向,需要家属虔诚,诵经礼忏者的虔诚,才能发生效用,所以《地藏经》中特别提到这两点。请僧众为亡者念经回向,即经中所说的营斋资助。在印度,营斋即是供佛及僧。中国是请出家人诵经礼忏,设斋供养,以此功德回向先亡。若斋主杀生食肉,或僧众做佛事不精进,死者不能获益。所以第一是自己眷属以清净心、诚恳心,自己参加素食,于三宝中生信心,才有效果。有些人,祖宗父母去世后,也请出家人念经,但似乎与自己无关,你念你的经,自己眷属则招待客人,喝酒打牌玩乐,热热闹闹的。这样的超荐,斋主对出家人毫无恭敬,如雇工人,虽然钱也化了,光是热闹好看,对死者一无用处。最要紧的,是自己眷属儿女精进虔诚,仰三宝力,请出家人领导念经礼忏。并不是我给你钱,你给我诵经。自己必须恳切虔诚，随着礼拜忏悔，才能仗三宝力，救度超荐先人，使亡者于堕落因缘中，得生人天。平时念《地藏经》的人很多，这些大家都应知道及注意的。

功德要在七七以内去做，为什么呢？因为，"七七日内，念念之间，望诸骨肉眷属与造福力拔济。过是日后，随业受报"（《本愿经》下）。这里所说的七七日内，其实不一定七七，有人于一七受生，有人于二七或三七受生，最多七七便受果报。所以于七七日内，亡者在念念间，皆希望其眷属为之祈求三宝加庇，为之广修福德，而能在堕落边缘得到改善的机会。死者此时在中阴身中，自己无力，作不得主，只有希望眷属为他拔度超荐。若过了七七日，无人济拔，只好随业受三恶道苦。如乘坐的火车，已经到站，不得不下车了。所以人死后，应于七七日内救济。也如世人触犯刑章时，可以请律师为他辩护。若等到最后判决，便一切都无法转移了。

四、堕落者之救济：当然，最好是自己不作恶，就不会堕落。若作了恶业，未死以前还可以布施作福，做种种功德。若死后，则应在七七日内，为做功德救度。如果死后，过了七七日，随业受报，还有办法救度吗？这就非有大力量不可了。如最后确定判刑以后，非特赦不可一样。如何拔济已堕地狱的众生？这应由死者儿女的深切孝思而救度。从《地藏菩萨本愿经》所说地藏菩萨过去生中的事，可知应如何救度已堕落者。虽然堕入地狱，还是可以救脱的。在《地藏经》中，说到两件事：一是婆罗门女事，一是光目女事，这都是地藏菩萨过去生中的事。地藏菩萨过去为婆罗门女时，母亲不信三宝，修习邪见，死后堕入地狱受苦。婆罗门女知道母亲生前不信三宝修习邪见,必入地狱,即为母布施修福,见佛像即恭敬礼拜,悲号哭泣。佛已早入涅槃,若佛还住世间,即可以问佛,自己母亲究竟生于何处。她心中悲切已极,此时,似乎有一种声音告诉婆罗门女,教她不用难过,只要一心称念觉华定自在王如来(那时已灭度的佛名)名号,便可知母去处。婆罗门女即以至诚恭敬,摒息杂念,一心称佛名号。不久,婆罗门女即在定境中到达地狱边缘,问狱卒其母何在?狱卒说:她亡母已因其女孝心,为其布施修福,持佛名号,以此功德,已离地狱生天了。由此一事,可知一种至诚孝思与念佛功德,两种力量综合的感应,虽已下地狱的罪人,也可以得救。

光目女,也是地藏菩萨过去生中所示现的孝女,其母生前喜吃鱼子,犯杀生罪极重。光目女知母死后必堕落恶道,于是请阿罗汉入定观察,方知母果生于地狱中。后来,也一心念佛,恭敬供养,以是诚孝的力量,拔救母亲离地狱苦。据此二事,可知虽已堕落地狱的众生,只要儿女至诚的孝心,加上念佛恭敬虔诚,儿女与父母是血性相关的,仗三宝威德神力,可令父母得到解脱。一般人的慈悲救拔,虽也有感应,但父母儿女是骨肉至亲,一定能深彻的至诚恳切,力量最大,最易救度。

为亡者念经礼忏时,要看作自己做功德,才能生效。经中说:念经的得功德七分之六,亡者只得七分之一,故请人念佛诵经,不及自己生前修行。所以,在身体健康时,自己多念佛,多修福德,就不怕有堕落的危险。若已死,受中阴身,当然要眷属为他修福布施来救度他。若已堕落,当然难于救度了!唯有眷属的至诚恳切才可以救度。地藏菩萨以大悲愿,于五浊恶世开示此法门,对一切恶道众生,给以方便救护。现代的中国佛教界,对祖先眷属的超荐非常普及,希望都能理解这一法门的真意义,真能得到功德才好。

（能度记）

九 中国佛教各宗之创立

佛陀在世时,应机说法。虽解脱一味,而重于"己利"之声闻、重于"利他"之菩萨(如弥勒),发心与趣果有别,实开分宗之始。法必因机设教,随方异宜,故宗派之发展,实势所必至也。昔佛灭百年,少数之耆年上座,多数之青年大众,即启异说于毗舍离。及其发展所至,声闻与菩萨分流。声闻既十八异执,菩萨亦空有异趣、显密分宗。此皆各得佛法之一体,因时因机而善用之,则固无碍于大般涅槃。昔于锡兰劫波利村,进证二果之求那跋摩遗文偈云:"诸论各异端,修行理无二。偏执有是非,达者无违诤",诚乃见道之言也!

佛法传入中国,中国学者承受而修学之,发皇之,贯通之,各抒所得,师资授受而宗派渐以形成。其中或直承印度者,或完成通变于中国者。至隋唐时,中国佛教跻于无比之隆盛,而宗派亦于斯时造其极致。

日本学者所传,中国有"俱舍"、"成实"、"律"、"三论"、"涅槃"、"地论"、"净土"、"禅"、"摄论"、"天台"、"华严"、"法相"、"密"等十三宗。并谓其后并涅槃于天台,并地论于华严,并摄论于法相,乃成十宗。其中,"俱舍"与"成实"为小乘,大乘凡八

宗云。今统就中国佛教文史所见,虽大同而小有出入,试略
述之:

一、苻秦时,僧伽提婆来传译,有部之阿毗达磨,研学者多行
于北土,成毗昙宗。后陈真谛与唐玄奘译出《俱舍论》,毗昙之
学,乃转以俱舍名宗。二、北魏菩提留支等,译出世亲之《十地
论》,以黎耶为真识。承其学者,名地论宗,为大乘有宗之一系,
后扩展而演为华严宗。三、陈真谛译《摄大乘论》于岭南,以黎
耶为妄识而通解性,为大乘有宗之第二系,称摄论宗。然南方所
传不盛,入北方又为地论师所融摄;逮玄奘传译法相,乃无独立
研究者。四、唐玄奘传无著世亲之学,以《成唯识论》为主,明阿
赖耶唯妄唯染。学者称法相宗,实乃大乘有宗之第三系。宋、元
以来,即渐就衰歇,近代乃又有专学之者。此三系,同明三界唯
心、万法唯识之旨,受有部之影响特深。中国素重大乘,故毗昙
少专宗学者,大抵由大乘有宗学者兼习之。

五、晋法显与凉昙无谶译《大涅槃经》。由道生"阐提有佛
性"之唱,大弘于宋、齐之世,称涅槃宗。后被摄于天台;而北土
之涅槃学者,则多与地论师合流。六、姚秦鸠摩罗什译《成实
论》,齐、梁间盛行于南土。论本经部师说,出入诸部,兼通大
乘,广明空义;弘传者以之通大乘经。中国佛教史所见之"成论
大乘师",决非小乘,实为综合之大乘学派也。七、罗什译龙树、
提婆之《中》、《百》、《十二门论》,以无得正观为宗,成三论宗。
自北土南来,夺《成论》之席;陈隋之世,最为盛行。然重于禅慧
者,如牛头融被摄于禅宗;重教义者,多被摄于天台,盛唐而后,
即传承不明。

八、罗什传来之般若中观流,北齐慧文传南岳慧思,兼重《法华》。再传天台智者,特重《法华》而融《涅槃》,成天台宗。以北土所传,继涅槃、成实、三论而大成南土之学。九、地论(《十地品》本《华严经》一品)学者,杜顺、智俨,启华严教观。至唐法藏,大成华严宗,为北土唯心论之究极圆满者。

十、密典之传译虽久,至唐开元中,善无畏、金刚智来传两部大法,乃立密宗。三密事相,纯属西来;而所依义理,即大成于中国之台、贤。晚唐以降,渐以衰歇;近复传自日本、中国西藏,又稍见流行。

此外,源承于印度,而由北土发达所成之重行学派凡三:一、律:律乃定慧之基,学者之所必修。初罗什等译出《十诵律》,盛行于南北。佛陀耶舍译之《四分律》,属分别说系之法藏部,分通大乘,至魏慧光乃大行。唐道宣大成《四分》之南山律宗,余律皆废。二、禅:禅为诸宗共具,而汉晋以来,多得罽宾之禅。宋末,达磨菩提至北土,传"南天竺一乘宗",称如来禅。至唐,得岭南之六祖慧能而大行,为后期中国佛教之心髓。三、净:往生西方净土,推始于东晋之庐山慧远。然称名念佛,至北魏昙鸾始兴;迄唐之善导,乃发达为中国佛教之大流。然台、贤等宗,实无不弘赞净土,唯善导一流,专弘念佛,特盛于中国耳。

上来诸宗之创立,并源承于印度。然其特有贡献,为中国佛教徒修持弘传之结晶,特契合于中国民情者,则融贯该综之台、贤,简易平实之禅、净也。

一〇　中国佛教之特色

中国佛教之宗派虽多,其能不拘于因袭西方,以"致广大而尽精微,极高明而道中庸"之精神,予佛法以发扬、整理、通变,最为中国民众所崇者,莫如天台、贤首、禅、净——四宗。

天台宗,源本般若中观之禅。北齐慧文禅师,读《智论》"一切智实一时得",及《中论》缘生法即空即假即中偈,悟入一心三观,圆融三谛,为一家心髓。再传隋天台智者大师,从禅出教,宗《法华》《涅槃》,以通论一代时教。所明圆顿止观:百界千如,三千诸法,即空即假即中,具足于介尔妄心,名为一念三千。然学本般若之心色平等,故实"一色一香,无非中道"也。于一代时教:就说法之时间、方式、内容,科判为五时八教。条理严密而贯通,诚先来所未有!归宗于《法华经》之纯圆独妙,以经明开权显实,开迹显本,究明如来施化之方便,出世之本怀者。台宗教观并重,而扶戒律,弘净土,深广而兼存平易,纯乎其为中国佛教之特色!

华严宗,源本《华严》(十地)唯心之禅。隋、唐间,杜顺、智俨,自禅出教,启华严教观。贤首法藏继之,乃大成。宗明五门止观,以华严三昧(法界观)为圆极。法界本于一心:相即相入,事事无碍,重重无尽;因该果海,果彻因源者也。说明此义,即六相、十玄门。本于真常唯心之禅,故为绝对唯心论,以一切悉为一真法界心所显现,与禅宗关涉颇深。总判一代时教,为三时、五教、十宗;其圆活自在,似不及天台,而严密则过之。

台贤二宗之特色为:一、源于禅观。二、宗于契经。三、重于观行。四、综括一代圣教,自义理及其修行历程,予以序列、判别、贯通之;全体佛教,纲举目张,于融贯该摄中,以阐发如来究极之道为鹄。长于组织,诚以求真,趣于实行;中国佛教之精神,有可取焉。

禅宗,达磨传于北魏者,本为真常唯心之禅。芟夷名相,直指众生自心本净,即心即佛。学者推仰此宗,谓即佛以传迦叶,祖祖相传之心印。初以《楞伽》印心,学者兼存文记。迨六传至唐慧能,得法于弘忍。"即心是佛,无心是道";"唯明见性",创开南禅宗旨,乃大行于中国。六祖下有南岳、青原二系;唐末流衍为临济、沩仰、云门、法眼、曹洞五宗。禅本般若妙悟,不拘教迹,故禅者风格,每因师承而异。五家中,"曹洞丁宁,临济势胜,云门突急,法眼巧便,沩仰回互"!然禅悟之内容,固不异也。又一切方便,若有所著,即转障悟门,故禅风亦因时而异:初重超佛越祖之机锋,次转而为拈古颂古,其后又重于参话头。不预立观境,唯脱落意识名言以契入之。其法简易,不离平常日用事,出世而不碍入世者也。

净土宗,东晋庐山慧远结社念佛,发愿往生极乐国土,可谓净宗之始;而实念佛特重于禅观。北魏昙鸾,经唐道绰,至光明寺善导,专以称念阿弥陀佛为教。以弥陀为报佛,极乐为报土。

行者托弥陀本愿之他力,信愿持名,即能不断烦恼,带业而往生净土。其法至简,得益甚高;广摄众机,遍为中国民众所信行。其时专弘称名,诃责禅宗。宋、明以降,念佛与禅宗相融,如莲池之释一心不乱为事一心、理一心等。禅净一致,三根普被,乃极高深而又平常之能事!

禅净二宗,笃于行持。大略言之,禅之所入深,净之所益广。禅者为法行人,净者为信行人。一重自力,一重他力。明、清而后,台、贤之学者,修持止观者少,相出入于禅、净。而后教称台、贤,行归禅、净,平流竞进而和同,则又中国佛教之特色矣!

一一　三论宗风简说

　　三论宗，依鸠摩罗什三藏所译的——龙树的《中论》、《十二门论》及提婆的《百论》得名。在西元五世纪初，什公因秦王姚兴的迎请，从姑藏到长安来。当时，南北的优秀法师都慕名来到长安，从什公学习，也协助他翻译。什公的译品中，包括了大乘与小乘，经律论三藏，所以他不是专弘局部的学者，而是一位全体佛教的大通家！但他的教学中心，无疑是般若经论，特别是龙树与提婆的论典。后代的三论宗，可说以什公的译传为根源；但在什公时代，并无三论宗的派别意义，这是不可不知的。

　　什公去世以后，接着是姚秦的乱亡。什公的弟子们，各各带了新译的经论（三论也在内）分头去弘传。由于各人的爱好不同，什门的教学形成了不同的发展。其中，追随什公十几年，被称为"解空第一"的僧肇，不幸早死了。向东南弘传的，如彭城的僧嵩、寿春的僧导，都着重《成实论》。到江南的僧睿，从重视《法华》而信受涅槃常住的教说。尤其是"中途还南"的道生，独抒机运，而与《涅槃》的佛性说相契合。慧观他们热心于经典的译传，建立起南方的判教说——顿渐二教，渐分五时，也归宗于《法华》、《涅槃》。所以严格说起来，什公的教学中心——《般若》与三论，虽多少讲说,而实际是并没有受到尊重。宋代重顿悟与《涅槃》,齐代渐偏重于《成实论》的弘扬,到梁代,更是成论大乘的黄金时代。《般若》真空,以三论为中心的法门,几乎被遗忘了。

在这样的佛教发展过程中,首先发扬关河(什公时代的)古义而兴起三论宗风的,是齐梁间的辽东僧朗大师。那时,辽东属于高丽,所以也称"高丽朗"。齐建武(西元四九四——四九七)年间,朗大师到江南来,被称为"华严、三论,最所命家"。毕生隐居于摄山(即栖霞山),应机示导,专精止观。梁武帝派了僧诠等十人去向他学习三论,三论也就因僧诠的继承而日渐光大起来。关于朗大师的传承,三论宗的大成者——嘉祥大师说他在北方学得什、肇山门的正义,实际是传承不明。《僧传》说:朗公是摄山法度的弟子;法度是一位专精的净土行者。《中论疏记》说:朗公从昙庆学,昙庆也许是昙度的讹写吧! 近人境野黄洋,推论为法度就是成实论师昙度。然从学行来说,朗公的三论大义,难以说是继承法度法师的。日僧凝然的《八宗纲要》说:朗公是继承道生、昙济的法门,那更是想像无稽的传说了。

朗公三论学的师承,虽缺乏明确的文证,但多少可以看出:他是受到南方的启发,而给予深度阐发的。这可先从《三宗论》说起。《三宗论》是齐代周颙所作的。三宗是:不空假名宗、空假名宗、假名空宗。论中,先以不空假名破空假名,次以空假名破不空假名,然后以假名空双破二宗,成立假名空为大乘空义的正宗。周颙《三宗论》的弘传,与高昌智林有关。据《梁僧传·智林传》说:"智林申明二谛义有三宗不同。时汝南周颙,又作《三宗论》,与林意相符。"智林去信,请周颙将《三宗论》公布出来。信中说到："此（三宗）义旨趣，似非初开，妙音中绝，六十七载。理高常韵，莫有能传。贫道年二十时，便参得此义。……年少见长安耆老，多云：关中高胜，乃旧有此义。……传过江东，略无其人。"考什公门下，被称解空第一的僧肇，有《不真空论》，也就是假名空，为三论空的正义。这可见长安旧有的宗义，绝少人能理解，是江南佛教一向所不知道的。到智林、周颙，才互相倡导而揭示出来。智林有《中论》及《十二门论》的注解，可说是三论宗兴起的先声。智林是广州大亮（《僧传》作多宝寺道亮）的弟子，而大亮说"二谛为教"，也是三论宗的特色所在。这样看来，说大亮与智林（还有周颙）对三论宗的兴起给予非常有力的影响，是谁也会同意的了。古代的三论学者有一传说：辽东朗大师到江南来，将三宗义传授了周颙，周颙才作《三宗论》。但这是难以信受的。周颙应卒于齐永明七年（西元四八九）前；智林得了《三宗论》回高昌去，也卒于永明七年。二人的年龄，都比朗公的老师法度还要年长（智林长三十八岁）！朗公到南方来（建武年间），周颙、智林都已去世呢！所以，如解说为：朗公受到大亮、智林、周颙论义的启发，而加以高度的阐扬，应该更合理些。

《中论疏》说："假名空，原出僧肇《不真空论》。论云：虽无而有……虽有而无。虽有而无，所谓非有；虽无而有，所谓非无。如此则非无物也，物非真物，物非真物故，于何而可物？"肇公以物非真物，故物是假物，假物故即是空。这与不空假名及空假名的确不同。如参照西藏的中观学，那不空假名是不及派，空假名是太过派，假名空才是中观的正义。但肇公为关河古义，即假为空，是着重于"初重二谛"——假有为俗，即空为真的。而朗公

(参照广州大亮)立二谛为教,有他对治的意义。成实论师们,都说有是俗谛,空是真谛,流露了执有空有二理的见解,所以依《中论》的"诸佛依二谛,为众生说法",立教二谛。二谛都是摄化众生的方便,说有说空,都只是世俗的假名说,真实是不落于有空的不二中道。这等于说:二谛为教,中道为理,就是"第二重二谛"——有空为俗、非有非空为真的立场。也就是有空为假名,非有非空为中道的"中假义"。因此,关河古义与南土新声,虽意趣相同,而立说已多少差别了。

　　僧诠,住摄山的止观寺,也是毕生不下山,而专于教学修持的。弘扬《华严》、《大品》、三论等。门弟子请讲《涅槃经》,他一直不允许。末了,只讲了"本有今无"一偈。诠公的弟子中,有名的是:兴皇法朗、长干智辩、禅众慧勇、栖霞慧布。到了这,三论宗才向外发展,从山林而走向都市,也可说分为山林与都市二流。摄山朗与诠公,都是教观总持,宁可说是重于行持的。傅缚说:"彼(摄山大师)静守幽谷,寂尔无为,凡有训勉,莫匪同志,从容语默,物无间然。故其意虽深,其言甚约。"道宣曾称赞诠公说:"摄山僧诠,受业朗公,玄旨所明,唯存中观。自非心会析理,何能契此清言?而顿迹幽林,禅味相得。"又说:"诠公命曰:此法精妙,识者能行,莫使出房,辄有开示。故经云:计我见者,莫说此经;深乐法者,莫为多说。良以药病有以,不可徒行。"可见三论学风,原是恬澹笃行,而不是专重讲说的。也就在这样的学风中,孕育出深厚的力量,而流演为大宗。继承摄山固有学风的,是慧布,时人称之为"得意布"。他"常乐坐禅,远离器扰,誓不讲说,护持为务"。曾游历北方,访禅宗二祖的可禅师,可师赞他为:"法师所述,可谓破我除见,莫过此也!"又访(智者的老师)思禅师,日夜论道,思以铁如意拍桌说:"万里空矣!无此智者。"他又与邈禅师(与思禅师齐名的,是慧命禅师的师长)相契合,"邈引恭禅师,建立摄山栖霞寺,结净练众,江表所推"!这可见慧布维持摄山家风的一流,与禅宗及天台宗,本来互相契合。

　　另一流是:在诠公去世以后,兴皇朗等多少倾向于教学的弘传。兴皇朗是诠公门下最得力的大师!他到杨都弘法,一直二十五年,门下"众常千余",上首弟子称"朗门二十五哲"。仅仅二十多年,使三论宗风遍布大江南北,一直到巴蜀,成为陈代佛教的主流,不能不说是希有的!兴皇禀承了摄山朗、诠的宗义,作《山门玄义》(为嘉祥的《三论玄义》所本),展开破邪显正的工作。嘉祥曾引述说:"弹他释非,显山门正意。弹他者,凡弹两人:一弹成论,二斥学三论不得意者。"(其实还评破外道与毗昙,不过重心在两家而已)对于《成实论》的非难,主要是论断为属于小乘,成实的空义,与大乘不同。这对于风行梁代的成论大乘师,是一项有力的难破,成论大乘也就迅速地衰落下来。当时,大心暠法师不满于兴皇门下的评破诸家,著《无诤论》。兴皇的在家学者傅缜,因此作《明道论》,以说明不得不如此。朗公的被称为"伏虎朗",正说明他降伏他宗的威力!

　　兴皇朗公,不但呵斥有得的大乘,对同门的长干智辩、禅众慧勇,也评破为"中假师",也就是"学三论而不得意者"。从辽东朗公立"二谛为教",就宣示有空(无)为假名、非有非空为中道的教学。拘滞于文句的,会误解为:非有非空的中道,超拔于有空以外,类似天台家的"但中"。但这决非摄山朗公的本意。嘉祥传述山中师(止观诠)说:"中假师罪重,永不见佛!"可见"中假师"一名,由来已久。大抵智辩他们偏重于中假的差别,所以被讥为中假师。从嘉祥的传述来看,非有非无为体中,而有而无为用中;非有非无为体假,而有而无为用假:消融了中与假的历别的执著。从四重二谛说,这是进入"第三重四谛"——有,无,非有非无为俗;非有,非无,非非有非无为真。探寻三论宗的主意:二谛的关系是即俗而真(即真而俗)的;那即俗而真的,又是泯绝无寄的。如解得这一意趣,佛说有为俗、空为真,已恰到好处了。这是第一重二谛,也可说是根本的二谛。但有些人,不得佛说二谛的意趣,别执真俗二谛,不即又不泯,佛这才又说:说有说空是俗谛,非有非空为真谛(第二重二谛)。但这非有非空,是有空相即而泯绝,不是离却有空,别有什么非有非空的。如著相而不相即——不得意,佛又不得不说第三重二谛:有,空,非有非空为俗;非有,非空,非非有非空为真。如不得意,还是无用的。总之,凡言思所及的(落于相对界)是俗;言忘虑绝的是真。三论宗四重二谛的建立,是通经的,对治当时执见的;也可以依此而说明三论宗学发展的程序。如关河古义是初重二谛(言说边近于天台家的通义);摄山的南土新义,是第二重二谛(言说边近于天台家的别义);兴皇以下的圆中圆假,是第三重二谛(言说边近于天台家的圆义)。但方便立说不同,而三论宗意,始终是一贯的。

兴皇朗的弘阐三论,着重破邪显正,与《中论》"青目释"的意趣相近,即破为显的学风,充分地发挥出来。朗公的讲说《中论》，不像台家的五门玄义等，形成一定方式，而是应机无方的；传说有三十余种势。说明《中论》的八不，有三种方言（可能从摄山传来），而着重于第一方言的洗破一切。《中论疏》说："师云：标此八不，摄一切大小内外有所得人，心之所行，口之所说，皆堕在八事中。今破此八事，即破此一切大小内外有所得人，故明八不。所以然者，一切有所得人……裁起一念，心即具此八种颠倒。今一一历心观此无从，令一切有所得心毕竟清净，故云不生灭，乃至不来不出也。师常多作此意，所以然者，三论未出之前，若毗昙，成实，有所得大乘，及禅律师，行道苦节，如此之人，皆是有所得。生灭断常，障中道正观。既障中道正观，亦障假名因缘无方大用。故一向破洗，令毕竟无遗，即悟实相。既悟实相之体，即解假名因缘无方大用也。"三论宗的但破不立，即破为显（与西藏所传的中观应成派相顺），如以语言说出（"吐之于口为论"），就是中论，开显了不共世间的八不中道。如专在言论上用力，容易落入竞辨是非的窠臼，而受人误解。如应用于自心（"存之于心为观"），就是中观。观破一切有所得人的种种执见，就是观破自心的种种执著。所以，三论的遍破一切，就是"遍呵自心"。《胜鬘经宝窟》说："家师朗和上，每登高座，诲彼门人：言以不住为端，心以无著为主。"可见兴皇虽倾向于论理的辩难、他宗的破斥，被誉为"伏虎朗"，而着重于自心的无得正观，还是继承摄山的一脉。

止观诠门下，得意布维持了摄山的固有家风，而兴皇朗却光大了三论的门庭，被称为传承止观诠的法统。同样的，兴皇门下，由嘉祥吉藏而使三论宗的义学大成；而能延续摄山宗风的，却是茅山明法师。明公大智若愚,在兴皇门下是被称为"痴明"的。兴皇临终时,授以领导学众的重任。明公"即日辞朗,领门人入茅山,终身不出",宛然是摄山的风格! 明公门下,如慧暠、慧棱、法敏等,都是杰出的人物,尤其是牛头山法融。法融是牛头禅风(他创建禅房)的建树者。不问他是否受过禅宗四祖的化导,总之,牛头山的学众后来与禅宗的关系极深,而被人称为禅宗的一系。兴皇门下,还有智锴,曾从天台智者习禅,所以他是一位关涉于三论、天台两家的。他到庐山,造大林寺,"二十余载足不下山,常修定业"。禅宗四祖道信,在没有住双峰山以前,曾住大林寺十年,这对于智锴的门风,不能说没有影响。达磨禅本是以《楞伽经》印心的,而以后演化为般若,实是道入南方,受到了般若三论的融冶。这可见,兴皇门下而重于禅观的,与天台及禅宗,都能相互契合;也可见三论宗,不仅是教学的弘传。

三论义学的大成者,是嘉祥吉藏大师。七岁时,从兴皇朗出家。朗公卒于陈太建十三年(西元五八一),那时藏公还只三十二岁。他是朗门的少年英俊,而不是承受三论法统的上座。等到"隋灭百越"(西元五八九),藏公住会稽的嘉祥寺,著作了《法华玄论》。开皇末年,晋王召入杨都的慧日道场,藏公受命作《三论玄义》。不久,北上长安,住日严寺。在长安二十多年(约西元六〇一——六二三),卒于唐武德六年。

三论宗,本不是局限于三论的研求。三论是大乘的通论(《智论》是别论。约文别义通说,合名四论);三论宗是以三论而通释一切大乘经义的。所以三论学者对《大品》(般若)、《维摩》、《法华》、《华严经》等,都普遍地给予弘扬。在这以三论而通一切经的立场上,嘉祥大师有了更大的发展,主要是与唯心大乘的贯通。在印度,龙树的空宗、无著世亲的有宗(唯心论),是有净论的;在中国,也曾经如此。真谛三藏在广州译出了无著世亲的论典——《摄大乘论》《转识论》等。当时(光大二年),真谛的门人想请真谛到杨都来。那时杨都的大德们,主要是朗公等三论学者,奏请陈帝而拒绝了他,理由是:"岭表所译众部,多明无尘唯识。言乖治术,有蔽国风;不隶诸华,可流荒服。"因此,真谛的唯心大乘,不能在陈代流通。但在嘉祥到长安时,摄论宗已流入北方,而且相当兴盛了;还有十地论师。面对这唯心大乘的显学,嘉祥就依真谛的摄论宗义,而给予贯通。嘉祥引用了十八空论的"方便唯识"与"正观唯识",认为无境唯识是方便,而心境并冥的都无所得为正观。这证明了无境唯识的宗极与般若毕竟空义一致。特别在《百论疏》的《破尘品》中,增入"破尘品要观",发挥无尘说与三论的空义相通。还有,真谛的正观唯识,本就是玄奘传的证唯识性,但真谛却称之为阿摩罗识,或自性清净心。因此,嘉祥作《胜鬘经宝窟》,贯通了如来藏与自性清净心的宗义。不只如此,嘉祥曾引用真谛所译的(已佚)罗睺罗的《中论释》——以常乐我净释八不。这样,龙树的八不中道,贯通了《涅槃经》《胜鬘经》的大涅槃。真谛所译的《无上依经》,明如来界(如来藏的别名);《佛性论》说佛性(还有勒那摩提译的《宝性论》),都说到:为四种人——阐提,外道,声闻,独觉;除四种障——憎背大乘,我见,畏生死,不乐利他事;修四种因——信乐大乘,无分别智,破虚空三昧,大悲;成四波罗蜜果——常,乐,我,净。嘉祥引述罗睺罗的八不说,完全相同。

这是如来藏法门;传说为提婆弟子的罗睺罗,果有这样解说八不的《中论释》吗?然而,嘉祥确是引用这样的真谛译,而使三论的八不中道,与如来藏说、常乐我净的大涅槃说相贯通了。因此,诠公所不愿多说的《涅槃经》,嘉祥也为他作《涅槃经游意》。总之,在唯心与涅槃盛行的时代,嘉祥是本着三论宗义,引用真谛论,而尽着融通贯摄的努力!晚年在长安时,由于北方的尊重《法华》,嘉祥也就多说《法华》,而且引用世亲的《法华论》来解说。所以三论宗到了嘉祥的时代,已超越了摄山的本义,而成为性空与唯心融摄贯通的教学了!嘉祥大师的三论宗,是中国佛教的综合学派。

到了盛唐,三论宗显然地衰落了!一分重于止观笃行的学者,由于与达磨的禅风相近,多数被禅宗吸收去了。一分重于教学的学者,多数失去了摄山的风格(嘉祥大师也不免如此),落入成论大乘师,专重玄辨的覆辙。义学,本是都市的佛教。陈代风行长江上下的三论宗,虽然盛极一时,由于梁、陈的覆亡,政治中心北移,日渐衰落下来(天台宗也衰了一个时期)。传到北方的,北方是唯心大乘的化区,不但是旧有的摄论与地论,接着来的是玄奘的唯识、贤首的华严。着重"极无所住"的三论学,对于但破不立的特质,又没有严密的论理组织,在以严密见称的唯心大乘前,显然是不免贫乏而难以弘传的。所以,综合三论的教观,自有它独到的精义!如予以严密的论列、精勤的笃行,那是会永远光辉法界的。但在当时,教与观,由偏重而分离,那怎能与诸宗并存呢!等到会昌法难以后,三论宗也就消失于中国的佛教界了!

一二　从学者心行中
论三乘与一乘

　　三乘与一乘,一向是学教者的诤论处。三乘是权还是实?一乘即三乘中的大乘,还是出三乘外? 诤来辩去,终究是不了了之。近来读到《正法华经》的译者——人称敦煌菩萨竺法护所译的《修行道地经》,发见附有有关三乘与一乘的古义,简单明白,特略为介绍。

　　从发心说,有厌离生死心与大菩提心;从目标说,有入涅槃与成佛道。由于众生的根性不一,如来的应机施教不一,于是乎有三乘道,有一乘道;有大而退小,有回小向大,成为机教相关的复杂情形。

　　声闻,是从来没有发过菩提心的;从佛修学,是为了自己的生死大事。其中也有两类:有的感到三界生死的无边苦迫,再也不能忍受虚生浪死的下去。唯一的问题是生死大事,他对于众生,"唯欲自宁,安知余人也"。对于三界,"若闻彼土之名,战栗惶遽"。这样的根性,生怕现在不能了生死,不能得究竟。于是如来为他诃毁生死,赞叹涅槃,化现涅槃城,引导他见四谛,得解脱。这类根性,自以为究竟了,再不能自动地进修大乘;要到他"临灭度时,佛则住前,现于大道",这才知道没有究竟而回心向大。还有一类声闻:有慈悲心而不能广大,也能修"施戒道慧"。虽还是为了了生死,专精禅思,达到无为涅槃界,但他能自"知罗汉根不至究竟",能自动地求学菩萨道,从佛受教而回心,修大慈大悲行、六波罗蜜多行、不著不断的空行,即还能入生死中而度众生。

缘觉,都是发过菩提心的,但是退心了。或者是过去发大心,而现在忘失了;或修六度而著相,念佛而著色相。对于这种根性,佛为说三乘道,无佛出世,于是自己去住茅蓬、岩洞,观万物从缘而得道。这两类的共同处,都是发菩提心而不了深义,取著佛身的相好。但他们到底是要回心向大的,等到了脱生死入涅槃界,佛即"为现大乘,无有三(乘)道",这才能"不见三界,无涅槃想"而回入大乘。

菩萨,是发大菩提心的。除了退向缘觉的,也有二类:一、渐入的:解了三界如化,一切皆空;修学六度,精进地一直前进,广集无边功德,一层一层地前进。末了,方便成就,才能悟无生忍得不退转地。二、超行的:初发大菩提心,即能悟无生忍而得不退地,这是直捷地了得我法性空,"一切本无(本无,即真如的异译)而不可得分别"。你以为心为烦恼所染污而系缚吗? 要知道,"用不了解,便起吾我(吾我是我我所的异译),适著便缚,以缚求脱。不著无缚,阿谁求脱"? 这即是古德"谁缚汝"的教授,顿入无生的境地。如说:"慧者观三界,五阴悉如梦。以了无处所,还得不起(不起即无生)忍。道(道即菩提的旧译)法无远近,犹空无所处。心空解本无;忽如大日光,当尔时之慧,无得无所失,道无去来今,觉乃本无一。"在这心空的平等大慧中,不住三界,不著涅槃。不见有众生可度,而能大愿方便度众生;不见有佛道可成,而能大勤方便修六度:这是菩萨的利根(依龙树论,这还有三类差别)。

同归一道的究极意趣,实指平等慧的解悟本无;如通泛地说,回心向大,也可说同归一大乘了。佛法的因机设教,三乘一乘,都在学佛者的心行上立论。所以如忽略这点,以为哪部经是大乘,哪部经是小乘;或者说哪部法是三乘,哪部法是一乘,都是不相干的! 学大乘法而证小果,堕入外道,这是常有的事。学者如修学大乘,修学一乘,应时时检点自己心行。看看自己的发心如何——为了生死,还是为度众生? 行践如何——还是修出离行,还是慈悲六度行? 悟解如何——还是取相滞有,还是即心空而入无生? 虽然一切众生终究是要成佛的,是要入一乘平等大慧的,但未到这步田地,决不因为读一乘经,学一乘法,就算一乘行者了!

一三　中道之佛教

　　佛教在一切宗教中,是脱尽神教气氛的。说明这一点,必须了解释尊时代印度宗教的情况。印度从吠陀时代到奥义书时代,婆罗门教的势力已根深蒂固。婆罗门教的思想,把宇宙看为神秘的实在,是一种形而上的本体论者。这拟人的神而即是一切的本体,或叫生主,或叫祈祷主,或叫梵,或叫我,名称虽随时代而变化,而内在的含义是一脉相承的。他们说:宇宙万有是依梵为本体而发现的,人类也不能例外;人类内在有与大梵同性质的——常住、自在、喜乐的我,就是人类生命的本质。这个人的小我,就是一般宗教的"灵性",灵性与神本来有密切的关系。婆罗门教把宇宙与人生的本体,看作本来常住自在快乐的,但事实上,人生在世,环绕着的自然、社会,乃至自我身心,触处都是痛苦恼乱,一切是无常幻灭的。常恒自在快乐的本体,为什么会产生无常不自在的现实世间呢? 这本是思想上的大矛盾。但他们似乎不大理会这些,理智到底为情意所使,只想如何解除痛苦,而恢复到梵我本来的常住快乐,于是乎有解脱论产生。释尊出世前后,印度的思想界起了一个变化。原来婆罗门教的文化,是来自西北印(五河地方),而大成于恒河上流的拘罗地方。当它沿恒河东下的时候,东方的摩竭陀、毗舍离一带的新兴民族,受了西来文化的熏陶,兴起一种新的思潮,反对西方婆罗门思想。西方旧宗教动摇,而东方新宗教(种种沙门团)又大抵流于过激或怀疑。当这东西冲突、新旧交替的时候,释尊应时而起,建立时代的新宗教。佛教的立教基本,是接受了当时公认的轮回与解脱说,而从踏实的立场,破除婆罗门教幻想的神我说,把它建立在理智的基础上。理论与行为,都予旧宗教以彻底的革新。生死轮回与涅槃解脱,在印度当时是一种公认的事实;问题只在为什么会轮回? 怎样才能解脱? 佛法对这些问题,给予一种理智的解答,这就是"中道"的教说。我们可以用"中道"二字,简别一般的宗教,显出佛教的特色。

"中道"很容易被人误认为模棱两可,其实佛教绝不如此。"中"是中正、中心,即用中正不偏的态度与立场,深入人生为本的事事物物的根本核心,穷究它的真相。解决一个问题,必须以中正不偏的立场,从关涉到的各方面去考察,在各方面结合点上深入推究,彻底了解问题的真相,才能得到合理的解决。所以佛法的中道,不是固执一端的偏见,也不是世俗肤浅的认识。"中道"代表了佛法理论与实践的不共方法。佛法是崇高的德行宗教,所以在人类关涉的自然、社会、自我中,着重于人类的思想与行为:有什么样的思想,就会引起什么样的行为,什么样的行为,必然遭遇到什么样的结果。佛陀就在人生的现实活动中,去把握人类活动的法则。这样,佛陀指出了两种的中道,即缘起中道与八正道中道。缘起法,指出了一般人生活动的规律;八正道,指示一种更好的向上的实践法则。

"如来离于二边说中道，所谓此有故彼有，此生故彼生；谓无明缘行……生缘老死，如是纯大苦聚集。此无故彼无，此灭故彼灭；谓无明灭则行灭……生灭则老死灭，如是纯大苦聚灭。"（《杂含》卷一二）"此有彼有，此生彼生"，是缘起法的原则；无明缘行等是缘起法的内容。依中道而说的缘起，可以遣离二边邪执，这是《杂阿含经》处处可见的。如卷一二依缘起说不一不异、说不常不断，卷一三依缘起说不来不去，卷七依缘起说不有不无（《中观论》的"八不中道"，就是将《杂阿含》所说的加以总集）。缘起法的基本定律："此有故彼有，此生故彼生。此无故彼无，此灭故彼灭。"对一切事物的发生、消灭、存在，说明它有无生灭的理由。人生的痛苦，为什么会发生存在呢？佛陀说：这不是凭空而来的"无因"，也不是上帝梵天所造的"邪因"，是有其因缘的。一切是因果关系的存在，因生起果就生起，因存在果就存在，一切生起与存在，全是由因缘来决定的，所以说："此（因）有故彼（果）有，此生故彼生"；这是缘起的流转律，说明人世现象的所以如此。逆转来说，要解除人生的痛苦，依着缘起的理则说，必须从原因上给予解除，所以说："此无故彼无，此灭故彼灭。"有因就必有果，有了邪谬的思想，必然发生错误的行为，也就必然引起不良的后果——痛苦。反过来说，因无就果无，纠正了邪谬的思想，停止了错误的行为，痛苦的后果当然就可以消灭了。事物是因缘而生因缘而有的，因缘又是必然要离散的，所以事物也就必然要随因缘而无，随因缘而灭。凡生必灭，凡有必无，事事物物的生与有，本身就蕴蓄一种趋于灭无的必然性。如海浪的涌来，也就内在地决定它必然的消失，所以当"此有彼有,此生彼生"的时候,立刻透视到它的"此无彼无,此灭彼灭"。因此,人生的痛苦,在缘起法则下,不但指出它有解脱的可能性,而且指出了解脱之道不在因果法则之外。"生者必有死,崇高必堕落",这是世间因果的必然法则;也是缘起法内在相对性的掘发,这可叫缘起的还灭律。

　　缘起中道的二律,是一正一反的两大定律,说明了流转与还灭的必然律。此缘起因果的起灭,还是"俗数法",还是在现象的表面上说,还不是深入的、究竟真实的、第一义的说法。但是第一义还是依缘起法说的,即是缘起法的空寂性,所以说"为比丘说贤圣出世空相应随顺法"(《杂含》卷一二)。在一正一反的缘起相对性中,鞭辟入里,直显空性,才是第一义。《杂含》卷一三的《第一义空经》说:"眼生时无有来处,灭时无有去处,如是眼不实而生,生已尽灭……除俗数法。俗数法者,谓此有故彼有,此生故彼生。"佛从缘起世俗谛的生灭非实中,说明第一义空,极为明白。在第一义空中,即遣离有无、断常等二边。如迦旃延说真实禅(体悟第一义的禅观)说:"观彼悉皆虚伪,都不见真实……但以假号因缘和合有种种名,观斯空寂,不见有法(有见)及与非法(无见)。"(别译《杂含》)一切法都是因缘和合的假名法——世俗的,圣弟子就在这因缘中,名相世俗法中,体观空寂,离"有法""非法"二边见,就证得第一义谛。所以说:"诸佛说空法,为离诸见故。"佛陀又说:"如实正观世间集者,则不生世间无见,如实正观世间灭,则不生世间有见;如来离于二边,说于中道,所谓此有故彼有,此生故彼生。"(《杂含》卷一○)世俗的人,看见生,就以为有实在的法生起;看见灭,就以为有实在法毁灭了。有是实实在在的有，无是实实在在的取消，这是落于二边见的。圣弟子不然，看见法生起，遣离了无见，但并不执著以为是实有；看见法消灭了，遣除了有见，但并不执著以为是断灭实无。因为依着缘起法的因生果生，因灭果灭，一切法是活泼泼的可有可无，可生可灭。假若是实在性的，实有，就不该灭而无；实无，就不该生而有。所以在法法的可生可灭、可有可无中，深入事物的根本核心，体见到一切是关系的，没有实性的有、无、生、灭，一切是不实的假名，本性是毕竟空寂的。所以毕竟空寂，不是抹煞了一切生、灭、有、无的现象而破坏诸法；反之，空寂正是掘发了诸法生、灭、有、无的真实相。这是如来教授的真实意趣，否则单见到流转还灭、一正一反的两面，很容易误解而割截为二体的。这从流转、还灭二门的有无生灭关涉的现象中，直接体现到法法本性的空寂，可以叫它做中道的空寂律。这是第一义的中道教说，也为佛法特质——缘起性空的真义所在。大乘学者常说的"当体即空"，就是如此。

我们勿以为这是老生常谈，要知道佛法超胜于一般世间法，就在此。因为世俗与外道，他们想像宇宙本体的"神"，人生实质的"我"，都是圆满常住快乐的，在这形而上本体论的决定下，必然是情意的信仰追求。佛陀却以现实为出发，如实地道出一切的一切，都是在变动不居的过程中，绝没有"生而不灭"一成不变的常住性。一切都是因缘关系的生起、存在，因缘关系的消灭、空无，绝没有离开其他而又能创造主宰（我）的独存性。世人情意想像中常住独存性的神我，在这里无情地被否定了。

从缘起法观察到诸法空寂，佛陀就依之而建立三法印。所以经说："诸行空，常恒不变易法空，无我我所。"(《杂含》卷一一)因为一切法(诸行)是本性空寂的，所以"常恒不变易法"不能成立，常住、独存而自在的神我，也不能建立。因此，一切法息息迁变中，一切是相依相待而存在。依缘起法悟入无常性、无我性，即是通达法法的本性空寂，空寂就是涅槃寂静，即是离常我等戏论邪见而实现解脱了。所以经说："无常想者，能建立无我想；圣弟子住无我想，心离我慢，顺得解脱涅槃。"(《杂含》卷一〇)以中道的立场，在缘起空寂法性中，建立"诸行无常"、"诸法无我"、"涅槃寂静"的三法印，正是佛法的根本思想。不过一般人偏于世俗的现象的知见，以为无常只是现象的变化而已，所以又想像到本体的常住。以为无我只是没有实法和合而现的一合相而已，所以又想像到法有我无。其实《阿含》的本义，无常无我，即空义，由法性本空而说的。因为法性空，常性不可得，所以法法是息息迁变的；假若本体(法性)实有自性而不空，现象又怎样变动不居呢？因为法性空，所以我性不可得；假使还有实法恒在，不论此实法是精神是物质，就可以为我性的安足处。"眼(等)空，常恒不变易法空，我我所空，所以者何？自性尔故。"(《杂含》卷九)《阿含》的本义，岂非明白地依本性空寂而安立无常无我吗？空寂是"法性自尔"的，而一般人不能明见，因此无明颠倒，执常执我而流转了！在缘起现象可有可无可生可灭中，破除了绝对的独存自主性、固定不变性，体验本性的空寂，即得解脱。依缘起见自性空，不是表面的，而是深入事相核心的，这是释尊对人生流转还灭而开示的实相。无论是建立自宗，或简别外道，这都是佛法的要义所在。

除此,还有一种中道,是笃行的八正道中道。八正道,也是缘起法,它不在乎说明生死杂染可以解脱的,所以不说"此有故彼有,此生故彼生"的定律,它告诉实修解脱行者所应采取的不苦不乐的中道行。当时印度的外道们,有的在那里穷奢极欲,以纵情享乐为人生的意义。另一种人,专修无意义的苦行,自讨苦吃,对于解脱毫无益处。佛陀针对这苦乐二边不正的行为,开示八正道的中道,这也是《阿含》本教中数见不鲜的。人的言语、动作、感情、意志、生活的方式,一切的一切,都纳于正轨,使他得当合理化;一切都求其持中不偏,正当合理,所以叫做"中道"。法法是从缘起,法法自性空,八正道的行为,当然也不能例外。那么,这中道的行为,怎样与缘起空义相合呢?要知道这"修行",也还是因缘和合而成的;《中阿含》卷二的《七车喻经》说得好:波斯匿王从舍卫城到娑鸡多去,很远的路程,竟在一天就到达了。原来他沿途设有驿站,各站预置车乘快马,到站不必休息,换了车马接着就走,所以迅速地就到达了。从此至彼,不是哪一车哪一马独具的功绩,是车车相因,众缘和合而成的。修行也是这样,从发心到得果,不单靠一法可以奏功的,而是法法互相资助,互为因缘的。修行方法是众缘所成,也就当然是本性空寂的了。所以佛在《筏喻经》上说:"法尚应舍,何况非法。""法"是合理的道德行为,"非法"是不道德的行为。在中道行的过程中,最初应该用道德的行为(法),去改善纠正不道德的行为(非法)。但这道德善法,也还是因缘所生法,也还是自性空寂的;假使如一般人的妄执,取相执实,那么与性空不相应,始终不能悟证性空而获得解脱的。所以《百论》说:先依福舍罪,次一步必依舍舍福，才能得入无相。《杂阿含》卷七说："我不见一法可取而无罪过者；我若取色（等），即有罪过。……作是知已，于诸世间则无所取。"罪过，是烦恼障碍的意思。只要对一法上执取实有，就是不能彻了空寂，就是障碍了解脱。可见善法功德法，也是执取不得；所以执取不得，即因为善法的本性空寂。龙树菩萨说：功德法如火烧红了的金钱，虽是值钱的东西，可是千万取不得。所以这八正道的中道行，本性还是空寂的，它与中道的理性是相应的。理性与实践，在空寂中融然无二了。

缘起空的中道，遣离了一切错谬的思想（二边邪见）；八正道的中道行，离苦乐二边而不取相执著。这两大中道法，是相辅相成而圆满无缺的。因为假使只说缘起法性的如何如何，不能付之自己身心的修证体悟，即不能满足人类冲破束缚要求彻底自由的宗教情绪，即抹煞了佛教的宗教意义。假使只说修行方法，没有理性的指导，即透不过理智；不但要受世间学术的摧毁，自己也就要走上神教的歧途。八正道的中道行，以道德的实行满足了人类的宗教要求，而把它放在缘起空的理性指导下，圆满正确，经得起一切思想的考验。这智信合一的中道，即是释尊本教的特质所在。

一四 佛学的两大特色

——讲于台大融熙学社

这里说佛学的两大特色，不是说佛学只有两大特点，而是从两大特色，指出佛学不同于一般宗教、学说之所在。一般说：信佛、学佛，信仰佛菩萨的福德、智慧，崇高、伟大；理解佛法的义理精深。但主要的要使我们如何理解佛法，正确通达人生真义；指示我们向上向善，生活纳入道德轨范，与佛菩萨同样地进趣于究竟、理想的境地。

宗教之优劣、高低、是非，姑且不谈。它能引导我们迈向人生平坦大道，成为人类生活中不可或缺的一部分。肯定了这一根本原则，才能从宗教中获得真实的受用和利益，也才能表彰宗教之真义与价值。

一 信仰与理智的统一

由于人类的个性各各不同，其习性、烦恼、要求、爱好，就有千差万别。重感情的人，大抵是慈悲，信仰心切；重理性的人，则理解力强。这一偏颇的发展，不能使信仰与理智统一，往往发生流弊。例如情感重,偏于信仰,则有信无智,狂热地盲目信仰,趋向迷信。这种反理性、排斥智慧的态度,不是佛法所取的。相反的是着重理性,对任何一切,事事怀疑,毫无信仰,抹煞道德价值,否认真理、圣贤的存在,终于走上反宗教的路子。这一危险性的歧途,小则个人的道德行为无法建立,大则整个社会皆蒙受其害!佛法说:"有信无智长愚痴,有智无信增邪见",即是此义。

佛法主张信智合一,如何合一?能否合一?这就要对佛法中信仰与智慧先有一番了解。信仰的特征,是对于所信仰的对象生起一种钦敬仰慕之情操。任何宗教徒,均有如此信仰生活的经验。这种信仰,若缺乏理智思考和抉择,就不能称为理智的信仰。佛法中信仰,是透过考察与分别,了解到信仰的对象具有真确(实)性、功(德)性和功用(能)性。例如佛弟子对释迦世尊的敬信,必先通达到释尊确实示现过这一世界,他具有崇高的智慧德相和那伟大救世利人的慈悲大用。佛法中的信仰以理智为基础;从理智出发而加强信心,从智慧体认而陶冶的信仰,理解愈深切则信心愈坚强。这种信心能引发我们向上向善,不但对信仰的对象上有"高山仰止"之情愫,而且进一步也想达到同一境地!

常见一般对佛法颇有研究的知识分子,理解力虽强,但缺乏信仰,所以佛法不能在他们身心中生根,更不能获得佛法的真实受用。这样的研究佛学,是违反佛教精神的。因为佛教生活是包括了信仰要素,有了信心才能涤除内心烦恼——贪、嗔、我慢。信心犹如明矾,放进浊水中,浊水不得不净。信仰心切,内心自然清净。人生现实社会苦恼重重,信仰能使我们空虚苦闷的心境,获得愉悦、安定和充实。这如一无知孩童,流浪街头,饥渴寒冷,仿徨无依,在焦急绝望中,忽然找到自己的母亲,安定快乐,因为深信能得到衣食的饱暖以及母爱的慰抚。所以信仰的生活中扬溢着喜悦、轻安和充实! 倘若未经过自由思考,理智陶冶,则其信仰永远跟在他人走,所谓"他信我也信"。这种宗教狂热,只是自我陶醉,属于盲目的、反理智的迷信。佛教的信仰经过智慧观察,在信仰中不废理性,故无一般宗教重信不重解的弊病。当然佛法信心的过程,有深浅不同的层次,而一般所见的佛教徒的信仰,不一定能代表佛法的真义。

智慧的特性是自由思考,智慧的作用是了解认识。人类智慧的领域已扩大到星球,这证明人类知识在日新月异地进步,也可说明了传统的一切不一定可靠。因为在人类吸收外界知识时,已有很多的错误成份,知识的来源是片断的、点滴的,当眼见耳闻吸收知识时,外界与内心皆渗杂了一些错乱性。举例说:我们见外境时,同时就不能知道内心,因此被外界诱惑,心被物役,不能作主,贪、嗔、邪见,接踵而来。佛法说:人类的知识,胜过一切动物;上天下地,似乎无所不知,却不能了解自己本身,这是认识的偏差。又如认识外界时,也不能彻底通达。现象界之一切,无不是无常变化不居的,但在我们主观认识中,总觉得是永久如此,绝对如此。所以常人的知识,不正确的成份很多。一般人以为真理在我们心外,所以终日向外界探求,或外在一形而上之本体,作为我们信仰对象,但外界的一切都是虚幻不实的。所以佛法智慧的推求以自我体验为中心,真理不从外得,认识了自我,把握住自我后,由内向外,扩大到人生现象界,以外界作为自我体验之印证。这如一个耳聪目明的人,知识丰富,一切不需他人帮助,就能辨别清楚,如此才能智信合一。其实智信不相违背,否则,不偏于信仰即重于智慧,信智不能调和。因为无信仰的智慧,是偏重于物质的智慧,结果是反宗教。没有智慧的信仰,是偏重于情感的信仰,结果是反理性。佛法是信智合一,信是充满理性的,智是着重人生的,自力的;信离颠倒,而智有确信。能够这样的去了解、体验、实行,则人生前途才充满了无限光明。

信心的修学方式,可以分成几个阶段,在其过程中虽有浅深的不同,但最后是信智统一。第一是信顺,内心不存有丝毫的成见,而以理解为基础。因为胸中一有主见,则不能信顺他人或接受真理。举一浅例说:甲与乙彼此感情不和。乙有了错误,甲以真诚心忠言劝告,但乙胸有成见,不但不肯接受,而说是恶意谤毁。反之若甲乙毫无成见,或感情很好,那即使甲以粗言相对,乙也能甘之如饴的。所以丢开了主见才能信顺真理,这样信心才能清净(与三慧中闻慧相应)。第二是信可,或称为解信,经过信顺后,接着就对于所信的对象上生起深刻的了解,或印可它确实如此。认得真,才信得切。通过耳闻眼见,再经内心思考(这与三慧中思慧相应),求得系统的认识,认定它确实无谬。第三是信求,这一阶段是经过智慧思考后采取行动,希求获得。如去山中采矿,经过勘定后,知其地实有石油,确信无疑,即可开始凿掘了(与修慧相应)。第四是证信,由于不断的修习,体悟到真理究极与最初所信的毫无二致。如开矿者,继续的开掘,终于发现到大量石油（这与现证慧相应）。佛法说信不排智，智以信成，达到信智合一，这与其他宗教的信仰大大不同。

佛法中的智慧从自证而来，因为一切知识必须以人为本位，了解到人生，把握此人生的智慧，再去观察宇宙现象界，才能通达无碍。若以为智慧从外界获得，只能知其表面，不能彻法源底。约智不碍信说，在事相上，佛陀曾亲证到世界无量，众生无数。科学不发达时，人们对这种看法是非常怀疑的。但到目前，以科学仪器视察，证明太空中是有无数星球。科学愈昌明，愈能证明佛法所说是千真万确。约信不碍智说，在理论上，佛说缘起、无常、无我等，在现实人生中，我们处处可以体验到这一永恒不变的理性原则。这一信智不二的佛学，是其他宗教所不及。

二　慈悲与智慧的融和

佛法常说"悲智双运"，这证明佛法中悲智不可分开的。慈悲的内容与作用，大抵相同于中国之仁与西方之爱。但慈悲不仅是同情、关怀，而且是符合真理的。所以说：无智不成大悲。慈悲是一切道德的根源，道德无慈悲即无法建立。道德准绳，就看慈悲之有无。慈悲心也就是同情感。举例说：我们见到他人遭遇苦难时，内心油然生起关怀，进而以其所有，尽心尽力去帮助他，给予他身心安乐和慰藉。这就是慈悲的表现和实践。不过，一般人之慈悲同情只限囿于自己的亲人，不能推广于他人。最明显的例子，做父母的见到自己的子女生病时，内心的忧愁焦虑超过了子女的病苦，只恨不能以自身代替。这一伟大的慈爱，普通人只能施舍于自己的子女,而不能普及到他人的子女,因被情爱所束缚,封锁在一个小圈子里不能超出。儒家要人"老吾老,以及人之老;幼吾幼,以及人之幼"。佛家要人"冤亲平等",这无非希望我们扩大同情,增长慈悲。要想悲心深切,先应明白人生真义(以智慧去观察)。佛法说缘起,人是群居动物,我们的衣食住行、生活资具,均由社会广大人群:士、农、工、商所供给,生命财产,由军政、法律所保障。明白这相依相成之缘起的道理,即能对他人生起同情心。约我们无限延续的生命说,过去无量生死中,我们也有很多父母亲属,眼前现生的父母我们要报恩,过去的父母兄妹我们也应报恩。所以佛经说:"一切男子是我父,一切女子是我母。"我们的慈悲心,不是为一家一族一国全人类,甚至要扩大到一切众生界。大乘佛法特别强调素食,不杀害众生,原因在此。同时佛法中讲慈悲,不是施予,而是一种报恩。与智慧相融的慈悲是契合真理——自他缘成,相依相存。

一般宗教讲博爱,总以自我为中心。如"顺我者生,逆我者亡","信者永生,不信者永火",这种强烈的独占的排他性,除属于自己外,一切皆要毁灭,阶级爱的底里,露出了残酷的仇恨!佛法中慈悲是冤亲平等,对于冤家或不信者,虽一时不能度化他,待因缘成熟,自然可以摄化。依宇宙因果自然法则说:自作自受,没有一个高高在上的权威,可以赏善罚恶。如人爬楼梯,自己不小心,就会摔跤,一切自己负责。佛法讲善因得善报,恶因得恶果,有人不明因果法则,以为其中含有功利观念,殊不知佛法讲善恶,根本原则建立在合情合理人事种种关系上。符合道德法则称之为善行,自有好的果报;违反情理的,损人害己的恶行，自会召感苦痛的后果。这不是功利，而是社会人群共同循守的自然法则。如此才能鼓舞人们道德心行，提高道德生活水准。

一般宗教之爱，因为缺少智慧，故爱有范围。佛法以智慧为体，慈悲为用。唯有真智中才有大悲，佛经说："佛心者，大慈悲是。"由于大乘佛法以庄严佛土、成熟众生为己任，若缺乏大悲，即不能成办。

人类各各习性不同，重于理智者，则个性孤僻，不能乐群；重于感情者，又以自我为中心，这些均不能称为完美理想的人生。佛法以智信合一、悲智融和为人生之正鹄。信仰、智慧、慈悲为大乘佛法三大心要，均衡地发展，由凡夫位次第修学，进达于最后究竟的佛果。人生旅途，仅数十寒暑，我们应利用这短暂的人生，以此理想完善的蓝图，来庄严此人生，升华此人生！

（印海记）

一五　教法与证法的仰信

　　现在就"佛法是什么",说到我们所一定要信仰的。佛法有二大类:一是教法——教,这由释尊用语言文字所表达出来的一切经典、制度,说明宇宙人生真相的,以及生人生天成佛等一切教说。一是证法——宗,此为释尊指示吾人发心修学,如何修戒修定等实践过程,以达解脱或成佛的目标。前者是属于理解方面的,后者是属于行践方面的。这二者,有着相互关涉不可分离的关系。

　　先就教法说:不但释尊用语言文字所表达出来的经律论称为教法,即古今大德祖师们的著作以及语言的开示教诫,也称之为教法的。一切教法的根源,是由释尊的如实证觉而来,非由研究假说推论得来。因此,释尊的证觉,成为一切佛法的根本。今天世界上有多少国家人民信佛学佛,以及我们知道他方世界有许多佛菩萨的名号,无一不是由于释尊的宣说而有,这是我们首须承认的一个基本观点。释尊未出世前,世界上是无佛法的,虽然他方世界有佛法,然与我们毕竟无大关系。我们这个世界上之有佛法,实从释尊的证觉始起。释尊证觉以后,此世界就有了佛法,但那时还无教说,等释尊将自己怎样觉悟的内容说出之后,演布成文字的教说,建立清净的僧团,而成为佛教。释尊的说法,应顺众生的根性机宜,对于智慧(根性)较高的人,便说深一点的法门,智慧较低的人,即说浅近的法门。释尊的说教,同时依据于证觉的真实法,所以成了恒顺众生契理契机的佛法。我们对于释尊的教说,应有二点根本认识:一、"法界等流":法界即诸法实相,释尊体证的诸法实相,本是远离名言,不能假借言说说明的,但释尊不说,世界即无佛法。所以释尊只得以言说,相似相近地把它说出来,成为与法界平等流类的佛法。这比如福藏塔,任你用如何的方法去说明比喻,但都不能将塔的真相表露出来。可是人们从这些语言的说明中,到底也能依稀知道了塔的形像。佛法也是如此,释尊假借语文的说明来显示诸法实相的理体,这语文的显示,虽并不就是实相的本身,但众生可从这语文的显示中去领会它。二、"大悲等流":释尊体证诸法实相,解脱生死苦轮,这实相的妙法,释尊虽然了知,而无边的众生,仍然沉迷在生死烦恼的深渊中。故释尊为了悲悯众生,以悲愿力,发动智慧,而将自己证悟的法门宣示出来。因此释尊的说法,不是为了生活,也不是为了争胜求荣自大,纯系从悲心的激发,利益众生,而说出的大悲等流法。

佛法出现之后,传布中国、日本等地,为了适应时代与众生关系,而产生各宗各派。这情形,不但在中国、日本如此,即在印度本土,也形成了许多宗派。说到古代的各宗各派,这些宗派的起源,是有它的特殊来历的,决不是因智者讲《法华经》而就成为天台一派,也不因龙树读《般若经》而成为性空的一派。太虚大师曾说:各宗各派的成立,皆由古代祖师依其修行经验为主,适应当时当地的众生机宜而成立的。对于这一观念,必须先要认识清楚。大师说:中国佛教的特质在禅——不一定指禅宗,凡是修禅修观的都是。天台智者的教学,所引证的经教,有许多是属于伪经的,但无碍于天台的独立成宗。这因为,智者并非是专门研究经教的,他每日要随着大家做许多出家人的事务,白日看经,听讲,或为众宣讲,夜晚修禅。他能依禅观的体验去印证经教,贯摄经教;将自己所体悟的经验说出来,契应众生的根机,故成立宗派。贤首宗的初祖杜顺,也是着重修持的;其后的华严的五教,便是从他的五种止观中开展出来。达磨与慧能他们,以禅成宗,是更不消说了。所以大师说,中国佛教的特质在禅观。其实,不仅中国佛教如此,即印度的宗派也是如此的。如小乘论师的"阿毗达磨"(有部偏重此而成宗),意译为现法、对法,也是一种内心的修习体验。现法的"现"字,便是面对面的直观。龙树的"中观",就是中道的观察。弥勒、无著的瑜伽行地,是瑜伽行——禅观的所依。这说明了一切佛法,是本源于释尊的证觉而有。印度、中国等大小乘各宗的祖师,都是依此方法去修学体验,再将自己证悟的经验说出来,而成为各宗各派的。修学佛法,应先了解佛法,不是从假设、推论、想像中来,而是有自觉的体验为依据的。不过佛所悟证的境界,为最极圆满的,而历代菩萨祖师们所体悟的境界,就不免有浅深偏圆的不同。大家不管研究何宗何派,对于经律论及古德祖师的著作,皆应本此观念去理解,才能以良好正确的态度,尊重一切圣典,而去比较、分别、抉择、了解它。

　　再就证法说:证法即修证,对佛法作实际的参究与体证。如专在文教研究方面着力,是不能深切了知的。先从修学者成就的功德说:一、信成就:学佛修行,最要紧的便是成就信心。信心非一加一等于二的信,而是深信不疑,奋力以求之的。如发心皈依三宝,或发心趋向无上菩提,于三宝功德、大乘佛菩萨清净功德起深信心时,内心即有一信心清净的境界。如无此净信,虽然说信,但实未得到真正的信心生活。佛经说信:"如水清珠,能清浊水",所以净信生起时,内心立即清净,能断一切疑惑。真正得到此种净信的,不但内心的一切烦恼忧郁立时开脱,且能引发精进,成就一切佛法的功德,所以《华严经》说:"信为道源功德母。"学佛,是行一分得一分功德,不要说了生脱死,只要真能得到真实的信心,即已了不起。没有得到信心的,虽然觉得佛法好,或精勤修习,但始终得不到佛法的真利益。真正有信心的人,与未学佛前内心充满一切恐怖、忧虑、烦恼,有很大的改变,内心会充满喜悦的。二、戒成就:佛教的受戒,不是学三、五十天的规矩仪式即算了事的,而是要对戒体有所得的。每当有人发心去受戒,大家总是恭喜他"得上品戒",其意即在此。戒是无形相的,又非青黄赤白。得戒,到底是得什么? 受戒的人,先经一番忏悔,信心清净。比丘、比丘尼经过三白羯磨,内心一下引起重大的变化,内心能发生抗拒罪恶的强大力量。如杀生时,当要杀时,心里会现起一种警诫力量,制止不杀,所以说戒如堡垒,能够防非止恶。受戒得戒,便是要从容易为非作恶的旧人,转而变成止恶行善的新人。戒力强的,不特平时如此,即在梦中也能制止犯戒的。三、定成就:通常所谓坐禅,只是修习定的一种前方便,并未真的成就正定。真正得到定境的,在自己身心上有一

番新的经验,有种种深细的定境,种种的禅定功德。不说最高的
殊胜定境,即是得到共世间的四禅,也有明、净、喜乐的定德。对
欲界的一切恶不善法,因离欲而不起。出定以后,由于定力的资
熏,饮食睡眠,都会减少;身心轻安,非常人可及。四、慧成就:慧
即智慧,有明了抉择的功能。胜义慧(或称胜义禅)为悟证真理
的妙行,解脱自在的出世功德,依此而成就。浅些说,一切善法
的增长与恶法的不起,也依慧力的简别通达,才能以智化情,精
进不已。所以慧又是强化信心、清净戒律、禅定的根本。总之,
学佛法,不管是念佛、礼佛、持戒、布施、修定、修慧,问题要从真
实的学习中才有所得。如果学而无所得,不管修习什么,仍然在
佛法门外,没有进入佛法的领域。所以学佛虽有深浅及种种修
习成就的不同,只要真实去行,都会有所得的,有所受用的。得
到佛法利益的人,一切言行举措,会与平日两样,表达了内心的
真实功德。

　　在学佛过程中所得的殊胜心境,约有四种:一、梦境:梦是人
人都有的,但如梦中见佛、见莲花、见菩提树等,这都是好的学佛
有进益的现象。曾经有人告诉我,梦中逢到危险,赶快念佛,恶
境即消灭了。这是信心好、念佛切的现象。如信心差些,有的纵
然念佛,恶境仍不离去(但梦中能见佛念佛,总是好事)。二、幻
境:凡是修行的,不管是诵持经典,或念佛、忏悔、静坐等,如身心
不调,或渐次深入,都有幻境现前。如由于身心不调,幻境见有
恐怖等相。如坐禅等心净不乱,或彻见虚空明净、大海汪洋、日
月莲花等相,或见佛、菩萨、天人等相;听到虚幻音声,或佛菩萨
为之开示说法;嗅到异香等(不要以此等境界为奇,基督徒中于

祈祷时见上帝、耶稣、天使等,也类似此境)。这种见色闻声的
幻境,虽当前分明显现,但不坚住,也不能随自意而生起,自己作
不得主的。这是幻境,有良好的,也有不好的境界。不好的应该
依法除遣,良好的也切莫执著。三、定境:真得定境的,有种种深
细的定相。定境成就的,能随定心现前,来去自如,自己可以作
得主,如修弥勒观成就,弥勒现前说法等。四、证境:胜义慧体现
得法性寂,平等不生灭的自证,为最高究竟的智境,更非言语所
能拟议。

　　佛法所说,及修证所体验到的许多事实,我们应有景仰的信
心。在修行过程中的种种境地,不是一般性的,而为佛教(浅些
的,通于一般宗教)修行过程中所特有的。一般人心识散乱,追
逐外界的欲尘,没有依佛法去行,当然见不到,不知道。如依法
修持,则人人都能得到,而所得到的也是大同小异(最高的证
境,完全一致)。须知修证所得的境事,是宗教领域内的事实,
不能以一般世间庸俗的眼光去看。这些(宗教界的)事,对我们
的身心,对人类,对众生,能有多少好处。这一切,是错误,是正
确,是虚幻,是究竟,那是应作严密论究。如不信此事,即是完全
错误。如学佛而不信,即是从根本上失去学佛的应有态度。我
在今年二月号《海刊》中写的《美丽而险恶的歧途》一文,说到由
静坐而引起身体的震动(又如赤脚踏过烈火而不会灼伤),这些
宗教所有的某些事实,尚为世人所信,何况我们佛弟子?

　　中国人的宗教信仰不切,特别是科学发达以后。曾见到一
篇报导,有科学工作者,将自己亲见的鬼,虽是真实见闻的事情,
结果仍说它为迷信。为什么? 大家都叫做迷信呀! 其实在宗教

界，每一宗教都有它的特殊事情，不能以常人的眼光一概抹煞。佛法的经律论及古德的著作，都有自觉的体验内容，并非假想推论，凭空构造。在修证中的种种特殊境地，不但是确实如此，而且大家有共同的一致性。佛法的来源，以及修证中的特殊体验，学者必须加以尊重。又如南岳思大师，在修禅未成时，得了瘫痪病，后来修习般若空观，此病即好了。据说，虚云老和尚气息奄奄时，忽梦见弥勒菩萨等，有人疑他说假话，其实可能有这些梦境。学佛法，首先要了解佛法的特殊内容，承认有这些事，不要以迷信神话视之。虚大师年轻时代，曾多为社会刊物写稿，交游许多文人，对宗教生活有些松懈，那原是一个危险期。后来他突然发心到普陀山闭关，将松懈了的宗教生活改变过来。这实是大师得力于初年在西方寺看《般若经》有悟的心境，深生信心，始终不会忘却，到底回到虔敬的宗教生活中来。

学佛法，对佛法的自觉心源，修证中的特殊经验，要能深信不疑，不要见世人不信而动摇。这些，应该是庸常人所不曾知道的。只要自己切信不移，信而趣入，佛法的光明才会真实地临到，在你的身心中显现。

（幻生记）

一六　大乘空义

一、空为大乘深义：佛，是由于觉证空性而得自在解脱的。所以从觉证来说，空是一切法的真实性，是般若——菩提所觉证的。从因觉证而得解脱来说，空是解粘释缚的善巧方便；空，无所住，无著，无取等，是趣证的方便，是觉证的成果。一约真性说，一约行证说。现在要说的大乘空义，是约真实义说。

在大乘法中，空是被称为"甚深最甚深，难通达极难通达"的。如《般若经》说："深奥者，空是其义，无相、无作是其义，不生不灭是其义"等。《十二门论》也说："大分深义，所谓空也。"所以空、无生、寂灭等，是大乘的甚深义。为什么被看为最甚深义？这是世俗知识——常识的、科学的、哲学的知识所不能通达，而唯是无漏无分别的智慧所体悟的。这是超越世间一般的，所以称为甚深。

二、空与灭之深义：这一最甚深处，佛常以空、无生、灭、寂灭等来表示。凡佛所说的一切名言，都可以说是世间共有的。如依世间名义去理解，那只是世间知识，而不是佛说的深义。所以这些词语，都含有不共世间的意义，而不能"如文取义"的。例如空与无生灭的寂灭，一般每照世间的解说，认为是虚无消极的,而不知恰好相反,这是充实而富有积极意义的。

空,佛经每举虚空为譬喻,有时更直称之为虚空。从一般来说,虚空是空洞得一无所有。而佛法中说:虚空是"无碍为性","色于中行"。物质——"色"的特性,是碍;而虚空的特性,是无碍。无碍,不但是在于物质的质碍以外,也与物质不相碍。由于虚空的无碍性,不但不障碍物质,反而是物质——色的活动处。换言之,如没有虚空,不是无碍的,物质即不可能存在,不可能活动。因此,虚空与物质不相离,虚空是物质的依处。佛法所说的空或空性,可说是引申虚空无碍性的意义而宣说深义的。空,不是虚空,而是一切法(色、心等)的所依,一切法所不离的真性,是一切法存在活动的原理。换言之,如不是空的,一切法即不能从缘而有,不可能有生有灭。这样,空性是有着充实的意义了。

说到寂灭,本是与生灭相对的、不生不灭的别名。生与灭,为世俗事相的通性,一切法在生灭、灭生的延续过程中,但一般人总是重于生,把宇宙与人生看作生生不已的实在。但佛法,却重视到灭灭不已。灭,不是断灭,不是取消,而是事相延续过程的一态。在与生相对上看,"终归于灭",灭是一切必然的归宿。由于灭是一切法的静态、归结,所以为一切活动起用的依处。佛法称叹阿弥陀佛,是无量光明、无量寿命,而从"落日"去展开,正是同一意义。灭是延续过程的静态,是一切的必然归结,引申这一意义去说寂灭,那寂灭就是生灭相对界的内在本性。生灭灭生的当体,便是不生不灭的寂灭性。由于这是生灭的本性,所以矛盾凌乱的生灭界,终究是向于寂灭,而人类到底能从般若的体证中去实现。

三、从事相而观见空寂之深义：一切法空性或寂灭性，是一切法的真实性，所以要从一切法上去观照体认，而不是离一切法去体认的。如《般若心经》说："行深般若波罗蜜多时，照见五蕴皆空。"深般若，是通达甚深义的，照见一切法空的智慧。经文证明了，甚深空义，要从五蕴(物质与精神)去照见，而不是离色心以外去幻想妄计度的。说到从一切法去观察，佛是以"一切种智"知一切法的，也就是从种种意义、种种观察去通达。但总括起来，主要的不外三门：(一)从前后延续中去观察，也就是透过时间观念去观察的。(二)从彼此依存中去观察，也就是透过空间观念(或空间化、平面化的)去观察的。(三)直观事事物物的当体。这犹如物质的点、线、面一样；而甚深智慧是从竖观前后、横观彼此、直观自体去体认，而通达一切法性——空或寂灭性。

(一)、从前后延续去观察时，得到了"诸行无常"的定律。一切法，不论是物质或精神，无情的器世间或有情的身心，都在不息的流变中。虽然似乎世间有暂住或安定的姿态，而从深智慧去观察时，发觉到不只是逐年逐月的变异，就是(假定的)最短的时间——一刹那，也还是在变异中。固有的过去了，新有的又现起，这是生灭现象。这一刹那的生灭，显示了一切都是"诸行"(动的)，都是无常。这种变化不居的观察，世间学者也有很好的理解。但是世间学者，连一分的佛学者在内，都从变化不居中，取著那变动的事实。也就是为一切的形象所蒙蔽，而不能通达一切的深义。唯有佛菩萨的甚深般若，从息息流变中体悟到这是幻现的诸行，不是真实有的。非实有的一切，尽管万化纷绘,生灭宛然,而推求本性,无非是空寂。反过来说因为一切法的本性空寂,所以表现于时间观中,不是常恒不变,而现为刹那生灭的无常相。无常,是"无有常性"的意义,也就是空寂性的另一说明。

(二)、从彼此依存去观察一切法时,得到了"诸法无我"的定律。例如有情个体,佛说是蕴界处和合,不外乎物理的、生理的、心理的现象。所谓自我,是有情迷妄的错觉,并不存在,而只是身心依存所现起的一合相——有机的统一。称之为和合的假我,虽然不妨,但如一般所倒想的自我,却不对了。印度学者的(神)我,是"主宰"义,就是自主自在,而能支配其他的。换言之,这是不受其他因缘(如身心)所规定,而却能决定身心的。这就是神学家所计执的我体或个灵。照他们看来,唯有这样的自主自在,才能不因身心的变坏而变坏,才能流转生死而不变,才能解脱生死而回复其绝对自由的主体。但这在佛菩萨的深慧观照起来,根本没有这样的存在。无我,才能通达生命如幻的真相。依此定义而扩大观察时,小到一微尘,或微尘与微尘之间,大到器世界(星球),世界与世界,以及全宇宙,都只是种种因缘的和合现象,而没有"至小无内"、"至大无外"的独立自体。无我,显示了一切法空义。无我有人无我与法无我,空有人空与法空;空与无我,意义可说相同。从彼此依存去深观空义,如上面所说。如从法性空寂来观一切法,那就由于一切法是空寂的,所以展现为自他依存的关系,而没有独存的实体。这样,无我又是空义的又一说明。

(三)、从一一法的当体去观察时,得到"涅槃寂静"的定律。

虽然从事相看来,无限差别,无限矛盾,无限动乱;而实只是缘起的幻相——似有似无,似一似异,似生似灭,一切终归于平等、寂静。这是一一法的本性如此,所以也一定归极于此。真能通达真相,去除迷妄,就能实现这平等寂静。矛盾、牵制、动乱,化而为平等、自在、安静,就是涅槃。大乘法每每着重此义,直接地深观性空,所以说:"无自性故空,空故不生不灭,不生不灭故本来寂静,自性涅槃。"

从竖观前后、横观彼此、直观自体,而得"诸行无常,诸法无我,涅槃寂静"——"三法印"。但这决非三条不同的真理,而只是唯一绝待的真理,被称为"一实相印"——法性空寂的不同说明。三印就是一印,一印就是三印。所以,如依此而修观,那么观诸法无我,是"空解脱门";观涅槃寂静,是"无相解脱门";观诸行无常,是"无愿(作)解脱门"。三法印是法性空寂的不同表现,三解脱门也是"同缘实相",同归于法空寂灭。总之,佛法从事相而深观一一法时,真是"千水竞注",同归于空性寂灭的大海。所以说:"高入须弥,咸同金色。"

四、法空寂灭即法之真实(自性):一般名言识所认知的一切法,无论是物质、精神、理性,虽然被我们错执为实有的、个体的,或者永恒的,而其实都只是如幻的假名。假名,精确的意义是"假施设",是依种种因缘(意识的觉了作用在内)而安立的,并非自成自有的存在。所以,这一切都属于相对的。那么,究竟的真实呢?推求观察一一法,显发了一一法的同归于空寂,这就是一切法的本性,一切法的真相,也就是究竟的绝对。空寂,不能想像为什么都没有,什么都取消,而是意味着超脱一般名言识的自性有,而没入于绝对的不二。经论里,有时称名言所知的为一切法(相),称空寂为法性,而说为相与性。但这是不得已的说法,要使人从现象的一一法去体悟空寂性。法与法性,或法相与法性,实在是不能把它看作对立物的。这在空义的理解上,是必不可少的认识。

方便所说的法与法性(空寂),在理解上,可从两方面去看。(一)、从一一法而悟解到空寂性时,这就是一一法的本性或自性。例如物质,每一极微的真实离言自性,就是空寂性。所以法性空寂,虽是无二平等,没有差别可说,而从幻现的法来说,这是每一法的自性,而不是抽象的通性。(二)、从平等不二的空寂去看,这是不可说多,也不可说为一(一是与多相对的)的绝对性。不能说与法有什么别异,而又不能说就是法的。总之,空寂性是一一法自性,所以是般若所内自证的,似乎是抽象的普遍性,而有着具体的充实的意义。

五、法相与法性空寂之关系:从上面的论述,法与法性,不可说一,不可说异,极为明白。所以在大乘法中,这——不一不异是无诤的定论。但在古代大德的说明方面,适应不同根性的不同思想方式,也就多少差别了。

(一)、如法相唯识学者,着重于法相。在"种现熏生"的缘起论中,说明世出世间的一切法。当他在说明一切法——无常生灭时,从不曾论及与法性不生灭的关系。依他说:一切法要在生灭无常的定义下,才能成立种现熏生,不生灭性是不能成立一切法的。这一学派,一向以严密见称。但或者,误以不生灭(无为法性)与生灭(有为法),是条然别体的。其实,这决非法相学者的意趣。因为，当生灭的一切因缘生法，离妄执而体见法性时，与法也是不一不异的。这就是一一法的离言自性，何尝与法有别？所以，专从生灭去成立染净一切法，只是着重性相的不一而已。

（二）、如天台、贤首、禅宗，着重于法性，都自称性宗，以圆融见长。从法性平等不二的立场来说，一切事相都为法性所融摄；一切染净法相，都可说即法性的现起。因此，天台宗说"性具"，贤首宗说"性起"，禅宗说"自性能生"。一切法，即法性，不异法性，所以不但法性不二，相与性也不二——理事不二。由于理事不二，进一步到达了事与事的不二。这类着重法性的学派，也就自然是着重不异的。虽然不得意的学者，往往落入执理废事的窠臼，但这也决非法性宗的本意。

（三）、被称为空宗的中观家，直从有空的不一不异着手。依空宗说：一切法是从缘而起的，所以一切法是性空的。因为是性空的，所以要依因缘而现起。这样，法法从缘有，法法本性空，缘起（有）与性空，不一不异，相得相成。空与有——性与相是这样的无碍，但不像法相宗，偏从缘起去说一切法，也不像法性宗，偏从法性去立一切法，所以被称为不落两边的中道观。

虽有这大乘三系，虽然法与法性，近似世间学者的现象与本体，但都不会与世学相同。在大乘中，不会成立唯一的本体，再去说明怎样的从本体生现象，因为法性是一一法的本性。也就因此，法与法性，虽不可说一，但决非存在于诸法以外；更不能想像为高高的在上，或深深的在内。唯有这样，才能显出佛法空义的真相。

一七　色即是空·空即是色

"色即是空","空即是色",在佛法——般若波罗蜜多中,是著名的精句。崇尚简易与圆融的中国佛学界,对此是非常适合的。所以,这究竟是什么意义,也许并不明了,或者从来不曾想到过,而"色即是空","空即是色",已成为多数人——佛弟子及一般知识界的熟悉成语,几乎被用来代表了佛理。这是经常被人提起的,近年来在台湾,也有好些人来讨论它。我没有参加论辩的兴趣,只想在这里将这个问题略加申述,以表示问题并不单纯。

"色即是空","空即是色",一般是在《般若波罗蜜多心经》中得来。这是被精简了的、被公式化了的成语。这一思想,应该说是事实,根本在《大般若波罗蜜多经》中明确地表示出来;从是而有更多的经论,作成众多的解说。《般若波罗蜜多心经》——玄奘译本,前后的文段是:

"照见五蕴皆空,度一切苦厄。"

"舍利子! 色不异空,空不异色;色即是空,空即是色。受、想、行、识,亦复如是。"

"舍利子! 是诸法空相,不生不灭,不垢不净,不增不减。是故空中无色,无受、想、行、识。"

　　经文分三段:一标,二释,三结。经上标宗说"五蕴皆空"。五蕴是色、受、想、行、识。大概地说,色是物理(生理)现象,受、想、行、识是心理现象。在菩萨的观照中,物理、心理的一切,都是空的。为什么空,空是什么意义呢? 经上说:"色不异空,空不异色;色即是空,空即是色。受、想、行、识,亦复如是。"色之所以空,色与空的关系,阐述明白了,就归结到:空,不是别的,是菩萨所观所证的——"不生不灭,不垢不净,不增不减"的"诸法空相"。在"诸法空相"中,是五蕴都不可得,不可得故不见,不见故不著的。

　　《般若波罗蜜多心经》的译本很多,对照起来,有几点值得补充说明的。"照见五蕴皆空",奘译与鸠摩罗什的译本相同。但其他的译本,如施护译本、法月译本、智慧轮译本,都译为"五蕴自性皆空";法成译本作"五蕴体性皆空"。这是一点,"五蕴皆空",是说五蕴的"自性"空;"空"是"无自性"的别名。"是诸法空相",罗什译本、法月译本、般若共利言译本,都是这样。而智慧轮译本作"是诸法性相空";法成译本作"一切法空性"。这是第二点,"空相"是"空性"的别名。这两点,可说为了不致于误解,而译得更明确些。还有,在"色不异空,空不异色;色即是空,空即是色"以前,法月译本有:"色性是空,空性是色"二句。智慧轮译本有"色空,空性见("是"字的误讹)色"二句。《心经》与《大般若经》佛为舍利子说一段,文字相近,今列出以资比较。鸠摩罗什所译《摩诃般若波罗蜜经》(龙树《大智度论》所依本)(卷一)说:

> "空中无色,无受、想、行、识。离色亦无空,离受、想、行、识亦无空。"

> "色即是空,空即是色;受、想、行、识即是空,空即是识。"

> "诸法实性,无生无灭,无垢无净故。"

玄奘所译的《摩诃般若波罗蜜多经》第二分(卷四〇二)说:

> "色自性空,不由空故,色空非色。色不离空,空不离色;色即是空,空即是色。"

> "受、想、行、识自性空;不由空故,受、想、行、识空故非受、想、行、识。受、想、行、识不离空,空不离受、想、行、识;受、想、行、识即是空,空即是受、想、行、识。"

> "如是自性,无生无灭,无染无净。"

初分与第三分,都与此相同。在"色不异空,空不异色"前,有"色自性空,不由空故,色空非色"三句,与唯识学者所传的相合。而《心经》的法月译本、智慧轮译本,前有二句,也可想见是依"唯识宗"所传本而来了。从《心经》译本,罗什与玄奘的相同而论,《心经》的古本(梵文本也时有演变增减的),是近于罗什所传的。

"色即是空","空即是色",一般赏识它的圆融,却不大注意佛经的完整意义。忽略了这是阐明"五蕴皆空",而归宗于"诸法空相"及"空中无色"的。这不是理论问题,而是修证问题。如专在即色即空的理论上兜圈子,就会不自觉地横跨了一步。

"色(受、想、行、识,此下以色为代表,总说五蕴)即是空",

"空即是色",是什么意义?为什么要这样说?这应先理解"色"与"空"所代表的意义。"色"等是我们触对的世界,物理(生理)、心理现象的世界。被称为"自己"的身心组合,认识到的境界,就是"色"等,这就是当前的现实。然而,这是众生的现实;如老是这样,将永远地迷惑,永远地苦厄,永远不自在地活着,不自在地死去。这是佛法所确认的人生大问题。学佛法,是要在这当前的现实(五蕴)中,如实觉照而得大解脱(度一切苦厄)。无论是小乘、大乘,有宗、空宗,都以为修证,是有超越常情的体验的。究竟的体验内容,是一般心识所不能意解与想像的;也不是一般语言文字所能表示的。这是什么都不是,连"不是"也说不上的。对一般人来说,这是怎么也说不明白的。佛陀说法,不是为了说明这个,而只是就众生的当前现实身心,指示、引导,使学者在修持的过程中,离却颠倒、错乱,而趣向、临入这一如实的境地。在离却颠倒错乱的修持中,佛是常以"无常"、"无我"、"寂灭"(三法印);"空"、"无相"、"无作"(三三昧);"厌"、"离"、"灭"、"舍"等来教导的。在修持中,以脱落常情迷执而实现出来。所以在无以名之、强为立名的情况下,就称之为"空"、"空性"(也称无相、无作、不生灭等)。古人说:"空亦复空;但为引导众生,故以假名说。"如以空为空,那早就误会了。空,可说是符号,表示那众生所无法思议的,而可经空无我的观照,而如实体现的境地。这样,当前的现实(五蕴,可能的体验)空,在我们的意解中,对立起来。世间学者看来,这是现实与理想,现象与本体,形而下与形而上。在佛教中,相与性,事与理,也都在理论中对立起来。如病眼的见虚空有花,明眼的见虚空明净:将空花与明净对立起来而说同说异,虽是免不了的(众生就是欢喜这一套),而其实是不必要的。

现实的"色"(蕴等),可能实证的"空"(相、空性等),如寻根究底地说起来,这是一切佛法所共的。以不同的名词来表示(约义不同,在说明上就有多少差别),那就是"虚妄"与"如实","生死"与"涅槃","世间"与"涅槃","有为"与"无为","缘起"与"寂灭"。如从"能"边说,那就是"无明"与"般若","无明"与"菩提"了。"空性",圣者们的体证,是有浅深的;而为一切圣者所共证,是没有差别的。所以经上说:八地菩萨智证无分别性,是二乘所共的(《华严经》);二乘若智若断,就是菩萨无生法忍(《般若经》);汝等所行,是菩萨道(《法华经》)。就现实"五蕴"而体证"空相"中,表现为大乘菩萨的,不只是"照见五蕴皆空",而是从"色即是空","空即是色"去证入的。"色即是空"与"空即是色",在修持上是观法,是趣入"空相"的方便。在说明上,这是与二乘的差别所在。这是事实,是佛教界的事实。被称为小乘的圣者,观"五蕴"而证入"空寂",意境是"超越"的,是超越于生死的。因而自然地倾向于离五蕴而入空,离世间而证涅槃。从而作体系的理论说明,那就生死与涅槃各别,形成两项不同的内容。基于这种意解,而形成圣者们的风格,不免离世心切,而流露出"遗世独存"、"出淤泥而不染"的精神。这在佛教中,可说是圣之清者了!而另一分证入的圣者,觉得迷悟虽不可同日而语,而迷者现前的五蕴、圣者现证的空相,决不是对立物。观五蕴而证入空相,空相是不离五蕴,而可说就是五蕴的;就是五蕴的实相,五蕴的本性。如明眼人所见的明净虚空一样,与病眼所见的,决不是对立物,而实是病眼所见的,那个空花乱坠的虚空的真相。没有离五蕴的空,也就没有离空的五蕴了。这一类圣者,就是被称菩萨的。依蕴而契入空相,意境是"内在"的。真理是不离一切而存在。基于这一特质,自然倾向于即俗而真。由此而发为理论的说明,那就"世间即涅槃","生死即解脱","色即是空","无明实性即菩提"了。基于这种特质,而表现为菩萨的风格,那就"即世而出世";"不离世间而同入法界";"不著生死,不住涅槃";"不离世间","不舍众生",而流露出"涅而不缁"的精神了!

　　根源于众生的当前事实——"色"(蕴等),而趣入"空相",是佛法的根本问题。意境上、理论上、风格上,虽表现为"超越"的"离世",或"内在"的"即世"——二类。菩萨的特质,虽为"即俗而真","即色是空",不离乎世俗,甚至以贪、嗔、痴、慢为方便。然在修证的过程中,大乘还是"照见五蕴皆空",还是证入"诸法空相","空中无色,无受、想、行、识"。因为五蕴是众生当前的事实,熟悉不过的生死现实。所求所向所趣证的目标,当然不是五蕴。修证的主要目标,正是即"色"观"空"而契入"空相"。在没有契入"空相"以前,也说不上即色即空的妙悟。所以观"空"而契入"空相",就是转迷为悟、转凡成圣的关楗所在。《般若经》说:"慧眼于一切法都无所见。"《金刚经》说:"若见诸相非相,即见如来。"唯识宗所传:根本智证真如,是泯绝众相的。圣者的现证,突破生死关的根本一着,就在这里。《密严经》说:"非不见真如,而能了诸行,皆如幻事等,虽有而非真。"不同于世俗所见的诸行(五蕴)如幻,是要透过这根本一着——

证悟真空,而后逐渐达到的。所以根本智(般若)证真,方便(后得智)达俗,方便是般若的妙用,是般若成就以后所引发的。论理,方便不异般若,即般若的妙用。五蕴是即空的五蕴,蕴空不二。而事实上,印度圣者的修证,却是面对现实;尽管即色即空,而所悟正在"空相"(根本智证一关,并不说菩萨修证,齐此而止)。这与部分学者高谈理论的玄妙,清谈娓娓,悦耳动听,是有点不同的。

　　佛法不是假设的推理,是有事实,有经验,而后才有理论的,名为"从证出教"。教化,使人信解而同样地趣入于修证,于是而有"色自性空,不由空故,色空非色"等说明;才有中观者、瑜伽者的理论说明。这是佛法的修证事实。在修持经验中,有似是而非的,或将到而未到的境地;世间也有类似的情形。因此,再从这二点,略为论列。

　　"色即是空,空即是色",是佛法的修证问题。"空"所代表的,是甚深的体验内容,这不是文字语言的理论领域!佛法有什么可说呢!然而,佛有善巧方便,就众生现实身心,开示、诱导,使人类揭开现实的诳假相——"色"(代表现实身心),而直入于自证的境地——"空"。在这方法论的立场上,"色"为什么是虚妄、是假相、是空?为什么这样的观照,能趣向、契入"真如"、"空相",就都是可以论说的了。这譬如"阳明山"自身,本无所谓东西南北,而从我们自己的立场来看,通过世俗共认的名相假立,就有东西南北可说。而且(虽然是假立的)可凭此东西南北的方向,前进而到达目的。修证的方法问题,成为理论问题。解与行相应,从可说可分别,而能导向离言无分别,是佛法的大方便,这不是侈谈不立文字者所知的。

以"色即是空,空即是色"来说,佛教界是有多种解说的,这是适应人类不同的思想方式所引起。虽不妨说有差异,有浅深,但都有引导趣向修证的方便妙用(这才是佛法)。这里,试略举中观者(大乘空宗)、唯识者(大乘有宗)的解说:以中观者的正观来说,人类面对的现实界(色)等五蕴,虽有极其强烈的真实感,然在中道的正观中,一切是因缘所生,在种种关系条件下的综和活动;如寻求究竟的真实,那是不可得的。这不但世俗公认的"假有"(复合体),如房屋、树林,没有离因缘的自体可得,就是一般所成立的"实有",也还是一样(在这点上,与"实有自性者"进行辨证)。佛每举喻来说,如"阳焰"——水汽在阳光下上升,远远望去,形成波动的一池清水。不但口渴的鹿会奔向前去(所以又称为"鹿爱"),人也会误认为水的。在沙漠中,也常有远望见水,等到走上前去却一无所有的经验。看起来,是千真万确的,其实并不如我们所见闻觉知的,这就是"如幻"、"如化"、"如阳焰"……的"缘起无自性"的正观。1."境",如花的红色,那种鲜艳动人的色彩,是多么动人而具有诱惑性? 然而,这就是红色吗? 有被称为"色盲"的人,并不能见到红色。在人类中,这是少数,当然被看作病态不正常了。然在畜生界,牛、猪等所见,多数不如人类所见的红色,难道畜生界多数是病态不正常吗? 决不是的。在畜生的立场,难道不可以说人为红色所诱惑而迷恋,是神经病吗? 在现代的物理学中,颜色是什么,姑且不论。在众生界的不同认识中,这是要以生理机构(眼)的组合及光线等而决定其色相的。色、声、香、味、触——感觉到的物理世界,被解说为外在的世界,不但复合的假有,没有自体可得,即使小到极微——原子、电子,总之最小的物体,都不能离因缘而存在。如没有通过特定的生理组织(根),与习以成性的心理关系,我们是不可能规定其体(特性)用,而称之为什么的。2. 心"识",不但心与心所是"相应"的复杂的综和活动,还要有根与境为缘。如根损坏了,境相不现前,那心识就不可能现前。一念心识的内容,受着以前习以成性的绝大影响。所以就是这一念的心识,也没有自性可得。3. "根",以前五根——眼、耳、鼻、舌、身来说,没有可以独存而营为其作用的。如眼根有能见的作用,但如大量失血,有关的神经受伤(还有入定等),眼就会不起作用。进一步说,眼根是什么呢? 眼只是肉团,肉团内的净色(近于视神经末稍),而这都是复合体。如分析、推求到最细的一点,那任何一点,都不能独立而有能见的作用。那眼的自性是什么呢? 所以现实世界的一切一切只是因缘关系的存在;在因缘关系的特定情形下,形成时空中的存在。

　　"色"等五蕴,或眼等十八界等,佛说是"因缘所生法"。经上说:"空相应缘起。"依中观者说,这是没有自性的,与空相应的缘起法。依因缘而有,所以没有孤立的独存(一)性。依因缘而起灭变异,所以没有永恒的不变异(常)性。非一(也就不是异)、非常(也就不是断)的因缘有,是非实有(也就非实无)性的。这样的因缘生法,从没有自性说,名为空,是胜义空,顺于胜义的(现证的胜义,是不能安立的),虽然空无自性,而缘起法相,却在因缘关系下显现。这是"唯名唯表唯假施设"的世俗有。古人简略地称为:"毕竟空而宛然有,宛然有而毕竟空。"如幻、化、阳焰一样,说是真实的吗,深求起来,却没有一些真实性可得。说没有吗,却是可见可闻,分明显现。在世间施设中,因果分明,丝毫不乱。所以空而不碍因缘有,有而不碍自性空("色即是空,空即是色")。进一步说,正因为是因缘有的,所以是性空的;如不是因缘有,也就不是性空了。反之,因为一切性空,所以才依因缘而有;如不是性空,是实有自性的,那就是实有性,是一是常,也不会待因缘而有了。这样,不但依因缘有而显示性空,也就依空义而能成立一切法。这样的因缘有与无自性空,相依相成,相即而无碍。如有而不是空的,就是实(执)有;空而不能有的,就是拨无因果现实的邪空。远离这样的二边妄执,空有无碍,才是中道的正观。然而,在众生——人类的心目中,一切是那样的真实!呈现于人类心目中的真实性(自性),是错乱的。为这样的错乱相所诳惑,因而起种种执,生种种烦恼,造种种业,受种种苦,生死流转而无法解脱。唯有依因缘的观照中,深求自性有不可得("照见五蕴皆空"),才能廓破实自性的错乱妄执,现证"绝诸戏论"的"毕竟空"——一切法空性,而得生死的解脱("度一切苦厄")。在信解闻思时,就以即色即空的空有无碍为正见,所以"般若将入毕竟空,绝诸戏论;方便将出毕竟空,严土熟生"。不厌生死,不乐涅槃,成就大乘菩萨的正道。

继中观者而兴起的唯识者,从因缘生法来显示空义;说一切法空而重视因果;以空胜解,成立不著生死,不住涅槃的大乘道,都与中观者相同。在印度佛教中,这二大流始终保持了释迦佛法的根本立场——缘起中道论(非形而上学)的立场。但由于传承而来的思想方式的不同,对"色即是空,空即是色"的解说,与中观者不合。唯识者解"空"为二:一、实无自性的妄所执性——遍计所执性,是空的,空是没有自体的意思。二、实有自体的真实理性——圆成实性,这是从修空所显的;从空所显,所以称之为空,其实是"空所显性",空性是有的。解"有"也分为二:一、妄所执性的"假有",但由名相假立所显,这就是遍计所执性。二、缘生性的"自相有"——依他起性,对胜义圆成实性说,这是世俗有,非实有的。对遍计所执性的"假相安立"说,这是"自相安立"的,是有的,而且可称为胜义有的。遍计所执的有(无体随情假),是空的;依他起性的有(有体施设假),是不空的,非有不可。如说是空,那就是恶取空了。就在这点上,形成了"空有之争"。

二宗的解说不同,源于思想方式,而表现于空与有的含义不同。妄所执性是空的,这是彼此相同的。圆成实(空)性,中观者也说是假名说,真胜义是不可安立的,是无所谓空不空、有不有的。但不可安立,与空义相顺,所以不妨称之为空。"空",含有离执与显理二义,所以是"即破而显"的。唯识者以为:法性是无所谓空不空、有不有的,但不能说没有(唯识者是以空为没有的),那么"离执寄诠",应该说是有了。但二宗的论诤焦点,还在依他起性——因缘生法的可空不可。中观者以为:因缘生法是有的,但这是如幻如化的有,是有错乱性的,是似有而现为"实有"的。举例("以易解空喻难解空")说:如"阳焰"的远望如水,并非妄执,而是在因缘关系中,确有水相显现的;这水相,不能说不是空的。一切因缘生法,如色等五蕴,现为实有——"自性相"，并非妄执，而是引起妄执的，所以称为"虚诳"。这样的有，不能说不是空的。但说空，并非说什么都没有，而只是没有"自性"，是不碍有相显现的。这样，就成立了"即有即空"的理论（为中国玄学化的佛教所应用）。唯识者以为：依他起是依相用而立法，因果是各各差别的。什么样的种子，就生什么样的现行，称为"分别自性缘起"。这样的有相显现，有因果性，不能说是空的。二宗的主要差别，归结到因缘生法的现有自相，可空或者不可空。唯识者以为：这是有而不是空的，所以对"色即是空，空即是色"的经文，解说为约遍计所执（的色等）性说，如于绳见蛇，这种蛇的意解，是空而没有自性的。如约依他起性——因缘生法说，是不能说"色即是空，空即是色"的。当然更不能约圆成实（空）性说，圆成实是无为不生灭法，怎么可以相即呢！约依他起——色等，与圆成实空性，只能是"色不异（离义）空，空不异色"。正如《辩中边论》所说："此中唯有空，于彼亦有此"，以表示性相——空（性）有的不相离异。所以切实地说：唯识者对于性相，空有（如色与空），长处在分别精严；而空有无碍的正观，不能不让中观者一着。

　　"色即是空，空即是色"，不只是理论的，而是修证的方法问题。般若的"照见五蕴皆空"，是以"色即是空，空即是色"——空有无碍的正观为方便，而契入"诸法空相"的。约方法说，是观，是空观——"未成就时名为空（三昧，唯识宗名加行无分别智）"。因空观的修习深入，到契会实相——"成就时名为般若"（唯识宗又称为根本无分别智）。论方法，是观，虽依止起观，修到止观双运，而观不是止。等到成就功德，般若与禅定相应，定

慧平等,而般若波罗蜜多,并不就是禅定波罗蜜多。说到观,观
是寻思、抉择。思择一切法无自性空;或思择名义无实而入唯识
无义的正观,般若是由观的修习而引发的。中道正观(无分别
观)与修止不同,与直下无分别而得的无分别定,也根本不同。
与部分类似的定境,都不可同日而语,何况是幻境? 更何况是咒
力、药力所起身心的类似超常经验呢! 以药力所引起的某种超
常经验,解为"色即是空,空即是色",固然是不伦不类。专在学
派的理论上表扬一下,对于"即色即空"的经义,也还有一段距
离呢!

一八 《法印经》略说

　　赵宋施护三藏所译的《佛说法印经》:"是诸佛根本法,是诸佛眼,是即诸佛所归趣法。"在一切经中,这可说是最简易、最深彻、最根本的了! 一切小乘、大乘的甚深法,都不外乎根源于这一法门而流衍出来的。这是诸佛眼目——"佛之知见",为一切众生同成佛道的究竟归宿。依据这部经,可以正确了解到佛法的心要——一切经法的根本特质是什么,所以这部经就叫做《法印经》。法印是佛法准量的意思,作为佛法的准绳,可据此而衡量所说的是否合于佛法,是否彻底。在一切经中,这部经特别被称为《法印经》,可想见这部经的重要了!

　　佛法中,一向有三法印和一法印的分别。一般以为:小乘说三法印——"诸行无常","诸法无我","涅槃寂静";大乘说一法印(一实相印)——一切法空性。这似乎说:凡说三法印的,就印定为正确的小乘法;说一法印的,就印定为正确的大乘法。其实,这是并不正确的! 佛法平等,绝对真理哪里会有这样的对立? 在这方面,龙树菩萨说得好! 如深求而彻了的话,三法印就是一法印。大乘多说一法印,小乘多说三法印,只是说明上的偏重不同,而非本质上有什么差别(《大智度论》卷二二等)。对于这，本经也说得极明确："空性如是，诸法亦然，是名法印。"这是一法印，指诸佛（圣者）证悟的内容说。又说："此法印者，即是三解脱门"，这就是三法印，从悟入修行的方法说。如我们到公园去，从进园的园门说，可以有三门或四门等。可是走进门去，公园还是一样。这部经也就这样地开示我们：约一切圣者证入说，是空性，称为法印。约证入空性（法印）而能得解脱的法门说，称为三解脱门。

现在分别来解说，先说空性："空性"，指诸佛（圣者）证悟的内容，或称自证境界。圣者所证悟的，本来离名离相，但为了引导大家去证入，不能不方便地说个名字。无以名之，还是名为空性吧！空性是这样的：

一、空性"无所有"：经上以"无处所，无色相"来解说。这是说，空性是不落于物质形态的。物质，佛法中叫做色；物质的特性（色相）是"变碍"。在同一空间中，物质间是相碍的。因为有碍，所以有变异，物质一直在凝合（水）、稳定（地）、分化（火）、流动（风）的过程中。凡是物质，就有空间的属性，就可以说在这里，在那里（处所）。诸佛圆满证悟的空性呢，是无所有——不落于色相的，也没有空间的处所可说。

二、空性"无妄想"：经上以"非有想"来解说。想是意识的取像相；凡是意识——一切心识，一定摄取境相（如摄影机的摄取一样），现起印象；由此取像而成概念。一切想像、联想、预想，一切观念、一切认识，都由此而成立。但这种意识形态——有想，是虚妄而不实的；这种虚妄分别（或称妄念、妄识）是与诸佛证悟的空性不相契合。所以，空性是不落于意识（精神、心）

形态的。

　　三、空性"无所生、无所灭"：经上以"本无所生"来解说。世间不外乎色相与心相（想）——物与心。物质有空间的属性；而物与心，又一定有时间的属性。从无而有名为生，从有而无名为灭，物质与精神，一直都在这样的生灭状态中。由于物与心的生灭，现出前后不同的形态，而有时间性。然而生从何来，灭向何处？现代的科学，已进步到懂得物质的不灭；不灭当然也就不生。从佛陀的开示中，心——意识也是这样的；在人类知识的进步中，一定会证明这一论题。从世俗的见地说，这是永恒的存在。但不离时间的观念，只是想像为不生不灭而已。在生灭的现象中，在时间的形态中，物也好，心也好，不可能有究极的实体性——自性。一切不离于生灭，而生灭是如幻的、虚妄的、相对的存在；从诸佛自证的空性说，一切本不生，是超越时间性的。

　　四、空性"离诸知见"：经上以"非知见所及，离诸有著"来解说。我们认识什么，了解什么，总不出于见闻觉知。从眼（根及眼识）而来的叫见，从耳而来的叫闻，从鼻嗅、舌尝、身触而来的叫觉，从意而来的叫知，或简单地称为知见：见是现见，通于一切直接经验；知是比知，是经分析、综合等推理的知识。知见——推理的、直觉的一切认识，就是心——意识的活动。可是一有心——知或见的分别，就有（六尘境界，所分别）相现前。这样的心境对立，有心就有相（成为妄想），有相就有（执）著，就落于相对（差别）的世界，矛盾的、对立的、动乱的世界。空性是知见所不及的，也就不是这一般认识所能认识的。这样，空性不落于色相、心相、时空相，超越于主观客观的对立境界。在我们的认识中,所有的名言中,可说什么都不是,连不是也不是,真的是"说似一物即不中"。唯有从超越情见,超脱执著去体悟,所以还是称为空性的好。空是超越的(竖的、向上的)意义,不要误解为没有,更不要误解为(横的、向下的)相对的——与有相对的空,才好!

经以四层意义,显示空性。空性不只是理论所说明的,而是要从修行中,超越情见去体证的。所以在说到空性不是知见所及,离一切有著的以后,就说:在超越情识知见的当下,既离一切相,离一切著,就摄一切法而融入平等法性,无二无别(不落对待),如如不动。住于无二无别的平等见,就是圣者的真实智见。不虚妄的真实见,就是圣者的正觉,佛陀的知见了!

说到这里,可能在理解上、修证上会引起错误,以为空性与相对界的一切法,完全是两回事:生死以外有涅槃,世间以外有出世,如那些自称阿罗汉的增上慢人那样。所以经上说:"当知空性如此,诸法亦然。"这就是说,空性是这样的不落相对界(不二法门),但并非出一切法以外。空性平等不二,一切法不出于空性("不出于如"),也一样的平等平等。空性就是一切法的真相,一切法的本来面目。这如《中论》颂所说:"不离于生死,而别有涅槃,实相义如是,云何有分别?""涅槃与世间,无有少分别;世间与涅槃,亦无少分别。"

在这里,有要先加解说的:空性是诸佛(圣人)所证的,由修三解脱门而证入的,但为什么要证入空性呢? 修行又有什么意义呢? 要知道,佛陀本着自身的证悟来指导我们,是从认识自己、自己的世间着手的。我们生在世间,可说是一种不由自主的活动。一切物质的、社会的、自己身心的一切活动,都影响我们,拘碍着我们,使我们自由自主的意愿,七折八扣而等于零。我们哭了,又笑了;得到了一切,又失去了一切。在这悲欢得失的人生历程中,我们是随波逐浪,不由自主,可说环境——物质的、社会的、身心的决定着我们,这就是"系缚"。其实,谁能决定谁呢? 什么能系缚自己呢? 问题是,自身的起心动念,从无始生死以来,陷于矛盾的相对界而不能自拔。所以环境如魔术师的指挥棒一样,自己跟着魔棒而跳出悲欢的舞曲。在客观与主观的对立中,心物的对立中,时空局限的情况中,没有究竟的真实,没有完善的道德,也没有真正的自由。唯有能悟入平等空性,契入绝对的实相,才能得大解脱、大自在,如莲花的不染,如虚空的无碍一样。实现了永恒的安乐,永恒的自由,永恒的清净(常乐我净):名为成佛。

众生无始以来,迷而不觉,如不经一番励力的修习,积重难返,怎么能返迷启悟呢! 修行是返迷启悟的实践过程,本经曾概略地说到:"谛听谛受",是"闻所成慧",从听闻阅读等,对佛法生起深刻的信解。"记念思惟",是"思所成慧",也叫"戒所成慧"。这是将深信的佛法,经深思而求实现于三业(思想、言说、行为都合法)。"如实观察",是"修所成慧",是依定而起的观慧。既能言行如法(戒),又要心意集中(定),才能生起如实的观察。否则,不过散心分别而已,不能深入证悟的。本经所说的三解脱门,重在修慧。

三解脱门,是空解脱门、无想解脱门、无作解脱门。本经约经历三解脱门而究竟解脱说。其实,"三解脱门同缘实相"(《大智度论》），虽观察的方便不同，而所观的实相（空性）是一样的，所以每一门都是可以直通解脱的。

先说空解脱门：修行的方便是："如实观察：色是苦、空、无常，当生厌离，住平等见。受、想、行、识是苦、空、无常，当生厌离，住平等见。"色、受、想、行、识，是观察的对象。色是物质。受是内心触对境界时所引起的情绪反应。想是内心对境所起的表象作用。行是内心触对境界时，经审虑，决定而动身发语的行为，所以是意志作用。识是主观的心识。色也好，识也好，都是千差万别的，总摄为五大聚，所以叫五蕴。依佛法说，我们的身心世界，不外乎五蕴而已。对于五蕴，应这样的观察：五蕴是无常的：物理、生理、心理的一切，都有生灭相，哪一样不归于灭尽呢！五蕴是苦的：一切归于无常，如旅行旷野而没有归宿，毒虫恶兽都要来侵袭我们，吞噬我们，这是多么可怖畏呀！五蕴是空的：一切是无常的，苦的，所以不自由，作不得主。一切依因缘而生灭，依因缘而动乱，从因缘起，所以都空无自性。这样的观察，是如实观察；如见常、见乐、见不空，就是颠倒了！经这样的如实观察，对充满矛盾苦迫的世间自然不生爱染心，趣向于出离相对界，而住于无自性空的平等正见。

这样的如实观，是能得解脱的。为了进一步的说明，所以又说"诸蕴本空"。观五蕴为无常、苦、空，不是主观的颠倒妄想，而是诸（五）蕴的本性如此。既然本性空，为什么生起？"由心所生"，这是直捷地点出了迷妄的根元。心是迷妄的"有取之识"，在一切法（五蕴）中，起着主导的作用。由于心识的执取、爱染，所以起烦恼、造业，感得世间的生死。如因梦心而有梦境，因梦境而起梦心,一直迷梦不觉一样。如能作如实的观察,通达法性空而无所取著,那就迷妄的心识不生,也就不会起烦恼、造业,造作诸蕴,这就是解脱了。这样的修习趣入的,名空解脱门。

再说无想解脱门:如了得五蕴本空,能离虚妄知见的,早就得解脱了。但也有能观五蕴本空,而观慧中还存有空想——空的意象,这就应进修无想解脱门。经上说:"住三摩地。"如实观察,都是要在三摩地(译为正定)中的;止观双运,才能深入。此处特别说到住三摩地,只是举一为例而已。我们的一切知见,不离六根——眼、耳、鼻、舌、身、意。六根所取的境相,是色、声、香、味、触、法——六境。由六根起六识——眼识……意识;现起的境象,就是色想、声想、香想、味想、触想、法想。现在如实观色等一切境相,如三灾起一样,一切归于灭尽。一切境相灭尽,那观心中的一切法(有)想,也就不起了。法想所摄的空想,也不再现起,那就入无想解脱门。一切想不起,所以知见清净——不起虚妄知见,而得清净的法眼。内心的贪嗔痴,是依六尘境相而起的。得了无想解脱,贪嗔痴也就无所依而灭尽。这样,外离六尘,内灭三毒。外离六尘想,所以不起我所见;内离三毒,所以不起我见。我见与我所见,是有见无见、一见异见、常见断见……一切见的根本依处。我见我所见不起,一切执见也就无所依而不起了。这就到了截断生死根本——我见我所见,到大解脱的境地。

再说无作解脱门:如深入无想解脱门,可以一了百了。但也有虽离一切境相,离我我所见,而于观心还有所著,就是生死根元的最深处——内在的自我爱,没有净尽。如真的"余(我)慢未尽",就有生存的微细爱染,那就得再入无作解脱门。所以经上说:"离我见已,即无见、无闻、无觉、无知",不再起一切妄识。为什么妄识不尽呢?因为执著妄识为自我而有所爱染;有爱染,就有思愿,有造作,而生死不得解脱。应该如实观察这些妄识:这都是依因托缘而生起的。能生的因缘,都是无常的;所生的妄识,当然也是无常的,还有什么可爱著呢!这样的返观妄识,如石火电光,生灭不住,即生即灭。进而照见妄识,生无从来,灭无所去,契入不生不灭的境地。如云散而皓月当空,毕竟明净一般。这样的一切不可得,识也不可得;悟入妄识性空,就无所爱染,不再造作,名为无作解脱门。到得这步田地,证知一切法毕竟清净;于一切法而无所著,得大解脱,大自在;证入了"诸法从本来,常自寂灭相"的空性。

一九　论三世因果的特胜

这个时代,大家都明白:人类正受到毁灭的威胁,到处是恐怖与迫害。人类的自由呼吸,几乎要被窒塞了!人间恶化到如此,到底为了什么?依佛法说,这主要是人类丧失了人生的意义,否定了自己的价值;大家都在空虚的、幻灭的心情中生活。这才不是腐化,便是恶化;不是沉醉在金粉的爱欲里,便是疯狂在虐杀的仇恨里。物欲的贪爱,人情的嫉恨,把我们这个世界带向阴森森的死亡边缘。

我说"人类丧失了人生的意义,否定了自己的价值",这话是什么意思?这点,我想做一番简单的解说。人类对于自己,有三种不同的看法,这就是一世论、二世论、三世论。现在,唯物主义的一世论,普遍地侵袭人心。人类大都着眼于物质界,以物质世界为唯一的真实。他们觉得:人生不过是这么一回事。生,不过是父母和合而生,纯为生理发育与交合的结果。死,只是生理组织的瓦解,从此等于没有。人生在这个宇宙里,不过如此;但认现在,否认生前,抹煞死后。一死就完结的人生观,再也无从安身立命,陷入了极端空虚,无限的怅惘。人生碌碌,到底所为何事?为自己,自己不过如此;死了完了,有何意义?为家庭,为国家,为世界,到底与自己有何关系? 这样,唯有专为现在着想,一切为自己利益着想。越有知识,越是欺诈,越是好话说尽,坏事做尽。年长一辈的,走向颓丧、功利的私欲。想像丰富而生命力旺盛的年轻一辈,受着诱惑而走向疯狂,走向重全体而轻个人,求目的而不择手段,苛刻残酷的世界。死了完了,抹煞个人的真意义,那是一世论的、唯物主义者的人生观。当前的世界,正是传染着这种毒疫,弄得全世界都在疯狂化。有些自以为是反唯物论的,而不知自己的人生观与唯物论者一模一样,都是死了完了的一世论。

　　说到二世论,那是多神教、一神教的一般看法。他们认为:死了以后,还有未来。照中国旧有的思想说,人死为鬼。有德有功的,升入神界。如作恶多端,或者子孙绝嗣,那就成为"游魂"了。但从宋、明以来,非宗教的精神昂扬,知识界已十九变成庸俗的一世论。这种二世论,无论是不是迷信,在过去甚至现在,着实坚定了鼓舞了人类的内心,使人类充满远景的光明,忍受当前的困难,而终于克服它。对于人格的、道德的进展,更有过非常的贡献! 不过,神教的二世论,现在是一天天地没落了! 因为,二世论者大抵相信有一独立的个灵,从生前到死后,像从甲室而进入乙室那样。这种离开肉体的离开身心的个灵或自我,是不能为近代思想所接受的。如西方的一神教,只说从现在到未来——落地狱或生天国,而现有生命的来源,始终不能有完满的说明。如说这是神的创造,依着神的意旨而来人间,这显然与神的慈爱完全矛盾。因为千千万万的人类,时刻不断地在出生,而真能上天国的,究有多少? 神如果是全知的,对于这种大量的

走向地狱,不应该不知道! 假使说,神给人以自由意志,神欢喜
人类,依自由意志来服从神。然而人类充满了愚痴,真是小孩一
样。使无知的小孩们,处在非常危险中,而欢喜能有一个两个冲
出险境,这是怎样的残酷! 神是欢喜这样的吗? 驱使千千万万
的青年,使他们以人海来对付火海。透过火海而回来的,被奖励
而夸耀为英雄,这也是慈爱吗? 如果有神,神明知千千万万人的
落入苦境,而依旧不断地创造出来;如不是神的痴狂,便是残酷!
神教徒的二世论,越来越不能为人类所信仰,内心陷于空虚,精
神没有寄托,这才落入唯物主义一世论的境界。这便是近百年
来世界文明没落的重要因素!

　　三世论者,是印度宗教的特色,而佛教最为究竟。人类与一
切众生,是无限生命的延续;不是神造的,也不是突然而有的,也
不是一死完事的。这如流水一样,激起层层波浪;生与死,只是
某一阶段、某一活动的现起与消散。依据这种三世论的信念,便
摆脱了神权的赏罚,而成为自作自受的人生观,肯定了人生的真
意义。我们在前生,思想与行为如向于自利利人的、善良而非邪
恶的,今生才能感到福乐的善果。这样,如今生而不再勉力向
善,一死便会陷入黑暗的悲惨境遇。有了这三世因果的信念,想
起从前,能够安命,决不怨天尤人;为了未来,能够奋发向上,决
不懒惰放逸。安命而又能创命的人生观,是三世因果论的唯一
优点。还有,从无限延续去看,受苦与受乐都是行善与作恶的结
果。善行与恶行的因力是有限的,所以受苦与受乐并不永久如
此,而只是生命历程中的一个阶段。任何悲惨的境遇,就是地
狱,也不要失望,因为恶业力尽,地狱众生是要脱苦的。反之,任

何福乐的境遇,哪怕是天国那样,也不能自满。因为善业力消尽,还有堕落的一天。所以真正的三世论者,在一切境遇中,是充满了希望,而又不断地向上精进着。从自作自受而看到共作共受,每一家庭,每一国家,在历史的延续中,也从来就符合这因果升沉的规律。

二世论的缺点,在三世论中完全消除了。所以,唯有大家来接受三世论的因果信念,成为坚定的、共同的信念,才能从庸俗的一世论的祸害中解脱出来!

二〇　生死大事

——在马尼拉居士林讲

　　一个人寿命无常,从出生以后,慢慢长大,经过几十年,一百年,或者更长的时间,总得一死。普通人以为死就完了,那并不是一件什么大事。但佛法说,一个人的生命,不是出生以后才有,也不是死了就算完结,如果只是这么简单,人生就可糊里糊涂地混过,不成为什么大事。其实生命在未出生以前就已经有了,死了之后又会引起新的生命,生到别地方去,生死死生,生生不已,是件难得解决的问题。要想解决这不易解决的问题,所以才成为大事。好比做生意的人,今年年初开始营业,到了年终,计算盈亏,欠人人欠,要还清楚;明年又是一样,年年如此并不是一结账就完结。一年年下去,要求得永久的盈余,这就不是容易事了。

　　怎样处理这个问题呢?今年生意好,赚了很多钱,明年经济有把握,万事如意;今年亏本了,来年经济拮据,东移西借,困苦不堪。人生也是这样,一生一死,在生死当中,就要考虑得失。如果这一生没有好好地做,下一次失了人身,就算是亏本。如能进步而胜过现在,那就好了。有一点值得注意的是,虽然年终结算,经济状况不佳,但如调度得宜,也可勉强过去。所以学佛人,临终极要紧,平常固然要向上行善,临终的时候也得好好注意。

平常都说生死,有的误以为一死百了,所以现在就先从死说起,从死说到生。普通人对死都有一种惧怕的心理,其实死并没有什么可怕,例如平常生意做得好,年关又调度得宜,新年到来,一定有好日子过。所以没有病的时候,固然欢喜,真的有病痛要死,也并不必怕,只要平时预备好就得了!

佛法说,死有三种不同:一、寿尽而死:寿命真的完了,无论活到好大的岁数,从前生业报所感的寿命,一定会死的。如灯尽油干,现在每人可活到一百岁左右,到这个时期就得死,无法挽救。二、福尽而死:日常生活需要衣食住行,有的还没有到老的年龄,不应该死,但是福报完了,没饭吃,没衣穿,就饿死冻死。三、不应该死而死:遇到战争、水灾、火灾、失手打死,病无医药,不知调养,营养不足,操劳过度等而断送了生命,这与寿尽福报尽是不同的。

学佛的人对于死,要记着两个道理:一、什么时候都可以死,从少到老都有死的可能。人类的寿命虽大致相近,然由于福尽或枉死,所以从初生就死起,一直到寿尽而死的,都是无定期。所以信佛学佛,要立刻前进,切勿等待他年明年。二、不要以为寿命全是前生业报,实在多数是现生的恶果。不应做的去做,不好好自己保养,或者懒惰放逸,弄得衣食不足,少年、青年、壮年的死亡,勿以为这一定是属于寿尽而死的。

没有了脱生死以前,死了还有生,轮回生死,究竟是怎么一回事,上升、堕落,以什么做标准?佛法说,由于业力。业力,就是所作所为所引起的力量。今生的受报人间,是前生的业力,前生(没有得报的)与今生的善恶业,又决定来生的前途。佛教徒每指业力为坏的,其实不然,起心行事所留下的力量,好坏都是业。依自己的业力,来决定自己的果报,所以佛法说"自作自受"。但是,前生剩下的,今生造作的,或善或恶,业力无边,来生到底是由哪一种业力去促成呢?这有三类分别:一、随重——无论怎样,一到病重将死时业力就现起来,平时所做好事坏事都很多,当这个时候,有一项强大的——不管是好或坏会现起来,人就依这个力量去得报。一个弑父的人,心里常常记在心中,忘记不了,即使忘记,也还是强有力的存在。临死的时候,这些罪行就会现前。同样,一个非常孝顺父母的临命终时,孝顺的善业也自然会呈现眼前。这与负债的人到了年终,债主都来,其中一个强而有力的,追讨旧债特别厉害,不得不先还他一样。二、随习——有的人,没有顶好与顶坏的业,但平生的做事,习以为常,也可产生伟大的力量,虽小恶终可得恶报,小善也可得善报。所以说:"水滴虽微,渐盈大器。"佛举例说:犹如大树,生长时略向东斜,如以斧头砍断,势必向东倒无疑。中国人常说冤鬼要命,宰猪羊的见猪羊,杀蛇的看到蛇,都叫苦连天,惊慌失措。猪羊畜牲等被杀后,它们早是依业而受报了,但动手屠杀的,都无形中不断地留下杀业,愈积愈重。所以业相现前(见牛蛇猪羊等索命),随业去受报。有一故事是这样说:一个人要谋财害命,夜里把有钱的人杀害,拿了钱回家。他感觉到被害的人时常跟在背后要钱要命,恐惧而死。不久,被害的人来了,其实他只受伤,并没有死。所以说这是冤鬼索命便不可通,因为此人并没有死。佛法称为业相现前,才合乎事理。为恶的临终现苦恼相,为善做功德的,临终时必定会安闲愉快,这都是由于所作业力,随重或随习而显现出来。三、随忆:也有人平生没有重大的善恶事情,也没有积习的事情,最后忽然想到什么,就以此善念或恶念而受报。佛法平常指示对待病重的人,必须叫他念佛、念法、念僧,称赞他平时布施持戒功德等,使其忆起了功德,心生善念,依这个力量,就会走上好的前途。有人善业很多,可是临终时受了刺激,心中难过,恶念现前,以致堕落。如一年之中,生意不错,可惜年终调度不宜,使整年努力付之东流。所以当人临终,无论年纪老少,均不宜啼啼哭哭,打扰心神,使生起烦恼。应该劝他把一切都撇开,专心念佛、念法、念僧、念施等。如生意不佳,年终处理得法,还可过年一样。不过,到底平时重于临终时,如平时造成重恶,每每要他起一善念而不可得。平时能有重大善业,或习善成性,那么加以命终时的助其忆念,就决定可靠了。

怎么又从死而生呢? 一息不来,精神作用停顿,身体的温度消失叫死。通常说,从母亲胎里出来叫生,在佛法说并不如此。以前生业识为因,配合父精母血的结合(约人类说),从结胎时就开始了新生命,这就是生。所以为了子女众多的牵累而打胎者,也犯了杀生的戒。为什么死后要再生呢? 这可不一定,有的死后再生,有的就不会再生。所以死后再生,是因为业力的驱使。但依善业得善报,恶业得恶报,一个人总有善业与恶业,那就不是永久解决不了生死吗? 真实地说,单是业力,还不一定能使我们再生;除了业力,还要烦恼作助缘。烦恼中最重要的,是生命之“爱”。贪恋世间,希望生存,这一念存在,就种下生死死生的根源。修行佛法的人,要了生死,就是要断除生命之贪爱。例如虽有种子,如不浇水加肥,就不会发出芽来。这样,业种虽多,如无烦恼——爱等水润,也就不会再感来生的苦芽。如只图荣华富贵,爱恋生命,那就死死生生,永无了期。要了生死,须彻底看破,没有生之爱恋,那么旧的生死结束,新生死就不会发生了。

在没有了生死之前,希望大家记住:不要作恶,要多作善业,种善因以得善报。不要把生死看作好事情,才会厌离生死,出离苦海。

(明道记)

二一 广大的易行道

念佛与净土，本为佛法的通遍法门，不论什么宗，什么乘，都有此方便。不过最普遍的，要算念阿弥陀佛与往生极乐净土；弘扬最力的，要算净土宗罢了。

这一法门，叙述得最完备的，没有比得上《普贤行愿品》。《普贤行愿品》的"十大愿王，导归极乐"（十愿，实是十项愿行），对于易行道的念佛，叙述得最为完备。念佛，是系念于佛的法身、功德、相好、名号而摄心不乱。念佛，不但是口头称念，而包含了：一、礼拜佛；二、赞叹佛的一切功德（德依名立，所以口称阿弥陀佛，即等于赞叹一切佛功德）；三、于佛前广修供养；四、于佛前真诚地忏悔；五、对于佛（因中菩萨等）的功德，生随喜心；六、请佛转法轮；七、请佛久住世间，济度众生；八、随佛修学；九、学佛那样的随顺众生；十、一切功德，与一切众生共同回向佛道。这一切，都是念佛；都是内心的观想（胜解），不待外缘，所以最为易行。观想于一切佛（即无量佛）前如此愿行，即是常念遍念无量佛。以十方无量佛（即西方无量佛）为系念境，所以修行成就，能普入法界，生极乐国。

然而，叙述得浅浅深深最有层次的，又没有比得上《大乘起信论》了。约修行次第,略有四级。一、"初学"大乘而"其心怯弱"的:怕不能见佛,怕不免堕落。这是还没有资格修学信心的钝根。对于这,有特殊方便,要他"专意念佛"——阿弥陀佛;劝他回向极乐世界。以佛力的摄受护持,使他不失信心,渐次成就(如能实相念佛,又当别论)。二、一般初心菩萨,还在修习信心阶段(十信位):礼佛、忏悔、随喜、回向等念佛易行道,即是消恶障的方便。以易行道消除恶障,即能助成布施、持戒、忍辱、精进等难行方便,达到成就信心。三、信心成就的菩萨(初住以上),修忏悔的能止方便;修供养、礼拜、赞叹、随喜、劝请的发起善根增长方便。必须如此,才能助成大愿平等,悲慧相应;才能信心增长,志求无上菩提。四、到了现证法界的大地菩萨,还是修念佛行。但这是为了利益众生,所以常在十方佛前供养,请转法轮等。文殊、普贤等去极乐国,应属于此类,决非怕不见佛,怕退失信心,像初学的那样。

这可见,念佛易行道,为菩萨道中彻始彻终的法门。法门循序渐深,只看根性如何。我所以依《智论》说易行道与难行道,因初学者根性不同,可以有所偏重;而在完整的菩提道中,从来不曾矛盾,不可妄生取舍!不读《普贤行愿品》,不知念佛易行道的内含广大。不读《大乘起信论》,不知念佛法门的浅深层次(与龙树的《智论》、《十住毗婆沙论》相合)。所以我要向现代的念佛易行道者推荐这经论的广大义,免得断章取义,自毁高深广大的法门!

二二　为居士说居士法

——在马尼拉居士林讲

居士林要我来这里做三天演讲,因为觉得佛法难闻,能够集合在这里讲和听,实在很不容易,所以我也很欢喜来此讲说。俗说:"见公说公法,见婆说婆法。"佛法是应机的,这个地方是居士林,诸位又都是居士,所以就以居士为题说居士法。

现在先从居士林说起,什么叫居士? 什么叫林? 居士,印度话是迦罗越。印度民族有阶级的分别,即贵族叫刹帝利,宗教阶级叫婆罗门,低级的叫奴隶,另外一种是从事农工商业自由经营生活的自由民。自由民在印度慢慢有了地位,与现代的资产阶级相类似,就是当时的居士阶级,这是居士的本义。佛法是讲平等,不主张阶级的,所以后来自由民一天一天多起来,居士的意义,在佛法中就变为居家之士,传到中国,又变为在家信佛者的通称。菲律宾称呼居士的不多,在国内无论男的女的都称居士,所以居士已是在家学佛的总称了。林是众多的意思,很多树在一起叫林。从前多数出家人,聚集在寺院里叫丛林。丛林并非寺庙,而是僧众集团。现在多数居士聚集而有组织的,就叫居士林,所以林是会与社的意思。居士林在中国的历史并不太长,大约在民国十年左右的时候，沪宁、沪杭甬两路局内奉佛的人，组织了一个团体，叫世界佛教居士林，这是居士林的开端，而渐渐为别处所采用。

佛教的信徒，可以分为两大类，就是出家与在家的分别。出家人集合在一起叫出家僧，在家学佛的组织叫居士林。这两种有什么不同呢？从皈信方面说，是一样地信仰佛法僧三宝；从修证佛法说，也没有多大的差别。据小乘说，在家能证得三果阿那含，出家能证得四果阿罗汉，相差也只有一级。在大乘佛法里，在家菩萨可多啦。诸大菩萨中，如文殊、普贤、观音、地藏等，只有地藏菩萨现出家相，其他都是现在家相的。不要以为在家就得不到佛法的深切修证，以为修证唯有出家才会得到。

既然没有差别，到底有什么不同呢？释迦牟尼佛诞生在印度，出家成佛，最初弘法时，听众觉悟而自愿跟佛出家，佛就把他们组成僧团。佛的制度，出家人不做生意、不做官，专门弘法利生，于是佛法就以出家人为主体而延续下来。过去出家人的责任，特别着重在这方面的。这好比政党的组织，必先有主义，党员必定要信仰与实行这个主义，但必须有一部分人不仅信仰实行，并且要专门办理党务的工作一样。这并不是说，在家众不必推动佛法，大家知道，在家众有父母夫妻儿女，忙于生计，各有各的工作，是不容许专门推动佛法的任务，因此才需要出家众。出家众，因为没有家庭生计的烦累，所以在修持弘法方面要便利得多。这是出家众与在家众稍为不同的地方。

不要以为居士有牵累，不能学佛弘法，其实这正是居士的长处。佛教并不单只到寺庙烧香念佛，也不单只是说法坐禅，它是要化导世界,使世界上的人一天一天向善,同受佛化,同证菩提的。在家人分布于农工商学兵各阶层,佛法正需要居士的力量,把它带到世界的每一角落。出家人保持声闻佛教的传统,与社会每保持相当距离;或者自己专修,暂时与外界隔绝。而大乘佛法的对象是众生,所以着重村落乡镇都市的地方,向大众弘法,深入社会。居士与社会的关系密切,更容易达成此一任务,由此可见居士在佛教中的地位是如何的重要!居士学佛,应着重在处世的、济世的、资生的、乐生的,切勿向消极、独善、专门在了死度亡方面用力。所以出家众与在家众应分工合作,而共同负起发扬佛教的责任。如居士林也成为一类似的寺院,便毫无意义,而失去在家佛徒组合的真正意义。

居士应该做大乘居士,学做菩萨,上求菩提,下化众生。要往菩提的路上走,一定要修学五法,此五法是佛特为在家众说的。诸位学佛,先要问问自己,这五种功德是否全部学到,或仅有少分。如人须五官端正,缺一不可,此五德,也是居士学佛所应求其做到的。五法是什么呢?

一、信:信仰三宝是否深刻坚决,如犹豫不决,似信非信,就差得还远,首先应该对三宝生起绝对的信仰。二、戒:居士应该信仰三宝,更应进而修持五戒,因为戒行是一切人生道德的基础。学佛必须先完备人格,成为一切人中的君子。三、闻:学佛的有了信仰以及好的道德行为,还是不够。要亲近善知识,多闻佛法,得到佛法的正知见,对佛法有深刻的了解。佛法的种种功德,都是从听闻得来,所以说:“由闻能知善,由闻能知恶,由闻离无义,由闻得涅槃。”四、施:以上三种,都还是为了自己的利益,功德不够圆满。要施惠于人,牺牲自己,有钱出钱,有力出力,帮助他人。五、慧:上面的闻法功德,还近于一般的知识。佛法是要离执著、了生死、度众生,都要有真实智慧。从闻思修而得真智慧,悟解真谛,才能达到佛法的深奥。所以这在学佛的过程中,是非常重要的。学佛的人有的学识渊博,有的品德高尚,有的慈悲喜舍,各有各的长处。但居士学佛而要求上进圆满,这五法都是要学习的。五法圆满,才有菩萨风格,才达到做菩萨居士的第一目标。

菩萨居士,要下化众生,这一定要学四摄法。摄是领导摄受的意思。要影响别人的思想,使接受自己的意见,必须有方法。不要看轻自己,以为不能起什么作用,学生可以领导同学,父母可以领导子女,店东可以领导店员,老师可以领导学生,在农工商各方面有成就的更不必说了,凡是与我们发生关系的,只要有方法都可以摄受领导他们,以佛法来熏陶他们,教化他们,救度他们,这方法就是现在要说的四摄法。

一、布施:在经济上、事业上、思想上,帮人家的忙,名为布施。受了你的恩惠对你自然而然发生好印象,信仰你所说的话,听从你的指挥,就是不合情理的话,他也会顺从你。有人问我:外道的教理很浅,为什么会那样地发达? 我说:原因并非一端,但他们至少在布施方面做得很成功,好像办学校、办医院,受惠的人何止千万! 感激之下,不管天国有没有,教主会不会救他生天,便什么都信了。佛教徒要使佛法发展,必须从布施入手,举办教育慈善救济等福利事业。假如学佛只为自己了生死,那倒算了,如学大乘佛法的要普济众生,那一定要学布施。所以菩萨着重布施波罗蜜,每见甲说的话,他不相信,但乙说了与甲同样的话,他却信了,为什么呢? 就是他与乙之间有特别因缘的关系。有施惠于人,就与人有缘,有缘就容易教化,这是弘扬佛法救济众生的必要方法。

二、爱语:以和悦的语言来共同谈论,这可分为三种:

(一)、慰喻语:相见时,以慈和面容,亲爱的语言待人。要是有人生病或受到灾难、受到恐怖,更应劝勉他们,使得到精神上的慰藉。虽然没有什么力量可以帮助他,可是因为温柔的语言,同情的态度,他们会因而感激你的。

(二)、庆悦语:每个人都各有长处,就是坏人也有他的好处。凡有好处,我们都得赞叹、鼓励、激发,使他欢喜,可以激发他向上的心。从前欧洲有一位哲学家,起初是很平凡,因为太太的鼓励使他努力,结果成为著名的哲学家。要教化他人,应该先要赞叹鼓励人家,使他认识自己的长处,认识自己的功德,不但因此而对我们发生好感,也因此而引人走上良好的途径。

(三)、胜益语:这是使人进一步的意思。譬如有人已能布施,应引导他更进一步地持戒;学了小乘法的,应引导他进学大乘,才是究竟。为了使人进步,不但用善语劝勉,有时也要用呵斥、责备的语言。但以诚恳的态度、真切的感情,也会得到对方的同情接受的。

三、利行:父母教养子女,注意儿女的身心利益,自能得到儿女的孝顺;教师教导学生,如处处为学生利益着想,也必能得到学生的信仰;长官如顾到部下的利益,也会得到部属的拥戴。所以为了教化众生,使人乐意接受你的意见,接受你的领导,就不能不注意利行。欧洲有一特长于养野兽的,整天与老虎狮子为伍,打打骂骂,野兽也不会害他。人家问他为什么不会被老虎咬伤,他说:这有什么奇怪,只要使它知道你对它好,没有伤害它的意思,它自然而然会服从你,也不随便伤害你。畜生尚且这样,何况是人! 只要你施恩给他,处处为别人的利益着想,别人就会信赖你,接受你的化导。

四、同事:同事是共同担任事务,与朋友属下同甘苦。哪怕自己的力量微小,自有许多人来帮助你、跟从你。还有,为了要教化他,须得跟他学,与他做同样的工作。记得在抗战的时候,有部分青年学生们组织剧团与歌咏队,到乡下去演剧唱歌跳舞,鼓励民众,支持抗战。虽然有了多少成就,可是收效还不够大。他们自己检讨,原因是学生与农民的生活态度相差太远,有一点隔膜,农民们不容易生起共同的意识。所以观音菩萨才以三十二应身来化度众生,为什么人,现什么身,与他一样,便能化度他,就是这个意思。

这四种,实是摄受人、领导人的根本方法;世间人事,也不能违反这种原则。现在以此来弘扬佛法,必得更大的效果。自己虽然修行佛法或教化人,如不能感动别人,不能使更多人信受,我们对这四种方法,一定没有学得到、做得好。假使这四摄法能做到了,一定会发生很大的作用。一个人总有家庭、朋友、与自己有关系的人,应该负起居士的责任,把他们领导起来,归向佛法,使佛法能发扬光大。

（明道记）

二三 新年应有新观念

——在马尼拉大东广播电台讲

　　各位侨胞,各位佛教善友!印顺新从台北来,恰好逢着新年;趁着新年,来向诸位介绍一项佛化的新观念。如大家能接受它,成为新的信念,那么今年真是要进入新的一年了!

　　我要说的,是千百年来佛教界的古老信念。可是一番提起,一番新鲜,特别是在这个陈腐的苦闷时代。我要说的是,从前常不轻菩萨逢人便说:“我不轻于汝等,汝等皆当作佛。”这句话,指出非常深刻的人生真义,也开示了我们——对于自己、对于人类的应有态度。

　　大家知道,这个世间,人与人是有着差别的。有聪慧也有愚昧;有懦弱也有坚强;有向上,有停滞,也有堕落;思想上,有错误的,有正确的;行为上,有善良的,有暴恶的。然不要以为这种差别是一成不变的。切勿将人类的差别,看作种族的优劣;看作个人的本性不同;或看作永远的优越,永远的没落,永不改变的定局。照佛法说,现在的智愚不同,强弱不同,贫富不同,善恶不同,是生命过程中的一个阶段,并非结局。凡没有到达究竟地步,什么人也是一样,都在前因后果、造业受报的过程中。不能励力向上,谁也要堕落;能励力向善,谁也会进步。不但如此,由于人类有着向上、向善、向于究竟的德性,所以在无限的生命延续中,终于要到达究竟完满的地步。如常不轻菩萨所说,大家都要成佛。因此,佛法中没有永远的罪恶,没有永远的苦难,也没有永远的堕落,反而是人人能改造迷妄为觉悟,改变染污为清净。人生的前途,有着永远的善,永远的安乐,永远的光明。我们对于自己,对于别人,都要有这样的观念。这是积极的、乐观的,能振作自己,勉励自己,破除任何困难而永不失望的。

　　"人类平等,同成佛道",有了这种信念,才能"不轻汝等"。什么是轻?是轻视、轻慢、轻侮。人类每每重视自己,有凌驾他人的倾向。这是从我见而来的我慢,是无始以来深入人心的旧观念。这种观念,使我们一直流转在生死中,使世间永陷在苦难中。轻慢心,也有不大严重的,但有时发展为自尊自大的傲慢,把自己看作主人、超人,要别人服从自己,要别人牺牲利益来满足自己。有时,又成为"卑慢",自卑而又不服气,于是养成怨愤、仇恨、嫉妒、阴险、残害的心理,把一切都看作敌人,这是根深蒂固的旧观念。有些宗教、政治或学说,都犯着这种严重的老毛病,以为自己才是代表真理。以为唯有信仰它、跟从它、遵守它的意旨,执行它的主张,才是对的,才配生存。凡不属于它的,不信仰它的,那你无论怎样,都看作罪大恶极,无可饶恕,非毁灭不可。这种有自无他,其实是害人害己的旧观念,实在非扭转来不可。

　　如有了人人平等、同成佛道的新观念,慢心自然渐消,不会轻视一切,抹煞一切。所以作为真正的佛教徒,心量应该是广大的、容忍的,尊重人性而与人为善的。对于一切宗教、学说,决不看作一无可取,全部胡说。即使是不圆满的,错误极大的,甚至流毒无穷的,也不是没有正确的成分,可能有着多少近似的相对的真实,值得参考。对于人,无论是反对佛教的,信仰异教的,或什么不信的,不一定就是十足的恶人,也可能有着高尚人格,优良品学,对人类有过某种利益。即使是恶人,也不是毫无善心根种,或者没有一言一行而可以称赞的。确信人类的终归于佛道,心地自会平静,对他自会宽厚。一切人都是照着自身的行为,或善或恶,而自行决定他的前途——向上或堕落,受苦或受乐。信仰佛法,只是能走上更正确、更平坦的道路,进入更崇高、更完善的境地而已。

对人,对事,对于理论,佛法是不会嫉恶如仇,而认为非毁灭不可的。佛法是确立向上向善的理想,坚定自己,充实自己,而耐心地与人为善;怜悯邪恶的,而又不轻慢他,启发他的向上心,而使逐渐地改化而向于完善。明白这一观念,才会理解佛为什么要我们:"不轻未学","不轻毁犯"。因人人有着平等而向上的可能性,没有修学而错乱颠倒的,可以渐学而成为多闻博学;毁犯戒律的,可以忏悔而渐成为道德的行为。在这样的观念下,对人才有真挚的友情,而不是为着利用;有真正的慈爱,而不是包藏战争种子;有真实的平等,而不是自以为是领导者。我们如能坚定此一信念,自然会增长利他的真慈悲,发生无我的真智慧,由修学菩萨行而上登佛道。我们如扩充此一观念而成为多数人的信念,人类自会有真正的和平,进入互谅互信、互助同乐的时代。

常不轻菩萨说:"我不轻于汝等,汝等皆当成佛",实是历久弥新的至理名言,今天特地举出来贡献大家。末了,祝诸位新年平安!

二四　纪念佛诞话和平

　　佛陀的教说,以人生的和乐共存为鹄的。佛陀的诞生人间,使黑暗的人间现起了和平的光明,这是我们所应该庆幸的。然由于人情的愚痴,佛法真义未能彻底发扬,佛弟子也未能切实去推行,到现在,世界还是陷于纷扰的苦痛中。逢到这一年一度的佛诞,使我们感慨万端。这唯有从惭愧的反省中,多多去为和平而努力,才不致辜负了佛陀!

　　在佛经的传记中,阿修罗是代表斗争的,帝释是代表和平的。他们曾为了和平与战争热烈地辩论,相互地指责对方,以为真理属于自己。其实,他们的斗争固然要不得,就是和平也不是真正的和平。原来,帝释(天群)是胜利者,阿修罗是退出了天宫的。帝释安处于繁荣尊贵的环境,过着金粉的欲乐享受。他利用牛鬼蛇神们维持着天堂的和平。他掠夺阿修罗女为妻,而自己占有的美味,却不肯与阿修罗共同享受。他是胜利者,权利的占有者,他需要维持这没有平等、不合正义的和平。他真的为了和平吗?决不是的,一旦感到天宫统治的动摇时,会毫不犹疑地使他的臣民接受苦痛的训练,养成战斗意志而发动战争。阿修罗呢,在长期被欺压中变成了极端的怀疑者,连佛陀的教示也将信将疑的。这以一切为敌人，什么都不敢信任的阿修罗，充满了战斗与仇恨的意识。在形势不利于自己的时候，虽也会欺诈地表示此后愿意和平相处，然在不妨欺诈、战争第一的思想中，和平是被看作荒谬的。帝释与阿修罗式的和平与战争，不就是这个世界的肖影吗？我们的世界，一直在这样的情况下，演着和平与战争的丑剧，不过近来更闹得不成样子而已！

论到佛陀的和平论，这可以扼要地说到两点，即超越阶级性的，趋向合理性的。和平，不是某些人的，不是暂时的，不是为了扩展自己、保存自己而喊出的口号。在一些人看来，什么都带有阶级性的，和平也不能例外。然而我敢说，这不是佛陀的和平；佛陀的和平，是依于人类全体，甚至一切众生的立场——共同的永久的理想而存在。这不是泛从人类一般的倾向而得出抽象的结论，是在每一情况的考察中，忘却自己，而从事象整体及其关联的一切去把握的。悟解到自他的缘起依存性，才开展出超越阶级性的真和平。一般人，由于不能解放自己，处处为自己——个人、家庭、种族、国家等打算，换言之，不能摆脱自私本质的阶级立场（人间的阶级性，确是极普遍的。然这是世间苦痛的根源呀！这不是真理，应该消解它，而不应深刻地强调它），由于这一根本的错误，所以一切的和平与斗争的行动，都是为了自己利益，不外乎战争贩子与和平骗子的各显神通！阶级观点的阶级斗争，我们要彻底反对它；而那些极力反对阶级斗争，而自己却拘蔽于阶级利益的圈牢里，做着权力控制、经济剥削迷梦的伪和平者，也不能同情。真小人与伪君子，实在并尤多大差别！所以，我们如真的意在和平，即不能不同情于佛法的超阶级性，也即是不从自己出发,而从无我的(人类全体,一切众生的)观点去把握真的和平!

　　佛法的和平,决不以维持现状为满足。现实人间是充满缺陷的,种种非法,种种罪恶,不能看作当然。佛陀深刻地透视到人间的缺陷,所以要求人类改造自己,严净世界,趋向于合理的完美的和平。所以真正的和平者,决不将自己看作和平使者,将对方看成战争恶魔。从全体的进步的立场,首先要求自我——个人、家庭、种族、国家等放弃自私的偏见,纠正既成的罪恶;甚至为了人类进步的和平,不惜牺牲自己。经上说:"为家忘一人,为村忘一家,为国忘一村,为身忘世间。"如不能从全体的进步的观点去舍小全大,为众忘我,那必然会为了维护自私的阶级利益,偏向于维持现状的伪和平。佛子们! 和平是不能变质为战争的工具,也不应用为维持不合理的现状的工具!

　　人类何等愚痴! 不肯反省,不肯放弃自私本质的阶级立场。于是有的为了维护没有平等、不合正义的现状而谈和平;有的为了改变现状而谈斗争。这里面,没有和平,将来也不会有。假使有,那不过是和平攻势,和平烟幕,战争告一阶段的和平会议之类。人类果真愚痴到非自相毁灭不可吗? 我们应该反省,应该从帝释与阿修罗,或者说神与魔的圈套中出来,承受佛陀真和平的示导,从和平的光明中,去寻求和平,实现和平!

二五　放下你的忧苦

——答高世雄居士

（上略）你来信诉说，几年来的"环境不顺"，"思家心切"，弄得"身体日坏"；这对于你的前途，确乎笼罩着阴沉的黑影。好在你皈依了三宝，走向三宝的光明中。我相信，在三宝的恩威中，你不久会获得光明与安慰的。

你诉说你的苦痛，希望从佛法中得到光明。光明，无时无处而不在，正等待你的领受，运用你的慧眼吧！看哪！光明就在眼前！你是明白的！这些苦痛，不单是个人的悲哀，是共业所感的时代苦难。中国与世界，追求自由的千千万万人与你一样——一样的颠沛，一样的困难；一样的妻离子散，父母更无消息，一样的有家归不得；一样的沉溺于忧愁苦恼之中，弄得身心失调，这不单是你个人如此。

身体的健康恶化，是果，是从环境不顺、思家心切而引起的。所以不要专为健康而忧虑，应为环境不顺、思家心切所引起的忧恼而忧虑。如老是这样为环境不顺、思家心切而忧恼下去，等于自己伤害自己，你的健康是难以改善的。你应该考虑：环境不顺、眷属离散，是忧思、愁恼、悬念所能改善的吗？当然不能。不但不能,而只是加重身体的病苦。这是无义利的忧思!学佛,应从高处看,大处想,从佛法的信解中,将这"徒自忧苦"的无意义事,彻底放下。

环境不顺,固然是事实。然如不比对过去的顺适,何至如此忧苦?过去的已经过去,过去的光荣与福乐,值不得留恋。"顾恋过去",是众生的烦恼——爱缚,使我们在过去的回忆中,增加了失望与悲哀,低落了克难精进的努力。从业缘而成的当前境遇,应该随遇而安,渐求进步,自求多福。生活的艰苦,可从淡泊中度过。人事的不安,可从勤劳与谦退中改善。佛法有"少欲"、"知足"法门,"随缘而住"法门,可以修学。

经上说:"(财物)积聚皆销散,(名位)崇高必堕落,(眷属友好)合会要当离,有生无不死。"这是有名的"四非常偈",对于你的思家病,正是迷梦中的晨钟。要知道:家业没有不消散的,眷属没有不别离的,只是时间问题。如有福缘,白手也可以创业;否则,家业是无法保守的。财物原是五家(水、火、贼、恶王、恶儿)所共的,如产业被敲诈、压榨、剥夺得精光,切身的痛苦,实在比你还难过得多。至于家属,如因缘已尽,就是厮守家乡,也还是会生离死别的。如因缘未尽,自有重逢的日子。父母妻儿的生活如何,健康如何,生还是死,这是你所朝夕挂念,卧寐不安的。佛说:"爱生则苦生",虽是人之常情,但在这非常的时代,应自爱而为更有利的计划,不能老是徒自忧苦!你想,你这样忧念在心,身体成病,是你父母妻儿所乐意的吗?一旦重逢,不是徒增家属的悲哀,徒增加来日的困难吗?现在要从可能的有益的方面去想去作,节省忧思;忧思是于事无补的,应该老实放下来！这不是无情，而是不为愚痴的情爱所迷。

为个人的家庭的情爱所系缚，是苦痛的主要根源。学佛法，首先应扩大心胸，去我去私。众生无始以来，生死无边，现在宝岛的八百万军民，谁不是你历劫的父母妻儿兄弟姊妹，为什么生不起亲热的爱悦？大陆四亿五千万同胞，谁不是你历劫的父母妻儿兄弟姊妹，为什么生不起关切的悲哀！专在狭隘的小圈子中打转，这才引起无边的愁思。不但无益于人，而且有害于己，这是何等的愚痴！不记得儒家所说吗？"老吾老以及人之老，幼吾幼以及人之幼"。佛法是更彻底地推而大之，慈悲心由此激发；个己的爱缚，便可从此开脱。剩下来的问题是：怎样来爱护我的同胞，解救我的同胞。不要说你没有力量！力量只有大小，决非有无问题。尽自己的能力，首先完成自己岗位上的责任，更以余力来做有益于人、有益于国的事。哪怕是一点一滴，都是无比的功德。大家能集一点一滴而汇成大流，什么暴政，什么恶行，也会一决无余。共业所感的苦难，要从共同努力中去改变！萦缠在你心中的问题，也唯有这样，才能彻底解决了。不从此着想，而终日陷于忧苦中，是无益的。因此而来的健康恶化，佛菩萨是不能代为解除的。佛法是从因果中去解决一切，不像狂妄的神教，以为神的意思，可以自由地改变一切。

这些，我想你也许知道，只是说来容易做来难。环境与家属的杂想，会不时地涌上心来，缠绕自己，无法撤下。对于这些，佛法的一贯精神，是以智化情。如能彻底反省，深切明白，痛下决心，那对于无谓的忧思，自然会松淡下来，恢复正常的。在这转化的过程中，有两点可以日常修习，这是以清净情而代替染情的方法。一、忏悔：这虽是共业所感的时代苦难，而你适逢其会。某些方面，自己会觉得特别苦痛；这是自己不共的别业，前生与今生所造作，而现在享受其恶果。这应该早晚在佛菩萨前（无佛像，可想佛菩萨如在左右），痛切忏悔自己的业障。一种深切的忏悔，充满信愿而恳切的忏悔，是走向新生的无比力量。自己一向惯习了的思想路数，想这想那，会忽然不再走老路。偶然想起，也会立刻自觉而中止。二、称念佛菩萨圣号：以清净心，称念清净的圣号，将杂念排挤出去，杂念自会停息下来。心地渐渐平静，不但忧苦渐除，佛菩萨的感应道交也由此而得。心地一清净，顿觉无边光明，喜乐充满。你的情绪，你的身体，都会不求好转而自然好转过来！

　　总之，忧思是愚昧的，无益的！学佛应为众生——人类的苦难而发心，不可拘蔽于狭隘的私我！祝你生活于佛法的光明之中，洋溢着正法的喜乐！

二六　从心不苦做到身不苦

——在乐生疗养院讲

我来乐生院与诸位说法，真可说感想万端。诸位的病苦，当然首先引起了我的痛切。在这样的环境下，大家还能来共同修学佛法，这不能不说太难得！佛菩萨的慈悲，并不遗弃你们。佛菩萨从来不曾遗弃任何人，我们都常在佛菩萨护念的恩光中；只可惜我们的心行，不完全能与佛菩萨的心行相应。在这无边苦迫的世界，唯有佛法是我们的安慰，是我们的光明，是我们的依怙！除了佛法，我们还指望什么？

佛说"人生是苦"，这是大家所能深切体会的。佛说"人身如病，如痈，如疮"，这在大家是更能深切经验的。佛说何等彻底！不但大家现在陷在病苦中，一切人类，一切众生，都从来不曾离得了病痛，离得了苦迫，不过小苦大苦，小病大病而已。所以大家现在的病苦，极为深重，如能减轻一分，这当然是好的。然而切勿对照别人，渴想那无苦的快乐，无病的健康，因而增加无谓的痛苦。要知道，一切生死众生，是从来不曾离得了病苦的。大家一向在病苦中，而现在的病苦更深。这唯有彻底放下，向解脱生死的大道迈进，向不病不死的境地迈进！

　　说到苦痛,有身苦,有心苦。如无衣,无食,风吹,日晒,冰冻,鞭打,火灼,刀疮,蜂螫,蛇伤,这种种身苦,是一切人所同感的。这可从增加生产、劳资合作、医药进步等去补救。虽不能彻底,却可以相对的救济。心苦可就不同,如失望,怨恨,忧愁,恐怖,愤结,悲哀,热恼等等,是人人不同的。如同样的观月,引起的心情各各不同:有的欣悦,有的悲伤,有的怖畏,有的感到孤独凄凉,有的觉得清凉优美。又如病苦,有的小病而心里悲伤恐怖到极点,有的虽是重病,也能不引起心苦。所以,从过去业报或现生违缘所招来的身苦,我们固然要谋求相对的救治;而从现缘或宿习而来的心苦,我们在佛法的修持中,更应充分地控制它,解除它,做到“无有恐怖”,“忧悲苦恼灭”。如诸位既经染上重病,无论是过去生的业报,或是这一生的横缘,在现代的医药上,还不能做彻底的根治,那唯有安命,切勿愚痴而增重心苦。反之,心苦的解除,却是自己作得主的。我告诉大家,有些了生脱死的阿罗汉,还免不了身体的病苦,但却能没有心苦。佛曾经说:你们要“身苦心不苦”。我觉得,“身苦心不苦”,是佛陀最慈悲、最方便的教授! 在座诸位,应特别地顶戴奉行!

　　身与心——精神与物质,本是互相影响的,所以身苦会引起心苦,心苦也会引发身苦。然而身体苦痛的减少,不一定是精神上苦痛的减少。如近代的物质文明非常进步,论理应该精神更愉快,而事实却不然,患神经衰弱、精神失常的人反而多起来。斗争恐怖的政策,使人更陷于惊惶失措、求生不得求死不能的苦海中。比诸位身体的苦痛,实在还要难受。可是心苦的消失,虽不一定没有身体的苦痛;而修持有力的,确能做到身苦的解除。

从心不苦而做到身不苦,这才是佛陀最彻底的救济! 可作为我们的理想而努力去实现。

不知佛法,不依佛法而行的愚人,身苦会引起心苦,心苦会引起身苦,小苦会演变成大苦。如小病而恐怖忧郁,或思亲单恋而卧食不安,久之身体是更坏更苦了! 这在我国的现社会中,到处都是,用不着举例。了解佛法,依佛法而行的智者,身苦不会引起心苦,决不因心苦而引起身苦,小苦不会变成大苦,反而大苦化小苦,小苦成无苦。这主要的关键在:一、通达因果事理,深信业报,不为苦痛所扰乱,不颠颠倒倒地自作疮疣。二、忏悔罪业,求佛菩萨加被,多集善根来减轻苦恼。三、修习禅观,这是由心转身的有力方法。从前南岳思大师,起初风疾发作,四肢缓慢,身不由心。后来因禅观的力量,完全康复。还有一个事实,出于清人的笔记中,也与佛法相合,可作诸位的参考:

出身富贵的某女郎,美丽而聪慧,嫁得一位门当户对的才郎。夫妇的感情很不错,翁姑也合得来。不幸得很,她忽然染上了疠疾——癞疯。发现以后,无论她的丈夫与翁姑怎样的爱她,也不能不实行隔离。不久,病势越发厉害,这才为她造一所小屋,整天住在里面,与闭关差不多。她在小屋里,整天想她的病相,对自己一幅丑恶不净的身相,越看越丑恶,越看越可厌! 丑恶不净的身相,时刻的不离心念,连饮食便利时也如此。后来,她见不净丑恶的病体脱落,仅剩一付雪白的骨骸,不再有秽浊。忽而从白骨中放射光明,照满小室,她的恶病,也就从此完全好了! 她厌离这世间的色身不净,就一直住在这小屋中,过她的自由生活。——这一传说的故事,吻合佛法中从修不净观而到净观的过程。由于心得定慧力而引起色身的转变,是可能的。诸位! 现在何妨以此乐生院作关房,切实地修习一下!

我想,大家平常大概是念佛的。念佛,是求得身心清净而往生净土的法门。这必须厌离此世间,彻底地看为丑恶不净,这才有可能。古人说:娑婆的厌心不切,难于舍娑婆而生净土。娑婆是五浊恶世,色身是五蕴毒聚,如彻底地观为不净,自有从不净而转为清净的可能。方才说的女郎,可以作为大家的榜样。诸位! 佛是人间导师,是大医王! 信佛,学佛,可说已踏上正道,走向光明的前途! 不要太看重现在,还有无限的未来,不要太执著色身,还有自在的精神! 在三宝的恩德与威德中,为诸位祝愿:从身苦而心不苦,走向心净而身净的前途!

二七　人生的意义何在

　　人生的意义何在？这是个大问题。人从有生以来，很快的老了，死了；在生老病死的过程中，忙着工作，也忙着吃，忙着穿……这到底为了什么？到底有什么意义？谜一样的问题，在儿童，在浑浑噩噩顺从社会习惯而过着一生，不曾想到这一问题的，固然是有的。但感受敏捷的，或环境恶劣，事业挫折，身体受到病苦侵袭，失去一分，甚至失去了一切希望的人，那时，这个问题——这一生到底为了什么，忙些什么，就会涌现心头。虽然问题的偶然想起，或一直萦回脑际，并不能解决，还是不得不一直忙下去——忙着工作，忙着吃，忙着穿……唉！到底"人生的意义何在"？

　　"一切都是空的"——在某些人心中，得到了这样的答案。在这些人的意见，人生忙着工作，忙着吃，忙着穿……实在毫无意义。过去，流传一首通俗的"醒世歌"。开头是："天也空，地也空，人生杳冥在其中。"说什么："夫也空，妻也空，大限来时各西东。""母也空，子也空，黄泉路上不相逢。"末了说："人生好比采花蜂，采得百花成蜜后，到老辛苦一场空！"这是多么失望，多么空虚呀！"一切都是空的"——人生毫无意义，与佛法的"一切皆空"，解说上是完全不同的。"醒世歌"代表的看法，一切都归于失望、幻灭，人生毫无意义。而佛法却是：从现实人生中，否定绝对意义，肯定其相对的意义；更深入的，揭示人生的绝对意义，而予人以究竟的归宿。

虽然在人生的旅程中，受到空虚、失望、幻灭的侵袭，但人总不能没有意义。即使是不完善、不正确的，也总会有些意义，以安慰自己一直活下去。如古人说："立德"、"立功"、"立言"为"三不朽"，也就是以为如能这样，就不虚此生，而具有不朽的永久意义。大概地说，一般所说的人生意义，不外乎二类：一、在现实人间；二、在未来天国。

在现实人间的，或重视家庭——家族的繁衍：这是将人生的意义，寄存于家族的延续。所以人虽死了，而有永久的意义存在。中国儒家，是特重于此的。人在家族绵延中"承先启后"，所以人要能"裕后光前"，对祖先要慎终追远。老祖母们别无所求，只希望有几个孙儿，生前"含饴弄孙"，死后承受其祭祀。这样，就可以忍受苦痛，安心地了此一生。依于这一意义，"不孝有三，无后为大"。而我人所作的事业，或善或恶，也会报在儿孙。所以说："积善之家，必有余庆；积不善之家，必有余殃。"

或重视国家，将人生的意义，寄存于国家中。极端的国家主义者，以为个人从属于国家，唯有在国家中，人生才有意义。似乎人的一生，只是为了实现国家的大方针。这与家族绵延本出于同一根源。古代某些氏族，以全族为一体；而任何一人受到损害，看作对全族的损害，而采取全体的报复。在这种观念下，为氏族而作战牺牲，被提升到神的左右。等到氏族的扩大而组成国家(或融合多数氏族),就形成人生的意义存在于国家的强盛与繁荣。儒家重视近亲,因而重视家庭或宗族,这才分化了。

或着眼于全人类,而以人生的意义,存在于人类社会的进步之中。人类的进步,人生才有意义,也就是人类的理想。所以人类但应为全人类的进步、多数人的利益而努力。

将人生的意义,寄存于家庭、国家、全人类,并不是人类所愿意的,而只因个人的身心组合,不久朽坏,而得不到着落。然而,这就能确立人生的意义吗? 重在家庭,如人生而没有儿女的,那岂不是人生就没有意义! 重在国家,而从历史看来,多少盛极一时的国家,而今安在? 早就消失得无影无踪,成为陈迹了。全人类吗? 人类——我们所知的现实人类,依地球的存在而活动。虽可能是远在将来,但却是不可避免的,一旦地球毁坏了,到那时,人类文化的进步,人生的意义,又如何存在? 这么说来,一般所说的人生意义,终归空虚,竟逃不出"醒世歌"所代表的看法。

从未来上生天国以说明人生意义的,是一般宗教,特别是西方神教。在天神教看来,人间只是空虚。人类的生在人间,信神,爱神,奉行神的旨意,为了希望未来的进入天国。据说:世界的末日到了,不信神的将陷于永苦的绝境;信神的将进入天国,享受永恒的福乐。严格地说,在人间的一切信德善行,不过是为了进入天国做准备而已。然而天国是未来的事,而现生却不可能进入天国。那么,这只是信仰,因为在现实人生中,天国是不能证实的。以不可能证实的天国,作为人生的究极意义,不觉得过于渺茫了吗?

佛法对于人生,否定其绝对意义,而说是苦、是空。然而人生不是没有相对的意义；如没有相对意义，也就不可能经实践而体现绝对的意义了。先从人生的相对意义来说。依佛陀的开示，人生、世间，不外乎"诸行"——一切生灭现象生灭流变的过程。没有不变的，称为"无常"。"无常"，那就没有永恒的福乐，终归于灭，终归于空，所以说是"苦"。苦，那就没有究竟的、完满的自由，所以说"无我"（我，是自在义）。婆罗门教面对这样的人生世间，构想一形而上的实体，说是"常"、是"乐"、是"我"。佛陀彻底地否定它，称之为颠倒。佛陀是面对现实，而说"无常"、"苦"、"无我"的正观。在无常、苦、无我的正观中，又怎样肯定人生的意义呢？

依佛陀的开示，人生世间，是"缘起"的。缘起的意义是：一切现象、一切存在，所以成为这样的现象、这样的存在，并不是神意的，不是自然的，不是宿命的，也不是偶然的，而是依缘而起的。在主要的、次要的、复杂的种种条件，种种原因下，才成为这样的现象、这样的存在。一切依于因缘；对因缘说，称为果。所以人生世间，是无限复杂的因果系，受到严格的因果法则所规定。

从缘起来说，人是缘起的存在。缘起，有对他的同时互相关系，对自（也间接对他）的前后延续关系。例如人，在同一时间，与其他的人、众生、自然界的地、水、火、风（空气），是有互相关系的，展转地互为因果。一种存在，就是一种活动，当下都有对自对他的不同影响，成为不同的因果关系。例如一个国家，无论是政治、经济、教育、外交……一种措施，一种行动，都会或多或少地影响别的国家；当然，受到最深远影响的，还是自己（国家）。一个社团，一个家庭，也是这样的。所有的行动，都要影响别的社团、家庭；而更主要的，影响了自己（社团、家）。个人也是这样，无论语言文字、身体行为，都会影响别人，当下又影响了自己，影响自己的未来。就是没有表现于外的内心行为，也（对他）影响生理，更深远地影响自己的内心。缘起世间，缘起人生，就是这样的能动被动、对自对他的关系网络。经中形容为"幻网"、"帝网"，从无限的相互关系、延续关系中，去理解人生——世间的一切。

依缘起的因果观，佛法确认人生的身心活动，或善或恶，不但影响于外，更直接地影响自己，形成潜在的习性（姑约业力说）。等到一生的身心组合宣告崩溃——死亡，潜在的习性（业力）就以自我爱染的再生欲（"后有爱"）为缘，又展开一新的身心组合，有一新生命的开始。对过去说，这是受到过去业力所决定的（但佛法还有现生的功力，所以不落于定命论）。佛法是这样的，从缘起因果的延续中，无常无我（没有一般宗教所说的不变的个灵），而一生一生地无限延续下去。正如国家一样，并没有不变的国家实体，而王朝不断崩溃，又一个个地宣告成立。确认人生是这样的缘起，就会肯定人生，或善或恶的一切，或者现生受报，或在未来的新生中受报。总之，因果是必然的定律。这一生的身心，可以崩溃死亡，而或善或恶的行为，影响自己，决定不会落空。众生业报的延续，或善或恶，都有或正或负的价值，而影响未来，受或乐或苦的果报。所以死亡是生命的一个过程，而不是从此消灭。一切都有果报，而又一生一生，不断地造作新业。暂时的苦难、堕落，都不用失望；这是短暂现象，前途是充满光明的。不过,离苦得乐,唯有顺从因果定律,从离恶行善中得来。此外,没有任何幸运,也不是神力所能帮助。

人生,是善业所得;而现生的行为善恶,成为未来升沉的枢纽。"人生难得",佛一再地告示我们。可惜的是,一般佛弟子误解佛法,所以仅有人生是苦的叹惜,却少有"人生难得"的庆幸! 依经上说:人类有三种特胜,不但胜过畜生、鬼、地狱,也胜过了天神。人类所有的特胜是什么? 是道德,是知识,是坚强的毅力。在人世界中,知道苦而能救济苦。虽然人类的道德、知识、毅力还不是完善的,不免引起副作用,甚至引起自我毁灭的危机,然而人类凭藉这些,到底发展出高尚的文化,为不容否认的事实。人类文化的进步,终于理解到的不彻底、不完善,而有完善、究竟的倾向。所以人类不但能离恶行善,自求多福,而更有超越的向上一着。依佛法,唯有人类自己,才能发出离心,发菩提心。唯有人类,才有超越相对而契入绝对(最初悟证)的可能。人生是怎样的难得! 确认"人生难得",人生的意义,就充分地表现出来。所以,"人生难得",应好好地珍惜这一生,好好地利用这一生,而不要辜负这一生!

再从人生的绝对意义说:人生能行善而向上,但到底是不完善的,没有永恒的意义。任何智力或福力,都在时间中消失了。人,还在或升或堕的流转(轮回)中。不过,人类能意识到自己的缺陷,自己的不彻底,也就能涌现起彻底与完善的理想与要求(佛法称为"梵行求")。这一主观愿望,不能合理实现,又每被神教徒引上幻想的永恒的天国。依佛法,人生现实是缘起的,唯有理解缘起,把握缘起,深入缘起本性,才能超越相对而进入绝对的境地。缘起,是无常无我的现象;人生,也就是无常(不永恒的)、无我(不自在的)的人生。一切由于缘起,从因果观点说,一生又一生,到底为了什么,这样的生灭不已。原因在:众生——人类以(反缘起的)自我的爱染为本,依自我爱而营为一切活动。这样的动作引起业力,形成自我的因果系,而有个体的生灭延续。反之,没有缘就不起,如灭除自我爱染,那就能解脱生死,到达"生灭灭已,寂灭为乐"的境地。

为什么会有自我爱染呢? 自我爱染(人类特性,自私本质的根源),由于认识上的迷蒙(称为"无明"),为现象所诳惑,而没有能体认到缘起的本性——本来面目。佛陀以无比的方便善巧,从缘起生灭中,直示缘起性的常寂。对一般认识的现象说,这是不落于时空、不落于彼此、不落于生灭的绝对。缘起本来如此,只是众生——人类为自我见、自我爱所蒙惑,颠倒不悟而已。所以,人类的德性、智力、毅力,在佛的方便诱导下,经修持而进展到高度,就能突破一般的人生境界。从现实的缘起事中,直入(悟入)超越的绝对。到达这一境地,人生虽还是人生,而人生的当下便是永恒,无往而不是自在解脱。佛法的小乘、大乘,虽有多少差别,而原理都是一样。

人生,不但有意义,不但能发见意义,而能实现绝对的永恒意义。即人生而直通佛道,人生是何等的难得!

二八　切莫误解佛教

——在菲律宾宿务华侨中学讲

　　佛教传入中国,已经有一千九百多年的历史,所以佛教与中国的关系非常密切。中国的文化、习俗,影响佛教,佛教也影响了中国文化,佛教已成为我们自己的佛教。但佛教是来于印度的,印度的文化特色,有些是中国人所不易明了的;受了中国习俗的影响,有些是不合佛教本意的。所以佛教在中国,信佛法的与不相信佛法的人,对于佛教,每每有些误会。不明佛教本来的意义,发生错误的见解,因此相信佛法的人,不能正确地信仰;批评佛教的人,也不会批评到佛教本身。我觉得信仰佛教或者怀疑评论佛教的人,对于佛教的误解应该先要除去,才能真正地认识佛教。现在先提出几种重要一点的来说,希望在会的听众生起正确的见解。

一　由于佛教教义而来的误解

　　佛法的道理很深,有的人不明白深义,只懂得表面文章。随便听了几个名词,就这么讲那么讲,结果不合佛教本来的意思。

最普遍的,如"人生是苦"、"出世间"、"一切皆空"等名词,这些
当然是佛说的,而且是佛教重要的理论,但一般人很少能正确了
解它。现在分别来解说:

一、人生是苦:佛指示我们,这个人生是苦的。不明白其中
的真义,就生起错误的观念,觉得我们这个人生毫无意思,因而
引起消极悲观,对于人生应该怎样努力向上,就缺乏力量。这是
一种被误解得最普遍的,社会一般每拿这消极悲观的名词来批
评佛教;而信仰佛教的,也每陷于消极悲观的错误。其实,"人
生是苦"这句话,绝不是那样的意思。

凡是一种境界,我们接触到的时候,生起一种不合自己意趣
的感受,引起苦痛忧虑;如以这个意思来说苦,不能说人生都是
苦的。为什么呢?因为人生也有很多快乐的事情。听到不悦耳
的声音固然讨厌,可是听了美妙的音调,不就是欢喜吗?身体有
病,家境困苦,亲人别离,当然是痛苦,然而身体健康,经济富裕,
合家团圆,不是很快乐了吗?无论什么事,苦乐都是相对的;假
使遇到不如意的事,就说人生是苦,岂非偏见了。

那么,佛说人生是苦,这苦是什么意义呢?经上说:"无常
故苦",一切都无常,都会变化,佛就以无常变化的意思说人生
都是苦的。譬如身体的健康并不永久,会慢慢衰老病死;有钱的
也不能永远保有,有时候也会变穷;权位势力也不会持久,最后
还是会失掉。以变化无定的情况看来,虽有喜乐,但不永久,没
有彻底,当变化时,苦痛就来了。所以佛说人生是苦,苦是有缺
陷、不永久、没有彻底的意思。学佛的人,如不了解真义,以为人
生既不圆满彻底,就引起消极悲观的态度;真正懂得佛法的,看

法就完全不同。要知道佛说人生是苦这句话，是要我们知道现在这人生是不彻底不永久的，知道以后才可以造就一个永久圆满的人生。等于病人必须先知道有病，才肯请医生诊治，病才会除去，身体就恢复健康一样。为什么人生不彻底不永久而有苦痛呢？一定有苦痛的原因存在，知道了苦的原因，就会尽力把苦因消除，然后才可得到彻底圆满的安乐。所以佛不单单说人生是苦，还说苦有苦因，把苦因除了，就可得到究竟安乐。学佛的应该照佛所指示的方法去修学，把这不彻底不圆满的人生改变过来，成为一个究竟圆满的人生。这个境界，佛法叫做常乐我净。

常是永久，乐是安乐，我是自由自在，净是纯洁清净。四个字合起来，就是永久的安乐，永久的自由，永久的纯洁。佛教最大的目标，不单说破人生是苦，而主要的在于将这苦的人生可以改变过来（佛法名为"转依"），造成为永久、安乐、自由自在、纯洁清净的人生。指示我们苦的原因在哪里，怎样向这目标努力去修持。常乐我净的境地，即是绝对的理想界，最有希望的，是我们人人都可达到的。这怎能说佛教是消极悲观呢！

虽然，学佛的不一定能够人人都得到这顶点的境界，但知道了这个道理，真是好处无边。如一般人在困苦的时候，还知努力为善，等到富有起来，一切都忘记，只顾自己享福，糊糊涂涂走向错路。学佛的，不只在困苦时知道努力向上，就是享乐时也随时留心，因为快乐不是永久可靠，不好好向善努力，很快会堕落失败的。人生是苦，可以警觉我们不至于专门讲究享受而走向错误的路，这也是佛说人生是苦的一项重要意义。

二、出世：佛法说有世间、出世间，可是很多人误会了，以为世间就是我们住的那样世界，出世间就是到另外什么地方去。这是错了，我们一个人在这个世界，就是出了家也在这个世界。成了阿罗汉、菩萨、佛，都是出世间的圣人，但都是在这个世界救度我们。可见出世间的意思，并不是跑到另外一个地方去。

那么佛教所说的世间与出世间是什么意思呢？依中国向来所说，"世"有时间性的意思，如三十年为一世；西洋也有这个意思，叫一百年为一世纪。所以世的意思，就是有时间性的，从过去到现在，现在到未来，在这一时间之内的叫世间。佛法也如此：可变化的叫世，在时间之中，从过去到现在，现在到未来，有到没有，好到坏，都是一直在变化，变化中的一切，都叫世间。还有，世是蒙蔽的意思。一般人不明过去现在未来三世的因果，不知道从什么地方来，要怎样做人，死了要到哪里去，不知道人生的意义，宇宙的本性，糊糊涂涂在这三世因果当中，这就叫做世间。

怎样才叫出世呢？出是超过或胜过的意思。能修行佛法，有智慧，通达宇宙人生的真理，心里清净，没有烦恼，体验永恒的真理，就叫出世。佛菩萨都是在这个世界，但他们都是以无比智慧通达真理，心里清净，不像普通人一样。所以出世间这个名辞，是要我们修学佛法的，进一步能做到人上之人，从凡夫做到圣人，并不是叫我们跑到另外一个世界去。不了解佛法出世的意义，误会佛教是逃避现实，而引起不正当的批评。

三、一切皆空：佛说一切皆空，有些人误会了，以为这样也空，那样也空，什么都空，什么都没有，横竖是没有，无意义，这才坏事不干，好事也不做，糊糊涂涂地看破一点，生活下去就好了。其实佛法之中空的意义，是有着最高深的哲理，诸佛菩萨就是悟到空的真理者。空并不是什么都没有，反而是样样都有，世界是世界，人生是人生，苦是苦，乐是乐，一切都是现成的。佛法之中，明显地说到有邪有正，有善有恶，有因有果；要弃邪归正，离恶向善，作善得善果，修行成佛，如果说什么都没有，那我们何必要学佛呢？既然因果、善恶、凡夫圣人样样都有，佛为什么说一切皆空？空是什么意义呢？因缘和合而成，没有实在的不变体，叫空。邪正善恶人生，这一切都不是一成不变实在的东西，皆是依因缘的关系才有的。因为是从因缘所产生，所以依因缘的转化而转化，没有实体所以叫空。举一个事实来说吧，譬如一个人对着一面镜子，就会有一个影子在镜里。怎会有那个影子呢？有镜有人还要借太阳或灯光才能看出影子，缺少一样便不成，所以影子是种种条件产生的，不是一件实在的物体，虽然不是实体，但所看到的影子，是清清楚楚并非没有。一切皆空，就是依这个因缘所生的意义而说的。所以佛说一切皆空，同时即说一切因缘皆有；不但要体悟一切皆空，还要知道有因有果有善有恶。学佛的，要从离恶行善、转迷启悟的学程中去证得空性，即空即有，二谛圆融。一般人以为佛法说空，等于什么都没有，是消极，是悲观，这都是由于不了解佛法所引起的误会，非彻底纠正过来不可。

二　由于佛教制度而来的误解

　　佛教是从印度传来的，制度方面有一点不同我国旧有的地方,例如出家与素食,不明了、不习惯的人,对此引起许许多多的误会。

一、出家:出家为印度佛教的制度,我国社会,特别是儒家,对它的误解最大。在国内,每听见人说:大家学佛,世界上的人都没有了。为什么呢? 大家都出家了,没有夫妇儿女,还成什么社会? 这是严重的误会。我常比喻说:如教师们教学生,哪里教人人当教员去,成为教员的世界吗? 这点,在菲岛,不大会误会的,因为到处看得到的神甫、修女,他们也是出家,但这只是天主教徒中的少部分,并非信天主教的人人要当神甫、修女。学佛的,有出家弟子,有在家弟子,出家可以学佛,在家也可以学佛;出家可以修行了生死,在家也同样可以修行了生死,并不是学佛的人一定都要出家,决不会大家学佛,就会毁灭人类社会。不过出家与在家,既都可以修行了生死,为什么还要出家呢? 因为要弘扬佛教,推动佛教,必须有少数人主持佛教。主持的顶好是出家人,既没有家庭负担,又不做其他种种工作,可以一心一意修行,一心一意弘扬佛法。佛教要存在这个世界,一定要有这种人来推动它,所以从来就有此出家的制度。

出家功德大吗? 当然大,可是不能出家的,不必勉强,勉强出家有时不能如法,还不如在家。爬得高的,跌得更重;出家功德高大,但一不留心,堕落得更厉害。要能真切发心,勤苦修行,为佛教牺牲自己,努力弘扬佛法,才不愧出家。出家人是佛教中的核心分子,是推动佛教的主体。不婚嫁,西洋宗教也有这种制度。有许多科学家哲学家,为了学业,守独身主义,不为家庭琐事所累,而去为科学哲学努力。佛教的出家制,也就是摆脱世间欲累,而专心一意地为佛法。所以出家是大丈夫事,要特别地勤苦。如随便出家,出家而不为出家事,那非但没有利益,反而有碍佛教。有的人,一学佛就想出家,似乎学佛非出家不可,不但自己误会了,也把其他的人都吓住而不敢来学佛。这种思想——学佛就要出家,要不得!应认识出家不易,先做一良好的在家居士,为法修学,自利利他。如真能发大心,修出家行,献身佛教,再来出家,这样自己既稳当,对社会也不会发生不良影响。

与出家有关,附带说到两点:

(一)有的人看到佛寺广大庄严,清净幽美,于是羡慕出家人,以为出家人住在里面,有施主来供养,无须做工,坐享清福。如流传的"日高三丈犹未起","不及僧家半日闲"之类,就是此种谬说。不知道出家人有出家人的事情,要勇猛精进。自己修行时,"初夜后夜,精勤佛道";对信徒说法,应该四处游化,出去宣扬真理。过着清苦的生活,为众生为佛教而努力,自利利他,非常难得,所以称为僧宝,哪里是什么事都不做,坐享现成,坐等施主们来供养?这大概是出家者多,能尽出家责任者少,所以社会有此误会吧!

(二)有些反对佛教的人,说出家人什么都不做,为寄生社会的消费者,好像一点用处都没有。不知人不一定要从事农工商的工作,当教员、新闻记者,以及其他自由职业,也能说是消费的吗?出家人不是没有事情做,过着清苦生活而且勇猛精进,所做的事,除自利而外,导人向善,重德行、修持,使信众的人格一天一天提高,能修行了生死,使人生世界得到大利益,怎能说是不做事的寄生者呢?出家人是宗教师,可说是广义而崇高的教育工作者。所以不懂佛法的人说出家人清闲,或说出家人寄生消费,都不对。真正出家并不如此,应该并不清闲而繁忙,不是消耗而能报施主之恩。

二、吃素:我们中国佛教徒,特别重视素食,所以学佛的人,每以为学佛就要吃素。还不能断肉食的,就误会为自己还不能学佛。看看日本、锡兰、缅甸、暹罗,或者我国的西藏、蒙古的佛教徒,不要说在家信徒,连出家人也都是肉食的,你能说他们不学佛,不是佛教徒吗? 不要误会学佛就得吃素,不能吃素就不能学佛;学佛与吃素并不是完全一致的。一般人看到有些学佛的,没有学到什么,只学会吃素,家庭里的父母兄弟儿女感觉讨厌,以为素食太麻烦。其实学佛的人,应该这样:学佛后,先要了解佛教的道理,在家庭、社会,依照佛理做去,使自己的德行好,心里清净。使家庭中其他的人觉到你在没学佛以前贪心大,嗔恨重,缺乏责任心与慈爱心,学佛后一切都变了,贪心淡,嗔恚薄,对人慈爱,做事更负责。使人觉到学佛在家庭社会上的好处,那时候要素食,家里的人不但不反对,反而生起同情心,渐渐跟你学。如一学佛就只学吃素,不学别的,一定会发生障碍,引起讥嫌。

虽然学佛的人不一定吃素,但吃素确是中国佛教良好的德行,值得提倡。佛教说素食可以养慈悲心;不忍杀害众生的命,不忍吃动物的血肉,不但减少杀业,而且对人类苦痛的同情心会增长。大乘佛法特别提倡素食,说素食对长养慈悲心有很大的功德。所以吃素而不能长养慈悲心,只是消极的戒杀,那还近于小乘呢!

以世间法来说,素食的利益极大,较经济,营养价值也高,可以减少病痛。现在世界上,有国际素食会的组织,无论何人,凡是喜欢素食都可以参加,可见素食是件好事,学佛的人更应该提倡。但必须注意的,就是不要把学佛的标准提得太高,认为学佛就非吃素不可。遇到学佛的人就会问:有吃素吗? 为什么学佛这么久,还不吃素呢? 这样把学佛与素食合一,对于弘扬佛法是有碍的!

三　由于佛教仪式而来的误解

不了解佛教的人,到寺里去看见礼佛、念经、拜忏,早晚功课等等的仪式,不明白其中的真义,就说这些都是迷信。这里面问题很多,现在简单地说到下面几种:

一、礼佛:入寺拜佛,拿香、花、灯烛来供佛。西洋神教徒说我们是拜偶像,是迷信。其实,佛是我们的教主,是人而进达究竟圆满的圣者;大菩萨们也是快要成佛的人。这是我们的皈依处,是我们的领导者。尊重佛菩萨,当然要有所表示,好像恭敬父母,必须有礼貌一样。佛在世的时候,没有问题,可以直接对他表示恭敬,可是现在释迦佛已入涅槃了;还有他方世界的佛菩萨,都不在我们这个世界,不得不用纸画、泥塑、木头石块来雕刻他们的形象,作为恭敬礼拜的对象。因为这是表示佛菩萨的形象,我们才要恭敬礼拜他,并不因为他是纸土木石。如我们敬爱我们的国家,要怎样表示尊敬呢? 用颜色的布做成国旗,当升旗的时候,恭恭敬敬向国旗行礼,我们能否说这是迷信的行为? 天主教也有像;基督教虽没有神像,但也有十字架作为敬念的对象,有的还跪下祷告,这与拜佛有何差别呢? 说佛教礼佛为拜偶像,只是西洋神教徒对我们恶意的破坏。

至于香花灯烛呢? 佛在世时,在印度是用这些东西来供养佛的,灯烛是表示光明,香花是表示芬香清洁。信佛礼佛,一方面用这些东西来供养佛以表示敬虔,一方面即表示从佛得到光明清净。并不是献花烧香使佛得闻香味,点灯点烛佛才能看到一切。西洋宗教,尤其是天主教,还不是用这些东西吗? 这本来是一般宗教的共同仪式。礼佛要恭敬虔诚;礼佛的时候,要观想为真正的佛。如果一面拜,一面想东想西,或者讲话,那是大不敬,失掉了礼佛的意义。

二、礼忏:佛教徒每礼忏诵经,异教徒及非宗教者也常常误以为迷信。不知道,忏,印度话叫忏摩,是自己做错了以后,承认自己错误的意思。因为一个人,在过去世以及现生中,谁都做过种种错事,犯有种种罪恶,留下招引苦难、障碍修道解脱的业力。为了减轻及消除障碍苦难的业力,所以在佛菩萨前、众僧前,承认自己的错误,以消除自己的业障。佛法中有礼忏的法门,这等于耶教的悔改,在宗教的进修上是非常重要的。忏悔要自己忏,内心真切的忏,才合乎佛教的意思。

一般人不会忏悔,要怎么办呢? 古代祖师就编集忏悔的仪规,教我们一句一句念诵,口诵心思,也就知道里面的意义,忏悔自己的罪业了。忏仪中教我们怎样礼佛,求佛菩萨慈悲加护,承认自己的错误,知道杀生、偷盗、邪淫等的不是,一心发愿悔往修来。这些都是过去祖师们教我们忏悔的仪轨(耶教也有耶稣示范的祷告文），但主要还是要从心里发出真切的悔改心。

有些人，连现成的仪规也不会念诵，就请出家人领导着念；慢慢地自己不知道忏悔，专门请出家人来为自己礼忏了。有的父母眷属去世了，为要借三宝的恩威来消除父母眷属的罪业，也请出家人来礼忏，以求亡者的超升。然而如不明佛法本意，为了铺排门面，为了民间风俗，只是费几个钱，请几位出家人来礼忏做功德，而自己或不信佛法，或者自己毫无忏悔恳切的诚意，那是失掉礼忏的意义了。

佛教到了后来，忏悔的意义模糊了。学佛的自己不忏，事无大小都请出家人，弄得出家人为佛事忙，今天为这家礼忏，明天为那家做功德。有的寺院，天天以做佛事为唯一事业，出家的主要事业放弃不管，这难怪佛教要衰败了。所以，忏悔主要是自己，如果自己真真切切地忏悔，甚至是一小时的忏悔，也是超过请了许多人做几天佛事的功德。了解这个道理，如对父母要尽儿女的孝心，那么自己为父母礼忏的功德很大，因为血缘相通，关系密切的缘故。不要把礼忏、做功德，当作出家人的职业，这不但毫无好处，只有增加世俗的毁谤与误会。

三、课诵：学佛的人，在早晚诵经念佛，在佛教里面叫课诵。基督教早晚及饭食的时候有祷告，天主教徒早晚也要诵经，这种宗教行仪，本来没有什么问题。不过为了这件事情，有好几位问我：不学佛还好，一学佛问题就大了。我的母亲，早上晚上一做功课就要一两个钟点，如学佛的都这样，家里的事情简直没有办法推动了。在一部分的居士间，确有这种情形，使人误会佛教为老年有闲的佛教，非一般人所宜学。其实，早晚课诵，并不一定诵什么经,念什么佛,也不一定诵持多久,可以随心所欲,依实际情形而定时间。主要的须称念三皈依,十愿也是重要的。日本从中国传去的佛教,净土宗、天台宗、密宗等,都各有自宗的功课,简要而不费多少时间,这还是唐、宋时代的佛教情况。我们中国近代的课诵,(一)是丛林所用的。丛林住了几百人,集合一次,就须费好长时间,为适应这特殊环境,所以课诵较长。(二)元、明以来佛教趋向混合,于是编集的课诵仪规具备各种内容,适合不同宗派的修学。其实在家居士不一定要如此。从前印度大乘行人,每天六次行五悔法。时间短些不要紧,次数不妨增多。总之,学佛不只是念诵仪规;在家学佛,决不可因功课繁长而影响家庭的工作。

四、烧纸:古代中国祭祖时有焚帛风俗,烧一点绸缎给祖先享用。后来为了简省,就改用纸来代替;到后代做成钱、元宝、钞票,甚至扎成房子、汽车来焚化。这些都是古代传来的风俗习惯演变而成,不是佛教里面所有的。

这些事情,也有一点好处,就是做儿女的对父母表示一点孝意。自己饮食,想到父母祖先;自己穿衣住屋,想到祖先,不忘记父祖的恩德,有慎终追远的意义。佛教传来中国,适应中国,方便的与念经礼佛合在一起。但是,在儒家"送死为大事"及"厚葬"的风气下,不免铺张浪费,烧得越多越好,这才引起近代人士的批评,而佛教也被认为迷信浪费了。佛教徒明白这个意义,最好不要烧纸箔等,佛法里并没有这些。如果为了要纪念先人,象征地少烧一点,不要拿到寺庙里去烧,免得佛教为我们受罪。

五、抽签问卜扶乩:有些佛寺中,有抽签,打筶,甚至有扶乩等举动,引起社会的讥嫌,指为迷信。其实,纯正的佛教不容许此种行为(有没有效验,是另外一件事)。真正学佛的,只相信因果。如果过去及现生作有恶业,决不能用趋吉避凶的方法可以避免。修善得善果,作恶将来避不了恶报,要得到好果报,就得多做有功德的事情。佛弟子只知道多做善事;一切事情,如法合理地做去,决不使用投机取巧的下劣作风。这几样都与佛教无关,佛弟子真的信仰佛教,应绝对地避免这些低级的宗教行为。

四　由于佛教现况而来的误解

一般中国人,不明了佛教,不明了佛教国际的情形,专以中国佛教的现况随便批评佛教,下面便是常听到的两种。

一、信仰佛教国家就会衰亡:他们以为印度是因为信佛才亡国,他们要求中国富强,于是武断地认为不能信仰佛教。其实这是完全错误,研究过佛教历史的,都知道过去印度最强盛时代,便是佛教最兴盛时代。那时候,孔雀王朝的阿育王统一印度,把佛教传播到全世界。后来婆罗门教复兴,摧残佛教,印度也就日见纷乱。当印度为回教及大英帝国灭亡时,佛教已经衰败甚至没有了。中国历史上,也有这种实例。现在称华侨为唐人,中国为唐山,就可见到中国唐朝国势的强盛。那个时候,恰是佛教最兴盛的时代;唐武宗破坏佛教,也就是唐代衰落了。唐以后,宋太祖、太宗、真宗、仁宗都崇信佛教,也就是宋朝兴盛的时期;明太祖本身是出过家的,太宗也非常信佛,不都是政治修明、国力隆盛的时代吗？日本现在虽然失败了，但在明治维新之后，跻入世界强国之列，他们大都是信奉佛教的，信佛谁说能使国家衰弱？所以从历史上看来，国势强盛的时代正是佛教兴盛的时代。为什么希望现代的中国富强，而反对提倡佛教呢！

二、佛教对社会没有益处：近代中国人士，看到天主教、基督教等办有学校医院等，而佛教少有举办，就以为佛教是消极，不做有利社会的事业，与社会无益，这是错误的论调！最多只能说：近代中国佛教徒不努力，不尽责，决不是佛教要我们不做。过去的中国佛教，也大抵办有慈善事业。现代的日本佛教徒办大学、中学等很多，出家人也多有任大学与中学的校长与教授。慈善事业，也每由寺院僧众来主办。特别在锡兰、缅甸、暹罗的佛教徒，都能与教育保持密切的关系，兼办慈善事业。所以不能说佛教不能给与社会以实利，而只能说中国佛教徒应该自己觉得没有尽了佛弟子的责任，应该多从这方面努力，才会更合乎佛教救世的本意，使佛教发达起来。

中国一般人士，对于佛教的误解还多得很，今天所说的，是比较普遍的。希望大家知道了这些意义，做一有纯正信仰的佛教徒，至少也能够清除一下对佛教的误会，使纯正佛教的本来意义发扬出来。否则，看来信仰佛教极其虔诚，而实包含了种种错误，信得似是而非，这也难怪社会的讥嫌了！

（明道记）

二九　谁是糊涂虫

　　去年秋初,孙居士交来两篇妙文——《糊涂虫回头》、《人类之迷梦与中国之出路》。当时随手一放,竟一时找不到了。上月拉开抽屉,这两篇妙文却重行现在眼前,再读一遍,觉得作者的目的,为了反对马克斯的经济制度、政治革命,从动机上说,我们只有同情他,赞成他。然而他却把佛教的悟证拉在一起说,"释迦牟尼坐在菩提树下,空想一个极乐世界,世界上最大的糊涂虫,第一个是释迦牟尼";"六朝隋唐,又出了一批大菩萨,静坐参禅,空想冥索,全用智慧以求真理。立论虽深,竟无补于中国之文化"。作者既推重实验,试问对于佛教的理论、智慧的内容,有没有确实地了解过、审查过、试验过?老实说,对于佛教的悟证,什么都不知道,只是空想的、偏激的,基于邪恶的反宗教精神,加上流俗的误解,而作出不负责任、不着实际的毁谤!空想而糊涂的狂言,也不需要批评,让他知道一点就得了!

　　直线的观念、平面的观念、固定的观念、绝对时空的观念,作者依据相对论,一一地称之为错误糊涂。在他想来,释迦佛的自觉实证,是推理冥索而违反这些的。哪里知道,释尊的自觉实验,是从根否定了"自性见",就是人类意识中的普遍成见,从来不曾离开过,成为一切错误与糊涂的心理因素。佛是彻底的大觉大悟,离去这种颠倒妄见,这才从现证一切法性中,发见了"诸行无常",一切只是不断的生灭与延续过程,而没有不变的事物;"诸法无我",一切只是种种关系所和合的现象,而没有独存的个体;"涅槃寂静",一切的差别与动乱现象,当下为平等的、和谐的、宁静的。释迦佛本此自觉实证,为我们开示,一切是缘起的、相待(相对)的;一切事物,无非是缘起空而为无常、无我、无生的。这在大中观者,特别明彻地发扬它,观破固定的观念,绝对时空等谬论。所以依据实验与相对论,而盲目地牵涉佛教,只是说明了作者的推论与糊涂。

今日世界的错误(古已有之,于今为烈),是一种一元的邪见。什么人都想依据一种自以为然的(其实最多是部分的)事理,而推论到一切。如以物理科学为依据,而解说生理、心理,到达唯物论的谬见。再如依据经济,而解说一切社会变动,到达经济史观的谬见。又如专凭物理科学的实验,而想拿来衡量一切,以为不如此便不是实验。不知物质世界的实验,与社会界的实验不能全同,而社会界政治经济的实验,又决与生命及自心的实验不同。这种夹杂着权力观念的一元谬论,无非从违反相待性(相对)而来的错误与糊涂。作者大谈相对论,高唱实验论,其实他自己既缺乏实验,也忽略相对。如主张"有治人,无治法"便是一种偏激的反法治论。人与法是相对的;人而为贤明的,固然可以促进造成良好的法制;良好的法制下,也容易造成、发展良好的人才。反之,人而不贤不明,一切良法美制,都会无效;如法纪荡然,制度紊乱,不一定有好政绩,甚至好人不能存在在坏环境中。这在人法相待的关系下,互相影响,何等明白!为什么要偏说"有治人,无治法"?问题是他从来不知"相对"论。相对,相对,只在他的口里,并不在他的心里。

释迦牟尼佛的自觉实证,首先从分别事相入手(法相善巧);进一步把握根(生理的)、境(物理的)、识(心理的)的内在关联,一切心境相关、自他相关、物我相关的活动的一般程序(缘起善巧);再深入到法法本性的内证,真实的体验。此与科学的从观察而实验并无不合。此觉证的实验,何以知其真实?因为在这自觉的法性中,发见一切事物的缘起相待性,缘起与空性——二谛融通而并无矛盾。所以,推理无不合,佛的究竟大觉,可断定而无疑。佛在大觉心中,开示宇宙人生的缘起相对性;开示诸行无常、诸法无我、涅槃寂静性,被进步的智识界证明为永远扑颠不破的真理。作者自己空想,自己糊涂,而以己心推佛心,诬谤我佛为"不去实验"、为"缺乏经验的"!请冷静地反省吧!你是不空想的、实验的,生在二千五六百年后的今日,还只能剽袭一些别人的相对论,挂在口头而不在心里。佛如果是空想的、糊涂的,生在爱因斯坦二千五百年前,却能发见更完善的相对论(爱氏的相对论,还在四度时空里)!真正的糊涂虫,到底是谁?实际上,说实验,佛陀的自觉实证,便是实验。谁肯依着修习去,谁也能实验,有着必然性与普遍性,并非主观的产物。所以说:此法(体验到的),"非佛作,亦非余人作,法性法尔"。不过这种实验,为根本而最深彻的实验,不重于自然界、社会界,而重于从生命自体去实验,为向外驰求者所不能通达而已。所以太虚大师曾著《科学的人生观》,说佛法是广义的科学,广义的实验。空想而偏激的狂论家,哪里晓得!

对于中国文化,作者赞美战国秦(西)汉时代,说:"孔孟之书,绝(?)无迷信";"中国之所以能有此前期文明,而至今无宗教者也"。很显然的,这是代表中国后期非宗教或反宗教者的口吻。中国文化史上,秦、汉便是富有宗教性的。在西汉的儒者看来,孔子不是神吗?五行、谶纬、休咎,不大都是儒者吗?至于隋、唐文明的隆盛,史实具在。外人称华侨为"唐人",华侨称故乡为"唐山",决不会比两汉逊色。隋、唐文明,是佛教为大宗,而道、景、祆、回等一切宗教最活跃的时代。抹煞隋唐的灿烂文明,扬威异域,而说"无补于中国之文化",这简直是对于中国文化的自毁!

宗教,我甚至说,迷信的比不信为好。光明的憧憬、热情、真诚、敬虔、同情,生死以之的毅力,就是迷信的宗教,也能鼓铸这种人类的美德。中国并非生来就是无宗教的国家;非宗教精神的抬头,最初表现于唐末,到宋代的理学而大盛。理学大师当然可以凝成崇高的理念,发为坚毅的信愿,但这决不是一般民众所可能的。从此,中国民族更倾向于稳健、平庸、功利、现实、冷漠。从历史看来,中国民族从此即不断地遭受异族统治,在平流而缓慢的衰落当中。非宗教的精神,明、清更强调,这都是以儒而非毁佛、老的。非宗教精神的再度昂扬,便是五四运动,反宗教,反玄学,这是以西洋文化来摧毁中国固有之一切的,孔家店也被打倒了。非宗教精神的极度扩展,不但摧毁中国文化,连西方的民主与自由等传统,也有被毁之势。今天,不能痛自反省,说"中国之出路",而侈谈无宗教的中国文化;根本不知道宗教,却拉上佛教为批评对象。这种颠顸论调,对于中国,真是无益有损,真是罪过罪过。

三〇　美丽而险恶的歧途

——从身体的自动说起

　　去年夏天《自由人报》发表过某君的《自动工》一文。秋天，杨研君又在《天文台》上发表了《神功奇术》与《再谈神功》。自动工与神功的内容，大致相同，都是经静心的修习，引起身体上的不由自主的运动。最近廖德珍居士来看我，说到他从信佛（家中供有观音像）的某翁学习一种坐功，引发身体不自主的运动。他问起：这到底是佛法，还是外道？这可见，身体不自主的运动，也在宝岛流行开来。当时我作了一番简要的解说，现在把它写出来，又补充一些，披露出来，免得正信的佛弟子，或者误会了而走入歧途。

　　身体上不由自主的运动，在宗教或非宗教间，为一真确存在的事实。这可以分为两大类：即由于心意宁静的学习而来，与虔信神力的学习而来。由于心意宁静的修法，又可分立式与坐式。一、依静立姿态而修发的有：（一）在民国十年左右，上海有个灵子学会，传授灵子术。修习的方法是：夜里静立在空室内，两手向左右平举，手心向下，专心注意到手掌的接近中指处，称之为"真际"（这是窃取佛教的名词，却更变了意义）。如修习到杂念不起时,身体能发生震动,渐渐引发手足的前后进退,甚至能发生飞跃丈余的现象。(二)杨君所说三类的一类,修习法是:静立室内,两手垂下,要万缘放下,什么都不去想它。如心意宁静,也能引发身体的自动现象(杨君以为,这是道家的修法)。(三)杨君所说的又一类:静立室内,两手合掌当胸,口称六字真言,也一样能引起身体的活动(杨君以为,这是佛教密宗的修法)。二、依静坐姿势而修发的有:(一)廖君所说的修法是:作跏趺式;两手相叠,平举而放在胸前;收摄眼根而系念鼻端。廖君已引发两手的左右、上下、伸屈现象。据某翁说,有的能发展到起身,与打拳一样。(二)日本有藤田静坐法(也许是冈田?商务印书馆有书流通):日式踞坐,两手放在脐下,作逆呼吸,尽力地使脐下(焦点在丹田)紧张而突出。静坐者的一般现象为动摇;更多的是两手不自主地,有节奏地,自己轻击着自己的小腹。(三)佛教一般的静坐法(其实不一定要坐,行与立也可以):跏趺坐,两手相叠,放在近脐下的腿上,调息,调心(有种种不同的方法)。如杂念渐除,内心渐渐地凝定,在要引发定境以前,身体上必先有八种不同的感觉——"八触"次第发生;第一触,便是"震动"。动也有局部的、全部的差别,以周身都动为最好——震动时,全身,浑身肌肉,连口里的舌头也会动起来。

　　说到虔信神力的修法,真是各式各样,比较常见的有:(一)神拳:传授者烧香、焚符、念咒。学习者静立着依教修习。起初,身体发生的动作是不规则的。一次一次的学习,逐渐形成有次第的有规律的运动。依着身体的动作形态,叫它做"猴拳"等。如学习纯熟,只要凝心一下,念念有词(例如:"早请早到,晚请晚到,请齐天大圣打猴拳一套";咒词都是鄙俚可笑的),就会开始动作起来。神拳,并不如杨君所说,一定要用刀矛。如使用刀矛,那就是神(刀)枪了。神拳与神枪,可说性质一样,过去多少的秘密结社,甚至集众造反,都是利用这一套来号召乡愚的。(二)跳神:这或是曾经学习的,或是被称为神意所选中的。一到祭神等节日,就会不由自主的,东歪西倒,前后跳跃起来。闽省某地的真武大帝祭日,跳神者会执剑跳舞,旁人用木板等护卫他。在他挥剑自砍,可能刺斫要害——头部及胸部时,就用木板等隔开,跳者非弄得皮破血流,昏然倒地不止。(三)基督教:民国廿一年,有传教师到鼓浪屿来,专门为人治病赶鬼(可能是属于真耶稣教会)。他不断地祷告,不断地唱诗,精神陷于极端的兴奋中,有浑身战抖、手舞足蹈现象。据说,洪秀全与杨秀清等的上帝会,当上帝附身时,或陷于昏迷,或浑身震动,不能自主。上帝的意思,就在这种情形下宣传出来。《旧约·创世记》说:"雅各……,有一个人来和他摔跤,直到黎明。那人见自己胜不过他,就将他的大腿窝摸了一把;雅各的大腿窝,正在摔跤的时候,就扭了。……他的大腿就瘸了。"这件事,基督徒解说为雅各彻夜向上帝祷告。然传说为与人摔跤,为那人弄伤了脚筋,所以最好的解说就是,在虔诚的祷告中,身体发生震动跳跃现象(像与人摔跤一样)。大抵是过于兴奋,缺乏适当的节制,这才会扭伤了脚筋。一般基督徒在虔诚地祷告时,发生身心的震动现象,都以为是神力,是圣灵的降临。

身体上所起的不由自主的动作,属于宗教的、非宗教的(如灵子术),可说是太多了。上面所说的几项,不过是我们比较熟悉的罢了！所说的两大类,有着显著的差别。凡由虔信神力而引发的,大抵是热诚的、兴奋的,感觉到有一种力量,使他非如此不可。这种力量,或说是耶和华的(基督教);或说是孙行者、武松、××老祖、××老母的(神拳、神枪);或说是什么大帝、大仙的(跳神),都照着自己的宗教信仰来解说。因为这是兴奋的、紧张的,所以身体自动的次数一多,或者时间太久,就会感觉劳倦、困顿,于身体起着不良的影响。如雅各就因此而变成了跛子。反之,由于心意宁静而来的自动,大都是宁静的、安详的,自觉为身体自发的活动,并非由于外力的压迫。在自动过程中,直觉到轻松的、舒适的、安乐的,这样的自动,每天这么做一次二次,对身体大概是有益的,可说是自然的、良好的全身运动法。还有,这种从心意宁静而来的自动,如为静立的,两手当胸的,两手平举齐肩的,容易发生自动现象,也容易发展为拳术一样的活动。如为静坐的,两手安放脐下的,那么身体所起的自动,不大会转化为前后进退的拳术。

我想说到佛教的拳术。禅宗初祖达磨(禅宗并不以坐禅为宗,但达磨面壁九年,于定门是下过大功夫的),一向传说有"达磨十二手"、"达磨易筋经"等拳法。嵩山少林寺,在北魏时是佛陀禅师、达磨禅师的修禅道场。唐初,少林寺僧就以武术协助太宗平王世充有功。少林寺的拳术,最为著名,而且是很久的了。少林寺的壁上,画着拳法,让人自由观摩学习。有人说,为了山林修行的常有虎豹等危害,所以达磨教弟子学习拳术,这是不大近情的。现在虽没有明确的文证,然从上说静中发现的身体自动化为拳术来判断,少林拳法的来源,可能为达磨门下,有人在静中引起身体的自动，发展为有次第有规律的拳法，由旁人依着来学习。自发自动的运动，这才变为模仿的学习，成为锻炼体魄的拳术。进一步，变为攻击他人的武术了。拳法与少林寺僧有关，渊源于坐禅，这应该是近于事实的解说。

近代禅堂中，也有人偶发动手动足、摇头摆身的现象，但都立刻加以警策纠正，勿使继续下去，免得失却参禅的第一义，流变为为了必朽的血肉之躯而卖尽气力。

到底为什么会不由自主地震动起来？照神教的看法，这是神灵附体、神力加被——耶和华、孙行者、什么老祖老母的神力。这种迷信神权的解说，当然是愚昧而不可信的。记得灵子术的解说是：宇宙的本元，就是灵子，为一微妙而活动的元素。身心就是灵子的组合，所以一经引发，便会震动飞跃起来。杨研君搬出一套抽象的名词——太极、两仪、四象、八卦，都不曾接触到问题自身。现在，本着佛法的教义来说明。佛法是理智的宗教，正信是通过理智的信仰。佛法的契事合理，决非神权的迷信者所能想像！

审细地观察起来，身体自发的运动，一定由于精神的集中，引起昏昧的、微细的心境。精神集中——专心一意，促成的方法不一。如一般的静立、静坐，是放下杂念，或专心系念一境——观鼻端、丹田等，这是从宁静中去集中精神。如或者虔信神力，或者恳切地祈祷，自觉得与神相亲而离杂念。或如低级的巫术，常用唱歌、跳舞、饮酒、性交等使精神兴奋紧张到极点，从而引起身体上的震动或其他神秘现象，这可说是从热诚紧约中达到心意集中。念佛的转入快板，参禅的跑香，有人因为急念急跑，忽然脱落杂念而得到一心，也属于这一类。无论为宁静的、紧张的，达到精神的集中时（哪怕是短暂的瞬间），从纷乱而明了的意识，转为似明似昧的或明了而微细的意识时，这种不由自主的身体震动，就会发现出来。

我们的心理活动、生理活动，一向受着明了意识的节制与指导。这种明了意识的制导作用，使我们的身心活动形成惯习性。无论是有意识的，无意识的（下意识的），活动都受到限制。从心理方面来说，一般是：率尔心、寻求心、决定心、染净心、等流心——五心次第生起。如是惯习了的，每从率尔心（突然的触境生识）而直接引起染净心，或者直接引起等流心（同样的心境，一直延续下去）。我们对于事理的考察、法义的决了，经过相当时期，大都造成思想的一定方式。等到思想定了型，总是在这样的心境下去了解、去思考、去行动，很难超出这个圈子。又如专心想念什么久了，就是谈话、吃饭、走路、做工，什么时候内心都离不了那种境界，连自己要丢开它也不容易做到（如这是贪嗔痴慢等杂染心，心理就会失常，或者颠狂）。从生理方面来说，一般是：审虑思、决定思、发动（身）思——三思次第的生起。但如是惯习了的，就不必经审虑与决定的过程，直接发为身体的动作。说到我们的身——生理活动，一向分为两类：一是见于外的，受身识（与意识同时的身识）的制导。除（如上所说的三思过程）适应当前环境，决定身体的动作而外，还有行住坐卧的姿态，饮食谈话等姿态，在久久惯习下，每成为个人的（自然的）特别姿势，非下一番大力量，不容易纠正过来。二是存于内的，如呼吸的出入、血液的流行、筋肉的活动等，这些身内的活动，受着阿陀那(执持)识的执取。这种内身的摄受作用,唯识家说为阿陀那识。在一意识师看来,这只是微细意识(与一般所说的潜意识相近)的内取作用。这种身内的活动与身体动作有关,如眠时与走路时,呼吸与血液的运行就不同。我们的明了意识也能影响它,如心情激动时,呼吸、血液、甚至筋肉的活动,都会起着变化。身体外表动作的习惯性,对于身内的动作也有着相应的限制。对于身心所造成的惯习性,我们应该了解两点:一、不良(有害于心身)的惯习性,当然不好;好的惯习性,由于世间法的不能有利无弊,常会引起副作用。二、有了惯习性,惯习的容易动作,被抑制而不容易发现的,也就不少了。当然,只要一有机会,就会动起来。

关于内心不由自主的活动,且说两类:一、由醒而睡眠,在未到熟睡以前(真正的熟睡是无梦的);二、由散乱而凝定,在未得真正禅定以前。当我们从清醒而渐入梦境时,明了的意识渐失去制导力,昏昧而松弛了。那时,明了意识所制导的,一向被抑制遗落的种种心象,就会伴着"梦中意识"而活动起来。不由自主的梦境,糊糊涂涂,颠颠倒倒,就由此出现。当我们由散乱心而渐得凝定时,也有类似的情形。无论是由热烈的虔信神力而来,或由心意宁静的凝定而达到,等到心意凝定到某一程度,也就是明了意识的制导权衰落。或者陷于恍惚状态,重的陷于昏迷,或者到达明了而不乱的心态,就会从内心深处,涌出种种不同的心境。或见幻相——虚空相、光明相等,神灵相、魔鬼相、虫鱼鸟兽相等;或听到幻声——神圣的语言、微妙的天乐、可怖的声音等;或嗅到特殊的香气等。与此同时,内心会发现种种的心情:或欢喜,或愤怒,或忧愁悲哀,或欲念勃发,或起慈悲心。这些,佛法称之为"善恶熏发"。这与过去生及现生的熏习,个性深藏的善念与恶念,个人所作的善业与恶业有关。平时深藏在内,由于心意凝定而引发出来。譬如水中有种种杂物,在水色浑浊时,什么也不见,等到水清下去,一切就现出来了。这种由于心意凝定而引发的心境,对我们的身心有强大的影响力。这是善恶熏发,所以结果非常不同。有的从此变一新人,善良的德性大大的发达,身体也有良好影响。有的变得忽喜忽怒,时歌时笑,僻执狂妄,睡眠饮食都不正常。不过也有精神略带病态,而德性却很好。神教徒以为,这是神力或是魔力的关系;不知这只是深藏于内心的"善恶熏发"罢了。依佛法说,这大体可依身心所引起的影响,以判断他的是善是恶,是正常还是变态。恶的,当然要放下,除遣它;就是良善的,也不可以执著。如执著了,会成为一种惯习性,又引起不良的副作用。由凝定而起的不由自主的内心动态,与梦境有一显著的不同:梦境,由明了意识的无力松弛而现起,而这是有意识的,用种种方法促成心意凝定而引起的。所以梦境虽形形色色,但一旦警觉,明了意识现起时,梦境就立刻消失,很少能在梦后的明了意识内占有势力(占有,如心有余怖,也是极短暂的)。但从心意凝定而引发的心境,对于此后的身心,有着强大的影响力。这可以举譬喻来说:梦境,如遇到特殊节日,政府放宽控制力,引起民间种种的自由活动。平时不许可的,也暂时由它去。节期一过,又平复如常了。由凝定而引发的心境,如政府因匪乱或敌人侵入,特地准许号召民间的力量来共纾国难。等到恢复平静时,那已经起来的,或良或不良的种种力量,就要或浅或深地影响政局了。

　　说到身体上的自动,理由也还是一样。由于有意识的修习,进入心渐凝定阶段,就自然地引发身体的震动等。这是不由自主的,但大抵是能自己意识到的。这种身体的自动,不但与心有关,也与"风"有关。佛法说,身体的一切动作,都有关于风力,而呼吸是风力中最主要又最特殊的。呼吸——息与心,有着相互影响的相应关系。如心躁动,息也就躁动;息平静,心也就容易平静。心能制导身心,呼吸也影响于身心的活动。由于敬虔诚信的紧约,或由于放舍杂念的宁静,一到心意渐凝集时,息——呼吸也就微长而集中。那时,明了意识的制导力渐弱,而风力却增强起来。这因为,由于呼吸平静而能到处流通,由于气息集中而能强力推动。在这样的情形下,身体不由自主的震动就开始了。如有意无意地,一次又一次地发动,就会造成新的惯习性,流变为拳术一样的动作。这种不由自主的震动,大都是近于自然的活动,所以能对身体引起良好的影响。不过,如身心与呼吸的调理不得当,那伴这自动而来的,将是身心病态的发展了。

　　身体不由自主的震动,到底是佛法,还是外道? 应该这样说:这是基于生理的可能性,得因缘和合而引发。在震动现象本身,既不是佛法,也不是外道,只是世间的常法。不过,如把它看作神力,就流为低级宗教所凭借的神秘现象了。如作为健身运动,在限度内,与太极拳等一样,当然没有什么不可以。不过,如由此而夸大,幻想熏炼血肉之躯为永劫不变,修精炼气,那么长生成仙的邪见,就由此引出——这就成为外道法了。

一般外道，老是这样说，佛法——也许指一般显教，修性不修命、修心不修身、修静不修动，而自以为是性命双修、身心双修、动静双修。其实，他们不知道佛法，不能忘情于必朽的血肉，幻想在呼吸、任督脉、唾液精血中，不落因果，出现奇迹。不知佛法的修学宗要，不外三学。戒学是德行的；慧学是智证的；定学是安定身心，强化身心，而为到达自在解脱、利济众生的依据。什么身心双修之类，大抵不出定学。然而，如缺乏德行的戒足、智证的慧目，即禅定不过是生死业，味定、邪定，还会引人堕落呢！佛法的修习禅定，起初是身心动乱——身息还没有调柔，心中杂念纷飞。久之，渐离动乱而身心安定。渐凝定时，由于宿习熏发，心中的善念或恶念、善境界或恶境界，又纷纷现前。由于风力增强，身体也不由自主地震动起来。在修定过程中，这种身心的震动（或先或后），还在门外呢！如执著这虚幻形相、虚幻音声、身体震动，便停滞不前，或转而退失，不再能进入定境，开发无边功德宝藏了。如去公园游观，在公园门外，见到一些野草闲花，便觉得真好，留连忘返，那他也就无缘入门，再不见园中的名贵花木、珍异禽兽、精巧建筑了。所以必须透此一关。对于染恶心境，除遣它；良善的心境，也不要执它。这样的进修，心境转而更为空灵明净，由此发生正定。身体的震动等，也不著相而透脱了，内身也就进为更灵妙、更平和、更微密的活动。呼吸是微细绵密，似有似无（最高的出入息灭）；血脉是舒畅平流，无著无滞（最高的脉似中断）。如真的成就了定，经说"身轻安"，"心轻安"；"身精进"，"心精进"。由于身心安定所引发的轻安乐，周遍浃洽，不是世间的一切安乐所能及的。由此而涌出的身心的力量,也勇锐莫当,能"堪任"一切。这不是身心双修、动静双修吗?

佛法的修习禅定,不论是小乘、大乘,不论是重在依定发通,或依定发慧,都是要超过这些身心的幻境。因为非超过这些,不能进入身心更安宁、更平和的定境,不能得到体悟真理,解脱生死,神通自在。而外道呢? 却是死心塌地地,迷醉这身心的幻境,恋著这必朽的身体。不是因此而迷信神权,便是梦想在这呼吸、血脉,甚至男女和合中去成仙得道。这种身心幻境,可说是看来美妙无比,其实是险恶无比的途程。这里风景幽美,使人迷恋。当你经过这里时,如不迅速通过,前进到安乐之乡,迷恋逗留,那可险恶极了。因为这里有定时的瘴气来侵,你如走向两旁去观赏,毒蛇猛兽正在等着你呢!

如身体引发得不由自主的震动,或心中熏发得行相幻音,第一不要著相,坦然直进地过去吧! 如贪染这必朽的血肉之躯,那就可能会落入外道圈套,自外道去讨消息了! 定时的瘴气要来,左右的毒虫要来! 迷恋逗留,等到丧身失命,可就后悔莫及了!

三一　舍利子释疑

　　佛教界重视舍利子,非常地尊敬它。但起初,只是舍利,后来才着重到舍利子。舍利是印度语,或译作室利罗、设利罗;意译为"骨身"、"体"、"遗身",即死后身体的总称。我国对于祖先的遗体,都安葬全尸于坟墓,坟墓便成为我们民族宗教的尊敬对象。但印度俗例多用火葬,火葬后的骨灰——舍利,藏在金属的、石质的、陶质的容器中,埋在地下,稍稍高出地面,即称为塔,塔是高显的意思,这等于我国的坟了。藏舍利的容器,无论是金属的,石质的,有特殊形式,可以供奉在屋里,也就称为塔。这种藏舍利的塔,就是中国宝塔的来源。印度重火葬,塔里供奉舍利,舍利与塔,在印度民族宗教中,也就成为尊敬的对象了!

　　依于尊敬遗体——全尸或骨灰的道理,就是生前剃下的发,剪下的爪,还有牙齿,都是遗体——舍利而受到尊敬。所以佛教中,有发舍利、爪舍利、牙舍利,及发塔、爪塔、牙塔等。

　　遗体何以被尊敬?一般人对父母眷属的遗体,由于生前的有恩有爱,所以或安葬全尸,或收拾骨灰——舍利,敬藏在塔里。特别是对于父母、祖父母等,表示着爱敬"追远"的孝德。这点,中国与印度都是一样的。如对社会而有功有德,他的坟墓,在中国会受到一般人的尊敬。佛教中,教主释迦牟尼佛与弟子——菩萨或罗汉,以及后世的高僧大德,火化后的舍利,受到佛教徒普遍的尊敬供奉。几年前,印度的散琪古塔发现了佛的大弟子舍利弗与目犍连的舍利,受到印度政府的尊敬。其后作为最珍贵的礼物,奉赠锡兰的佛教界去供奉。又如抗战期间,日人在南京发现了玄奘三藏的舍利,曾分散在南京、北平、日本建塔供奉。前年又由日僧奉还奘公遗骨的一分来台湾,也曾引起朝野尊敬,并决定在日月潭建塔供奉。佛及弟子的舍利受到尊敬供养,是由于佛及弟子曾依此遗体,引发智慧慈悲等功德,开示人生的真义,化导无量数人去恶向善,进向于至善的境地。所以《金光明经》说:"舍利是戒定慧功德所熏修,甚难可得,最上福田。"《般若经》也说:"佛身及设利罗(即舍利),皆由如是甚深般若波罗蜜多功德所熏修故,乃为一切世间天人,供养恭敬,尊重赞叹。"佛及弟子的舍利受到佛弟子的尊敬供奉,不但有着敬爱追慕的孝思(如一般人的尊敬父祖遗体);由于佛及弟子的甚深功德,所以供奉舍利能使人引发信心、向上心,能激发人类的善念,鼓舞人类向真理的追求。

一直到现在,缅、泰等佛教国还只是尊敬供奉舍利,而我国却特重舍利子。据传载:释迦佛火化后的舍利,是坚固不坏,犹如金刚的微粒。我国的高僧大德火化后,也常在骨灰中发见坚固的微粒(但据传:佛舍利是永久不坏,而一般的舍利子久后还是要坏的)。因此我国佛教徒,对此舍利中的"坚固子",特别尊敬,称为舍利子。舍利子就是舍利中的坚固微粒。这确是容易珍藏,适宜于信徒经久供奉的。

何以火化后会有此舍利子？我国流传的信念是：如人久离淫欲，精髓充满，就会有坚固的舍利子。据我所见而论，这不外血肉精髓骨脂等，经火化的融冶而凝成。这在我国僧众间，原是平常而并不太希奇的。民国卅六年春，太虚大师在上海圆寂，我初次见到了舍利子。那年秋天，途经苏州，特地去木渎灵岩山瞻礼印光大师的舍利子。这次，又见到章嘉大师的舍利子。论数目，章嘉大师要多些；但晶莹文采的舍利子，虚、印二老要多一些。几年前，台湾后里毗卢寺的妙尘优婆夷、汐止静修院的达心比丘尼，都曾发见有舍利子。曼谷振东法师生前是平常的应赴僧，但去年火化后却发现舍利子甚多。去年底，家师在星加坡去世，据广洽法师等函告，得舍利子甚多。我的师弟还邮寄数颗给我，现供奉于小银塔中。舍利子，原是平常而并不太希奇的。而太虚、印光、章嘉大师等舍利子，值得我们尊敬，建塔供奉，那是由于他生前的功德——慈悲、智慧、自利利人的德业。他们的舍利子，是戒定慧等功德所熏修的，所以是"甚难可得，无上福田"！

《中央日报》曾载有有关章嘉大师舍利子的报导——"佛身三宝"。记者先生对佛教是相当隔膜的（如称李子宽为法师），对舍利子的报导，辞句间不免有语病，这才引起读者的疑问。有些疑问，依上文的解说，可以不需要再解答了，但也有还需要解答的。人的身体或遗体——舍利，唯有自己才有权交给医院或化验室去解剖或化验。章嘉大师的舍利子，为内蒙民众及一般信徒的信仰对象，谁也无此主权拿来赠给科学界去研究实验。所以有人提议，佛教会"基于爱国心"，捐赠科学界去做实验，显然是误解爱国，也滥用爱国的大帽子了。章嘉大师的舍利子，现供奉于台北市青田街章嘉大师生前的办事处,让一切人瞻礼,所以如有研究兴趣的,不妨去看看,不一定要在博物馆中(有人建议捐给博物馆)。至于问起:"对我们社会之发展,科学之进步,有何帮助?"我可以举一事例来答复:国父孙中山先生,死后遗体经过防腐手术,安藏玻璃棺中,奉安在南京的中山陵,费用是相当大的。试问:就中山先生遗体自身来说,对我们社会之发展,科学之进步,有何帮助? 中山先生的遗体,与你我死后的遗体,有多大差别? 由于中山先生生前对国对民的德业,才能受人尊敬。瞻礼中山陵园,能为中山先生的德业所感召,为以建民国,以进大同的伟大理想而努力! 同样的,舍利子的受到尊敬,实由于生前的德业;而舍利子在信徒的心目中,充满着鼓舞向上的巨大力量。

舍利子的受到尊敬,还有另一因素,即舍利子每有奇突的现象。当然,并非每一人的舍利都有难思的奇迹。现在姑说两点:一、舍利子是可以至诚感得的。佛教史载:吴孙权时,康僧会与弟子们虔诚祈求,竟然于空瓶中发见舍利子。西晋慧达(俗名刘萨诃)在郧县祈求,舍利与塔从地涌出来。有名的宁波阿育王寺的舍利塔,发见到现在,已一千七百年了。也许觉得这过于古老吧! 那么,民国二十(?)年,朱庆澜将军去西安,经人陪了去游兴教寺——玄奘法师的塔院。朱公虔诚礼敬,塔上忽落下半块砖,捡起来看,有两颗舍利子附在砖上。这才发起修复奘公塔,同时也修了奘公弟子——窥基、圆测的二塔(都在兴教寺)。二、舍利子是可以生长的。明初,西藏宗喀巴大师——黄教的创立者,晚年落下了一颗牙齿,交与大弟子保藏。后来问起,弟子是作为舍利而恭敬供养着。拿回来看,牙根上长满了舍利子。当时,取下舍利子,分给弟子们供养。而此牙齿,在恭敬供养中,经常生长微粒的舍利子,一直到现在。也许觉得太遥远吧! 那么,近在台北,前司法院长居正生前供奉舍利子五颗。死后,移供中正路的善导寺。去年,发见舍利子已增为十颗。今年春,分了五颗供养在新竹青草湖的福藏塔。善导寺的五颗舍利子,不知现在有否增多!

也许有人会建议,像这样的舍利子,送科学家去"实验研究",做一下"正确的分析"。其实不需要分析化验,我就可以告诉大家:这只是一堆物质元素,并无灵奇成分;然而舍利子并不因此而失去光辉。这如人类一样,不论哪一位,活生生地送到科学家的实验室里,经一番正确的分析化验,报告是:并无良善,也没有罪恶;没有忠贞,也无所谓邪逆。在科学家的化验分析里,这是毫无根据的。人,只是多少水分,多少铁质……这些少的物质,时值美金×元×角。然而人类真的没有善恶、没有忠邪的分别吗? 真的只值美金×元×角吗?

近代由于偏重物质的科学发达,造成了人类意识上的严重毒害,普遍地变为庸俗的、功利的、唯物的人生观,引导这个世界的社会看来是进步,而其实是进步到毁灭的边缘。不知物质有物质的世界,意识有意识的内容,道德有道德的领域,宗教有宗教的境地。处理物质的那一套分析实验,是不能通用于一切的。舍利子,尽管有不可思议的现象,到底是不常有的。而我们所以尊敬佛的舍利、佛弟子的舍利、如尊敬近代大师——印光、太虚、章嘉等舍利子,主要的理由,还是由于大师们生前的功德——慈悲智慧、自利利人、弘教护国的德业!

三二　从金龙寺大佛说起

据报载:台北内湖金龙寺,发起修建日式的铜佛一尊,高七丈二尺。游人可以在佛腹中拾级而登,从佛眼中远眺。此一对佛不敬事件,引起教内教外的种种批评。据说,由于各方的反应不佳,此一计划可能打消。

从此入佛腹而望风景事件,使我想起一个问题,这便是尊敬寺塔佛像与游览名胜风景的矛盾。名山大刹,一般社会人士要求它成为风景区、游览胜地。佛寺的主持人也以此为方便,认为不但可以摄化信众,而且可以增加收入。但是为了游览名胜风景而来的,大抵是"借佛游春",缺少宗教的敬虔情绪。而游客纷繁,招待引导,僧众的世俗心也日渐增长。这样,经济的收入增加了,佛教的表面兴盛了,而佛教的实质,却引向衰落。

从佛教的真意来说:佛像、菩萨像,都是作为礼敬供养的对象。塔,或是生身舍利塔,或是法身舍利(经)塔,也是尊仰与礼敬的。寺院是供佛安僧、修持弘法的。寺塔佛像,凡是正信的佛教徒,是决不会从名胜风景的观点去看的。依佛教的制度,像与塔,除了严肃的敬虔礼赞供养而外,不得在佛像、菩萨像、塔前徘徊,倚卧,戏笑,叫嚣,涕唾,大小便。因为宗教的敬虔心是不能与放逸游荡的心行同在。对于像塔的敬虔心，大乘佛教区似乎要低一些。如国内晚期的塔，大都可以级级上升，在回廊前凭栏远眺。塔，已变质为风景点缀物（或变成镇压风水等），而塔的真意义，普遍地遗忘了。不知塔与佛像，在佛教徒的心目中，本来是并无不同的。可是现在，听见入佛腹而登高远望，还知道要不得，而登塔远望却被看作当然了！我希望将来奘公舍利塔的兴建，切勿为了日月潭的风景，而建筑为"登临远望"的宝塔。因为这虽然是中国式的，却是非佛法的。

　　希望社会人士，切莫以游览名胜风景的心情，去瞻仰佛寺塔宇。寺塔的主持人，特别要认清此点，充实敬虔严肃的信心。有些大殿佛像，不够清净；有的表面清净，而罄子里、供桌里、佛像旁，总是香烛零星，拉杂一大堆。尤其是僧众或信众，在佛堂内闲话嬉笑，这是表明了缺乏敬虔严肃的信心。没有真切的敬虔心（不是没有信心，却是不够标准），佛堂与塔院便不会清净，便不会日日以供养修福的心情去整洁。自身的功德，不会增长；社会人士，也不易从庄敬清净中生起信心。这点，台岛佛寺，有的还比内地好，希望能保持而更进一步！

　　上面说到，如以名胜风景的观点来看寺塔经像，是错误的，是与佛教不利的。佛教界有一句老话："名山脚下无高僧。"因为一成香火兴盛的名山，香客与游客来多了，经济也多了，僧众每缺少勤苦为道的精神，容易腐化。以我住过的南海普陀山来说，在没有轮船交通以前，来普陀山礼佛进香的，都是信心恳切，历尽浪潮的艰险而来。当时，不但以勤苦礼诵出名的佛顶山道风极好，其他的大寺、小庙，总是早晚上殿熏修，老老实实。等到轮船一通,香客——其实大部分是游客,一年多过一年。名山进香,也渐变为春季旅行,夏日避暑。表面看来,山上的小庙(房头)增加了一倍多;洋房(私家的)电灯也有了,着实兴旺! 然从道风去看,不免有不堪回首之感!

金龙寺何以要建这样的大佛,大得可以,而且还可以登高远望? 也许为了要造成名胜风景。不知佛寺的名胜风景化,只合于经济算盘,并不合于佛教精神。这点,是可以贡献金龙寺的主持人,作为一种参考! 我们要报佛恩,不要轻佛,不要出佛身血! 假使为了佛教,不但不能修建可以登临的佛像(不是不可以建大佛),什么也不能从名胜风景去着想! 现在台岛的佛教寺院成为名胜风景区的,已不在少数,有的正在急追直上。尽管塔寺的建筑越多,香客游客越多,收入也越多,受到一部分人的赞美羡慕,而实际是象征着佛教的衰落! 佛门的四众弟子,大家发心来护持佛教,勿使佛教堕落到名胜风景的险坑!

三三　菲律宾佛教漫谈

——在善导寺佛诞节讲

　　我们的世界,有了释尊的出世,才带来了光明、和平、自由的希望,我们人类也才有离苦得乐的希望。所以今天这个日子,确乎值得热烈庆祝一番的! 庆祝佛诞,本应广为宣扬佛的真理,赞说佛的功德,但我因甫自菲岛归国,初次与诸位聚会谈话,故想将我所见闻到的菲律宾佛教,略讲一些给大家听,让大家了解,佛教的信仰不但在中国才有,它所流布的范围,几乎普及于世界的每一角落。甚或可以说,凡有人类生存的地方,只要因缘具足,皆可蒙受佛光的照临与慈济。

　　菲律宾是一个海岛国家,位于我国东南海面,距离本省很近。自台北搭飞机抵马尼拉,虽然要飞行四小时之久,但若从高雄到菲国的最北部——艳美岛,则仅有数十英里而已。我这次所去的目的地,是菲律宾的首都马尼拉,多半住在市区郊外的华藏寺。最初原只计划在那边逗留三个多月就赶回来参加二月十九的观音法会,其后因为普贤学校刘校长、居士林同人等,以机缘难得,要我到南部弘法,于是又延长了二个月的时间。在这不算太短的五个月中,大家在三宝的加被之下,都很平安,而我在那边也蒙三宝慈光的加被，虽然体重减轻三磅，却没有什么病痛，所以能够平安回来和大家见面，这实令我们感到欣慰的！

我此次从马尼拉到南部巡回弘法，是在暑假期间进行的，因为在那一个时期，大家才有空闲。如旅菲侨生服务队，以及童子军等，都是学校放暑假后，才有工夫回国服务。刘校长他们也利用这暑假的机会，邀我到宿务、三宝颜、古岛、纳卯等地，共计游化了一个月，讲说十六、七次。说法的场所，在宿务、三宝颜，是假中华中学的广场及礼堂；在古岛与纳卯，是党部的礼堂；在马尼拉，则以信愿寺、华藏寺、居士林等处讲说为多。结束了南部的弘法，回马尼拉便忙着办理出境手续，费了四天，总算把手续办妥，顺利地返国。

我不会英语，又不懂菲律宾话，我到菲律宾，并非向菲律宾人或其他外国人传教，而只是以旅菲侨胞为化导的对象。菲律宾的华侨，约有二十多万，以泉州、漳州、安溪等地的闽南人为最多，广东人不过十分之一二，江浙等省籍的更少。我接触到的人士，也多是闽南籍侨胞。

菲律宾的佛教，其传播情形非常特殊，它不像其他佛教区域，先由僧侣去传布，而是一般经商的人，从家乡把佛菩萨带去，起初只是供私人或少数亲朋礼拜的，渐渐崇拜的人多了，即有寺院的创立。如马尼拉的观音堂，三宝颜福泉寺的观音，都是在菲岛历史较悠久的圣像。我们可以说，很早以前，菲岛侨胞就都信佛了的，但他们只知道求福、求财、求平安，至于佛教的意义怎样，则多数不懂。后来，有部分正信居士成立了一个中华佛学会，又修建了一所规模宏大的大乘信愿寺。但那时还是没有出家人的,直到抗战期间,才从泉州请得性愿老法师,莅菲担任该寺住持,并领导菲律宾的佛教。迨日军攻占菲岛,百业停顿,华侨的物质生活固属困苦,而精神也备受战争恐怖的威胁,亟须佛法的慈悲、和平、无畏的慰藉和救济,因而信佛的人日众。如姚乃昆、蔡文华、苏行三、龚念平、吴宗穆居士等,都是那时信佛的;还有如现来台湾的侨领施性水先生,也是对佛教有信心的。卅七年,又从闽南请来瑞今、善契法师,佛教的弘传更广了。目下菲岛有出家法师八人、比丘尼一人、斋姑数人。那里的在家信众多,出家众少,可说菲律宾的佛教,像一块未开发的田地,一块相当肥沃的田地,正待我们去开垦与播种。

我这一趟到菲岛弘法的因缘,因我过去曾住过闽南多次,认识了几位闽南的师友。同时我的师父,我的师兄弟,我的学生,也有是闽南人的,有了这种种关系,便成就我的菲律宾弘法之行。

菲律宾曾被西班牙人统治三百多年,其本国人民的宗教信仰,除一部分摩洛族信仰回教之外,差不多尽是天主教徒。天主教也有出家的,也有烧香、点烛、膜拜等仪式。在他们看来,佛教也如他们信神教一样,所以对佛教的印象很好,不会有什么破坏的举动。他们看见我们,称为中国的神父,客气得很。当我回国时,海关检查我的行李,不断地说对不住。由此在菲律宾,我们佛教徒如能懂得菲语,我想一定很容易把佛教传出去的。远东大学有一位教授,是信佛的,他们组织了一个团体——属于神智学社,专讲求瑜伽,修习静坐。神智学社大体是印度教的,与严正的佛教虽稍有不同,但多有共通处,而且有数十人都是素食的。所以我们若懂菲语或英文，去传布正信佛法，必定容易获得他们的同情与接受。他们的浓厚的宗教情绪，便是第一个优越条件。

我到菲岛之后，有人问我，对菲律宾佛教的观感怎样，我说很好。好在哪里呢？第一、社会有力量的人士，除了异教徒而外，对佛教都保有好感，侨领中如姚乃昆、蔡文华、施性统、蔡金枪等诸先生，皆是热忱护法的佛教徒。一般社会风气，见佛寺与出家人不讨厌，而且能够生起欢喜心、恭敬心，就不容易。至于现在教徒们的修持功夫如何，理解佛法到了什么程度，那是另一问题。在推广佛教的过程中，良好的社会环境是很要紧的。若一般社会，视佛教为迷信，视学佛为落伍，在这种社会里，对于佛教的推行就太难了。比方我这次到那边去，护法的是社会上一班有力的侨领；讲法的场所，除了佛寺以外，有学校、党部、商会等处，而每次听众亦都不在少数。如果他们对佛教的印象很坏，怎能容许在这些场所弘扬正法，又怎能摄引这么多热心闻法的信徒？我觉得，像这种理想的社会环境，不仅过去大陆没有，即现在其他各地，也还不及呢！第二、出家僧侣很少，人事关系不复杂，且都是闽南人，没有什么太大的隔阂。虽然彼此的性格、意见、作风可能不尽相同，然在佛教的大体上，大家仍然是志同道合，通力合作，充分地表现了团结一致的精神，这是很可喜的现象。第三、经济力量充裕，佛教事业容易建树，如华藏寺的建筑费，达三十多万菲币；信愿寺重建，花二十多万；其他的寺院至少也在五、六万元。而且最可贵者，是寺院的经常生活费用，不必专赖经忏佛事的维持。

　　然而,佛教处在那浓厚的洋教气氛的国度里,仍然是很危险的。例如一个家庭,往往父母信佛,子女却信天主教或耶稣教。这有种种原因,而最主要的,第一是受教育的问题,因为在国外谋生,英文是重要的工具。读英文每每进入天主教等所创办的学校;进教会学校,受教会教育,其宗教信仰,有的在无形中被改变了。其次,男女结婚也是个问题,现在结婚,很多借教堂举行婚礼,请牧师证婚。而他们也乐意利用这些关系,作为拉拢青年男女信教的手段。甚至有的丈夫因太太信神教,经不起感情的包围,信仰也就随着转变。我们佛教的精神,一向尊重个人的信仰自由,所以每每同在一个家庭里,集各宗教之大成。譬如作父亲或丈夫的,自己信了佛教,并不阻挡妻子儿女的倾向异教;然在今日世界,佛教的作风是处处吃亏的。菲律宾的佛教同仁,深深地感到抢救佛教、吸引知识青年、创办佛化学校的重要。马尼拉的普贤小学,计划中的菩提中学,以及宿务正在成立的普贤小学,便是适应这种需要而产生的。菩提中学,拟筹备百万菲币,校长内定为苏行三博士,他原是耶稣教徒,后来才弃耶归佛的。他曾代表菲律宾佛教两次出席在日本及缅甸召开的世界佛教联谊会。普贤学校的刘胜觉校长,起初是一位天主教徒,后改信佛教。他们都是过来人,故知不这样办即无法吸收青年男女;对于佛化教育,最为热心。性愿老法师及瑞今法师、如满法师(过去曾积极支持慈恩学校)对此也很热心关切,希望佛化教育在积极的推行下,能如理想早日逐步实现。至于佛化结婚,有人问我,可不可以假诸寺院举行婚礼? 我说:基于声闻戒律,出家僧徒只是不能替人作媒,但并无明文规定,不能让信众在寺中结

婚,或者为信众证婚。站在大乘融摄世法的立场上,这种方便是
应采取的。今日的台湾佛教界,为应实际情况的需要,也早已有
此先例了。日本的佛教寺院则另设礼堂,专供信徒们举行佛化
婚礼之用。中国佛教一向偏重于度亡佛事,而忽略了活人的一
切喜事。如果出生、结婚、庆寿等事都在佛教寺院举行,佛教与
社会生活即可发生更密切联系,进而造成整个的佛化社会,这岂
不是一种度生的巧方便? 菲律宾的佛教人士为解决这一当前的
现实问题,已有人提倡在佛寺或佛教学校的礼堂举行婚礼(结
婚而在佛寺请客,请出家人应供,这是早已实行了)。在我游化
南岛时,马尼拉又组织了一个佛教青年会,请了好几位法师及居
士做他们的指导师、指导员,主要的领导人是蔡敦福居士。开幕
的那天(五月廿三日),借亚洲大戏院举行隆重的成立典礼,参
加的青年约有二千人。当晚并且演戏,盛况空前。这是菲岛佛
教同仁久处洋教的环境中,懂得了怎样摄受青年,怎样推广佛教
的办法,而后才有此番事业的表现。

　　另有一点,是有关民族的风俗文化的,也想提出来说一说。
在南岛时,有人问我,对菲岛华侨有什么特别观感? 我说,我是
出家人,不懂政治,不懂经济,说不出什么观感来。不过有一点,
倒引起了我的小小的感触,就是菲律宾正在闹着菲化案,我国侨
胞的经商能力,以及勤劳耐苦,菲人都比不上;在我国处境艰苦
的今日,他们不断地施用压力,限制华侨的经营事业,这也菲化,
那也菲化,弄得旅菲侨胞苦恼不堪! 这确是一个极严重的问题。
但我想,将来我们的国家一强盛,这些不合理的菲化措施自然就
会改变的。唯有我们华侨的精神文化的菲化,才是最严重的哩!

本来,菲律宾人多数含有华人的血液;然而侨居菲国的中国人很少能化菲为华,却因受了菲人的影响,文化生活方面反而天天地自动菲化。许多侨胞生了小孩,由于忙着经营,大都雇用菲女——番仔婆抚养,下一辈的子弟,每自幼就受菲人的生活影响——番仔气,说菲律宾话;等到稍大的时候,或略受中国教育时,又把他们送进外国学校去。结果一切生活方式,思想行动,无不与外国人同化,对祖国的固有文化、风俗、习惯,甚至语言等也抛弃了。有些人,连吃饭也不用筷子。即如过旧历年,在我们国内是多么热闹,可是旅菲的侨胞们根本就像没有这回事。只有佛教徒们,到旧历元旦那天,大家都到寺院里进香礼佛,还保存祖国过旧年的风俗习惯。所以我说,欲保全祖国的精神文化,防治华侨的菲化,顶好是信仰佛教,把子弟送入佛教学校。不然,也得进华侨自己办的没有宗教色彩的学校。关于这点,听说广东侨胞比闽南的要强得多,他们都能保持着家乡话。即使娶了菲律宾太太,也会设法教太太学说广东话;生活习惯中,也表现了更多的乡土风味。不过,这也难怪,侨胞的菲化,大抵因为他们最初出国谋生,很是艰难困苦,一心学习菲语、英语,以达成经商目的。专心经营,注意不到这些问题。我在那边宣讲佛法时,曾对他们说:这是从祖国传来的佛教,是我们固有的家宝,我们应该珍惜它、利用它,不能弃掉。要保留祖国的精神文化、风俗习惯、语言文字,从菲岛华侨社会看来,信佛的好多了。在菲国出生的侨胞,如不接受中国教育,每忽略自己还有一个山河锦绣、物产丰富的伟大祖国,对于祖国的一切,会减低爱护的热忱。如此次旅菲侨生回国服务,以及侨胞来观光等,确能加强国家观念与民族意识,是最好不过的!

　　侨胞对服装异常重视,我的衣裳素来随便,我到了那边,有人说服装不能随便,要考究,要时常浆洗,熨摺得清洁整齐。若出家人道心再好,德学再高,而衣服破烂肮脏,如国内苦行僧之类,在菲岛是不受人尊敬的。他们看见我穿黑色的大褂,也以为不好,要我改穿淡一点的。这大概是那里天主教的神父和修女对于服装都很考究的缘故。一个地方有一个地方的民情风气,由于这民情风气的不同,各处众生的意乐也就互有差异了。还有,佛教被人误会为迷信的,如寺院里多有烧纸箔等习俗。其实这是中国民间固有的风俗,哪里是佛教的产物!菲岛的佛教寺院,如信愿寺、华藏寺,都没有这些陋俗,华藏寺也没有签、筶。这不能不说是性老与瑞今法师等领导有方。我不善于梵呗,所以平时念慢念快,念高念低,我都不大认真,而菲岛教胞对此却非常讲究。如信愿寺、普陀寺,尤其是宿务定慧寺,他们的规则极其严谨,不仅唱念得整齐,即信众们表现的情绪也很诚恳,大家进入佛堂,便一律肃静不许喧哗了。

　　四月八日的浴佛节,在菲律宾的大乘信愿寺(不知其他寺院是否如此),又有另外一种特殊节目。因这一天是释尊降生的日子,释尊在两千多年前的这一天,是一个初生的婴儿,是人间有佛陀的开始,正应热烈地庆祝!庆祝佛陀的诞生,他们特别招待儿童,使一些天真纯洁的儿童都能沐浴到佛光的温暖。在这一天,马尼拉的佛教信众,使千百的小孩到寺院里,举行佛诞的庆祝大会,然后由信众们买了大量的糖果、饼干赠送给小孩,每人一小包结缘,成为佛教的儿童节。这实在意义深长,值得效法提倡的。我又向他们说，台湾佛教每逢（阴历）佛诞，都借了一个大场所，如中山堂等，发动成千累万的信徒集会庆祝，同时在会中发动社会的慈善公益、救济事业等，以表扬佛陀的救世精神。这也是很有意义，很值得菲岛佛教同仁效法的。

菲岛的佛教还有一种好处，就是平时做佛事，只是普佛或上个供就算了，简单庄严，没有许多麻烦。有人去世，超荐佛事也很简单，一天只有三次。因为时间长，仪式多，反会使人感到信佛麻烦。其实佛事不在多，时间也不必拖得太长，主要是庄严、诚恳、郑重就行了。

市区里的信愿寺，每周有一次念佛会，念佛后举行通俗演讲，每次总有三百人参加。我所住的地方是在郊区的华藏寺，交通不大方便，作为行持或修学的道场，最为适宜。我不会闽语，凡会见一个人都得翻译，要不然来访客人一定还要多，也将更麻烦，那就不只瘦三磅了。

佛诞节，原应广赞佛陀功德。现因从国外回来，所以特将菲律宾佛教的一般情况，报告给大家知道。这是佛化世界的一角，将以迅速而合理的姿态光大起来，我想大家会同生欢喜心的！

（常觉、妙峰记）

三四　泰国佛教见闻

——讲于善导寺

一　略述泰国的历史

这次到泰国、高棉走了一趟，有一个月光景，见到的佛教情况，与中国多少不同，所以想提出一点跟大家谈谈。现在这世界上有五个佛教国家，即泰国、缅甸、高棉、寮国、锡兰。所谓佛教国家，可以说上自国家元首，下至老百姓，个个信佛——至少有百分之九十以上是佛教徒。佛教在这些国度里，奉为国教。其盛况，不但我们中国不如，就是我所见到的日本佛教，也还差得多。这五个佛教国家，通常称之为南传佛教，也即小乘佛教，是从印度传入南方的一派。照一般说来，大乘佛教应该更可以深入社会，与社会打成一片。而实际上，在盛行小乘的佛教国家，倒已真正做到了这一地步。这次，我在泰国时间较多，而高棉佛教也大都是泰国式的，所以单就泰国的佛教作一介绍。

谈到泰国佛教，先略说泰国的历史。泰国的西面是缅甸，东面是寮国和高棉，北面则几乎连接到我国的云南。据学者研究，泰国民族,实在是我们的弟兄族,是从中国云南移殖去的。在唐代,南诏是以云南大理为中心的一个新兴国家。南诏民族与佛教有缘,一直到后代,云南的鸡足山仍然是佛教区域,成为佛徒朝拜的圣地。大约在宋朝,这一民族开始向南方迁徙。最初所建立的王朝叫素可泰王朝,素可泰城在从曼谷到云南边境之间。王朝延续到元末,就衰亡了。继之兴起的,叫大城王朝(王系换了三次)。到清乾隆年间,因缅甸大军攻入而灭亡。大城离曼谷不远,原是佛教最发达的地方,我们这次也去参观,但寺塔荒凉不堪。当时缅军攻陷大城,即大事烧杀,所有的宫殿建筑均遭焚毁,佛教的塔寺也不能幸免,所以泰缅两族的仇恨是很深的。几年前,缅甸总理宇奴访问泰国,还特别到大城去,跪在佛前为他的祖先忏悔。最近泰国政府已着手进行修复大城塔寺的计划。

　　大城王朝覆亡后,泰族群龙无首,有势力的据地称雄,分成了六个国家。当时,有一位郑昭王(名信),兴兵把缅人驱出大城,并迅速统一了六国,恢复泰国的政治秩序。这位郑昭王,父亲是中国人,母亲是泰族人,是一位土生的中国华侨。他初时在大城王朝做官,因见大城王朝的末帝昏庸无能,大城被缅军围困了两年,不设法解围,而只是一味固守。郑昭王——信就领了五百华侨,突围而出。不久,大城就被缅军攻陷了。他招兵买马,许多华侨与泰人都响应他,发展到五千人。于是他就以华侨为主力,领导泰族向缅人进攻,把缅人逐出了泰境。此次泰族能够从缅人的奴役下恢复自由,是亏了华侨的力量。郑昭王逐出缅人以后,自己就被拥为泰王。不到十年,就统一了全国。但他只统一了三四年，就被泰人害死。郑昭王既被谋害，泰人自己另建立了作基王朝，至今已传至第九世，有一百七十五年了。在中国的历史上，这作基王朝第一代，也自称姓郑，说是郑昭王的女婿，名叫郑华，这样中国才承认他。由于大城被毁，作基王朝第一世才把都城迁到曼谷，仿大城王朝的规模，修建塔寺王宫等等。

在作基王朝，有两代帝王对泰国政治与佛教特别有关。这两代国王，即第四世与第五世。第四世相当于中国咸丰、同治年间。国王曾经出家，后来他的哥哥（第三代）死了，没有儿子继承王位，他为了国家人民的需要，还俗做王。他因自己长期出家，对僧团里的事情了解很清楚。他觉得，泰国的出家佛徒许多生活情况并没有严格依照佛的制度，所以他就指导僧徒另创新宗派，这就是法宗派。原来的旧派，叫大宗派。现在泰国佛教，属大宗派的很多，而实力则在法宗派手里，因法宗派是皇家所尊重的。如当今八十五岁的老僧皇及僧伽国务院长等，都属于法宗派。这两派，同是南传的小乘佛教，只是对于佛制规律的持守，法宗派更为严格，大宗派要方便通融一些，但绝不像我们中国的方便。第五世青年登位，那时日本有明治维新，中国也有光绪帝新政。第五世王受了时代的影响，也大大地革新。他曾到过南洋、欧洲考察，对国家的辟交通、兴教育、建立文官司法等制度以及军事的改革等等，均有良好的建树。泰国之所以能够始终维持其独立，有许多因素。佛教的普遍信仰和王朝的被推崇，是今日泰国的两个重心，也是两股伟大的安定力量，直到现在。

二　泰国佛教的特色

佛教创自印度释迦牟尼佛,然后开展为世界的宗教,其向外传播,则始于阿育王时代。阿育王与我国秦始皇同时,是佛教中最著名的大护法。他曾派传教师到各地传教,当时就有一派传入南方的师子国(即今锡兰)。此派所用经典,是用巴利文的。先传到锡兰,又从锡兰传入缅甸,又传入泰国等地。上面所说的五个佛教国家,都以锡兰所传的巴利三藏为根据。依照中国佛教史看,南方佛教国家并不一定纯是小乘,如锡兰、南诏,以及古代的高棉,本来也有大乘佛教,甚至有密宗的流布。但泰国从大城王朝以来,六百年间才成为清一色的小乘佛教。小乘佛教,或者称之为原始佛教。不过据我看来,就以泰国说,他们所用的教典确是从锡兰传入的巴利文三藏,但他们的佛教制度,也就是所表现的宗教活动,都不能说是原始佛教。现将泰国佛教的特色,我认为并不原始的,逐一介绍如下。

一、出家:在泰国,每个人几乎都要出家一次。若没有经过出家,会被人瞧不起,没有地位。这制度很特殊。本来,在佛法中发心出家,如果烦恼太重,不适合过出家生活,是可以返俗的,甚至可以往复多次。但不管出家或是返俗,都得合法。出家与在家,在佛法中分别极为严格。我们中国,如出了家又返俗,就被人鄙视。其实这是错误的,因为即使不能出家,还可以做一良好的在家佛教徒。但在泰国,除少数外,一般出家的并不打算尽形寿出家,有的发心出家七天,或半个月,一个月,三个月,经过一个短时期的出家生活,就返俗回家了。据说,从前有一个国王,曾出家几年,后来又回去做王。因为经过佛法的特殊教育,心地慈悲,爱护民众,勤勉俭朴,不浪费国力,把全副精神用在为民众谋福利上。当时的官员和老百姓觉得出家实在不错,大家就跟着学,造成人人都要一度出家的风气,一直流传了下来。这种风尚习俗,并不合于佛的原意,可是它对佛教发生了极大极良好的影响。譬如说,僧团中的事情,一般在家人都不十分清楚,因为佛制比丘戒律,白衣不应听闻。但在泰国,因为个个都出过家,对佛教的制度、礼节,甚至出家应该做些什么,在家人应该怎样,他们都比较了解。我国的居士就懂得不多,因为不大明白,不应批评的,要乱批评;应该批评的,倒反而赞叹拥护。去年,泰皇也出家半个月。起初,国务院长、枢密院长、宫廷中的重要分子,因国王身体不好,出家不吃晚饭,恐有问题,所以开了几次会来研究。结果,国王说,我要出家,就应遵行佛的制度,决不例外。国王出了家,过了中午决不吃饭,连牛奶都不饮,只喝水,一切依佛制,非常严格。等到出家期满,返了俗,才重新过他的帝王生活。国王是如此,其他的人也都如此,他们一经出家,便决定遵行佛教制度,过着严肃的出家生活。人人出过家,所以人人都拥护佛教。还有,泰人对于出家,看得非常重要,可以说是一生之中最隆重的一个节目。中国人的一生中,结婚是一件大事,丧葬又是一件大事。泰国人对于结婚,并不太重视。但他们也有人生的两件大事,一是出家,其次是死。出家时,要举行隆重的典礼,亲戚朋友都来送礼祝贺,是最难得的一种盛典。这里要附带谈到:泰国的女人是没有出家的。佛在世时,男女平等,都一样可以出家,为什么泰国女人不能出家呢?这因为,他们遵循古制,重视传承。女人出家,先要在女众比丘尼处受戒,然后再到比丘处受戒证明,这叫做二部受戒。泰国过去本有尼众,但后来一度没有了。后来女人要出家,便没有地方去受戒,也就不能合法地产生比丘尼,所以一直到现在,还没有女人出家。可见他们对于佛制非常尊重,要是我们中国佛教,一定可以通融了。

二、僧官:中国从前也有僧官,不过官位低,屈居政治之下。泰国的僧官制,则仿摹政府的组织而自成一系统的。佛教的僧官,最高的是僧皇,下有四个僧王,分担国务院长、宣传部长、福利部长、教育部长。四僧王下,有僧伽大臣或称僧伽宰相,性质与次长、司长相同。僧伽大臣以下,还有低级的僧官。泰国现有二十万出家人,僧官有三千多。这些僧官,是有薪俸的(当然不多),由国家供给,这是政府对佛教的一种尊重。僧官的产生,是要由地方报上来,比方一县或一市里,有一个出家人,已经出家了很久——至少五年以上,或因精通佛法,或善于布教,或对复兴创立寺院有功绩,或修持禅定,这样呈报到僧伽国务院,经调查属实,就通过政府,给予僧官的名位,然后一步步升上去。所以到了高层的僧官,总是年高(受戒年久)德重的。这种僧官制度,佛世没有,中国、日本也没有,可说是泰国佛教的特有制度。这种僧官制度,虽不合佛制,但也有其好处。它可以奖励出家人,好好出家,励力向上修学佛法。如出家以后,心向佛法,勇猛精进,其地位自然会逐渐提高。一般民众对受到僧官阶位的出家人,也特别尊重恭敬。虽然,真正发心出家的,并不一定为了做僧官,但由于他的道德、学问,或对布教的努力,自然就被推举为僧官。所以这种特殊的僧官制,对于泰国佛教,到现在还是好处多。

三、佛像佛塔多:泰国的寺院,虽其建筑形式各各不同,而每一寺院,佛像非常多,而且同是释迦佛像。同时,佛塔也多,每一寺里,佛殿四周,每罗列着许多的塔,都非常庄严。塔的基层是四方形,或圆形,上面尖尖的,普通的都不太高;只有少数特殊的,建筑得十分高大。泰国之所以有那么多佛像佛塔,原来也有其缘故的。泰人因为信佛的关系,在他们在生的时候,有权位财富的,就塑了一尊佛像,或建一座塔,等到死后,就把他的骨灰放到佛像底下,或安在塔下,这实与中国人的营建生圹一样。一般有名的像塔,都可以知道,哪座塔是第几世王的,某一尊佛像是某皇亲国戚或某大臣造的。按理说,这是很不合法的。常人不净的尸骨灰,怎能放在清净庄严的佛塔里或佛像下! 佛像或塔地,常人的尸骨灰论理是不应该靠边的。在曼谷朗玛机场到曼谷市区之间,有一座新修的大寺。据说,这就是泰国总理銮披汶元帅和他的僚属合同兴建的。每人塑一尊佛像或塔,预备将来死后安置自己的骨灰。这种风俗习惯,可说是非常特殊的。

四、护身佛:泰国的护身佛,非常盛行。那些小佛像,是佩在身上的,不是供奉的。我曾遇到两位华侨,跟他们谈起护身佛,他们顺手往身上一掏,掏出了好多尊小佛像来。通常一个人身上都不止一尊呢! 据说,佩这种护身佛,可以保平安,而且灵验得很。早几年前,联合国宣布北韩为侵略者,各国对北韩用兵时,泰国也派了一支象征性的小部队参加联军。当这支部队要出发的前夕,总理即下令,每人分送一尊护身佛,让他们佩在身

上,这可见全国对于护身佛的信心。曾有人问起僧皇:现在欧美
的物质文明会不会动摇人民的信仰? 僧皇答不会。他说:英美
最新型的汽车运到这里来,我们可以训练司机,利用这种工具,
受用到欧美的物质文明。但是每个司机的身上,仍然佩着许多
护身佛。护身佛的信仰和汽车的运用,可以配合起来,并不冲
突。据说銮披汶元帅初时对佛法的信心并不太深,但后来信心
越来越强。因为政治上的变动,他曾被人枪击过三回,被下过几
次毒药,结果都没有被害死,也许因为他身上佩了护身佛的缘故
吧! 这次大会中,泰国政府拨了一千万泰币(等于美金五十万
元)铸造小佛像。他们的制像,由一"制像委员会"专门负责,常
人不能随便制造,一切要合乎制佛像的法则。这次制像委员会
特别请了几百出家人诵咒加持,当中有一位,忽然头顶放光,成
千累万的信众都要求他祝福,弄得这位咒师无以为应,结果一蹓
了之。像这种信仰,日本有之(护身符),蒙藏密宗也有之;泰国
佛教这种普遍的信仰,不应该说是原始佛教!

　　以上所谈到的具有特色的泰国佛教,是佛教传入泰国,因适
应其民情风俗、人民需要,乃形成另一独特的形态,已不是我们
想像中的原始佛教的面目。

三　泰国佛教的一般情形

　　一、所奉教典及其修行:南方的佛教国家,都信奉巴利三藏。
他们所传授的经,大致与我国的《阿含经》相近;律,即我国的广
律。但因宗派不同,内容多少有些出入。论,有七部阿毗达磨。

南方诸佛教国,对这三藏教典,各有所重,如缅甸,极重视七部阿毗达磨,研习的学风很盛。而在泰国,则着重经、律,研究论典的少。在他们的心目中,经和律,是如来亲自开演的,论典为后世论师的撰集,自然比不上经律的尊贵。虽有传说,佛在天上为母说法三月,所说即系阿毗达磨,但这种传说并不能为教界所公认。所以从过去到现在,泰国的佛教,尤其法宗派,总是特重经、律,不大重视论典。近来,大宗派也派遣僧徒到缅甸学习阿毗达磨,然成就还不大。故在义理方面的研究阐发,似还不及其他的佛教国家。

　　谈到修行,泰国的出家比丘首重持戒。不但对于杀、盗、淫、妄等重戒持守严谨,就是穿衣吃饭,出入应对,如何说法,甚至临死时应当如何等等,大抵都奉行佛的规制。律本就包含着僧众的衣食住行、生活习惯。从这方面说,奉行大乘佛法的地区,不但日本佛教,就是我们中国,也不及他们的严格。我国说到修行,着重"吃素念佛,戒杀放生"(似乎特重不杀生戒)。佛法的修行项目,应该是戒定慧三学、六度四摄。泰国比丘特重戒律,生活较严肃,而对于定、慧,似少有精深的造诣。当今的老僧皇,听说修习数息观。在大宗派的大学里,见有一位潮州籍比丘,修定有相当成就。学校的主持人特别叫他来表演给我们看。他先拜佛,然后摄身静坐,不到一分钟就入定了。他的定功,即所谓初禅,五根都不起作用。听说,泰国比丘少有修禅定的,近代曾派人去缅甸学习瑜伽,这大概是从缅甸传来的。瑜伽原是共世间法,印度的修习很盛。据尼赫鲁说,全印有一万多人。这是经过相当修习以后,身心起了变化,每能引发超出常人的功力。我参观那位比丘的表演,心里总觉得不大适意。修禅定,并不是变把戏,怎好随时随地对客表演呢?也许修定的太少了,所以当作神奇一般地炫耀。大体上说,泰国的佛教是可取的,虽然定慧较差,而却能尊重戒律,过着较严谨的宗教生活。戒为定慧之本,有了戒学作基础,如专心定慧,相信是可以大有成就的。

二、佛教机构:泰国佛教的组织,出家的,有僧官制,由僧官分层统摄,已如上述。在家居士,有佛教总会,其任务为:团结在家信徒,护持三宝,协助僧团,推动佛教,兴办社会公益事业。政府方面,有宗教厅,这是政府与佛教联系的机构。而实际上,宗教厅的事情很少,因为僧团中事,有僧人自己办理,不须政府过问。宗教厅的主要工作,是替寺院代收田租或房租,所以僧众与人民间没有直接的经济纠纷。如此次的庆典,宗教厅是负着最繁重的任务。佛教总会纯是一种在家组织,跟我们中国佛教会性质不同,因为他们只是护持僧团,而绝不管僧团的内部事。同时,也和中国的居士林、莲社等不一样。他们虽很有组织,但如要拜佛、听经,或做佛事,都到僧寺中去,从不与僧团争执;不像我国的莲社与居士林,成为变相的寺庙。近几年来,佛教总会在社会上非常活跃,一般青年和妇女也被领导起来,配合着推动佛教。像这些事,都由佛教总会去做,出家人则过着出家的生活。所以泰国的佛教,虽然在家出家各有组织,各做各的事,而配合起来,恰好能住持正法,利济众生。过去,太虚大师曾经建议中国佛教,将出家僧尼和在家居士各别组织;僧尼们专事修行办道,弘扬佛法;居士们则协助僧尼,护持佛法,发展社会慈善事业。其意义,和泰国的现行佛教制甚相吻合。不过,目前的中国佛教,还难做到那个样子。

　　三、出家教育与一般教育:泰国的佛化教育非常普遍,有一般的社会学校,有专修佛法的佛教学校。其出家教育,按新学制的规定,最初三年,学泰文佛法,相当于中学程度,次两年学巴利文,等于大学的预科,然后三年大学,专修巴利教典。现在泰国的佛教大学有两所,一属法宗派,一属大宗派,这纯为出家众的佛教大学,跟日本佛教徒办的一般大学不同。法宗派大学有学生八、九百人,大宗派有一千多。巴利文学院和泰文的佛教学校很多——几乎每一大寺院都有佛教中学,授以泰文佛学;或办有巴利文学院。泰国政府为了提倡佛法,对于学习巴利文予以优待。如服兵役,是每个国民应尽的义务,可是有一特殊法令:凡学巴利文及格的,均可免役。因此出家众学巴利文的很多,也格外用功。至于普通学校,也与其他各国一样,分小学、中学、大学三级制。小学和中学,大部分办在寺院中,都有出家人教授佛法,每星期一课或两课。在小学里,讲授的是释尊故事及佛陀因地的本生谈,从佛菩萨的伟大行愿中,使小学生都能领解佛教的精神。中学则教以因缘、四谛、八正道等简单教义。这些学校,虽以一般学科为主,但出家人在学校里很有权力,如果学校办得不好,或有不妥当的教职员,即可随时建议改善、调整。至如巴利文学校,学生全是出家的。大学教师,也大半由出家人担任,因出家人对佛法才有正确而深刻的了解。这些佛教大学的教授,待遇非常微薄,每月约三百元泰币。出家人穿的吃的都由施主供养,有三百元也就不错了,但若要补充其他学科,如外文或一般社会科目,要聘在家教授,那就会发生困难,因为待遇太低。

　　过去,泰国的教育与佛教原是合一的。在未兴办学校以前,人民要受教育必须到寺院里去学,及创设现代化的学校,也得到寺院僧众的充分合作。后来,一般教育才多少与佛教离开。现在有人觉察到,教育与佛教脱离,对泰国的国家民族是并不理想的。教育,偏于知识技能的教育,如没有佛教作核心,可能发生不良的影响。所以近年来,佛教总会正努力于如何使佛教与教育作更紧密的联系。

　　四、僧众与信众的关系:宗教的存在与发扬,主要为对于民间做些什么事,而能与信众起着密切的关系。泰国的佛教,能够普遍深入民间,成为每个人民的精神寄托,这自然不能不归功于僧众。然而,泰国的出家人,并不如一般大乘佛教徒说的,怎样走入社会,去办许多事业,以赢得民众的好感,他们只是严守出家的本位。但怎能与社会发生关系呢? 第一是供僧:在泰国,凡在家人家里有事,如新屋落成,店铺开张,或结婚,生小孩,做寿,有病,或死亡等等,都请僧供养,或请到家里供养,或备好饮食,等出家人早上出来托钵,恭敬地奉与他们。僧众受供之后,就给他们回向祝福。这种乞食与供僧制度,使僧众与信徒间发生紧密的联系。第二是说法:每一寺院,都有固定弘法的日期,普通是每周一次(不用礼拜日,因这是西方神教所创说)。佛教的古法,是以月亮的盈亏来计日子。如初一、十五、初八、廿三,在中国的丛林里,即为放香(休假)日;泰国则以此四天为布教日。一般民众,每逢布教日,可以听法。这样,一方面是信徒供僧,一方面是僧众说法,佛教与社会、宗教师与民众之间,无形中就接近了。在中国,信徒家里死了人,就请和尚念经拜忏。泰国民众如遇此等丧事,则供僧;或在死者的遗产中,拿出一部分来修建寺院,印赠经典。虽也有到寺里请僧超度的,但较少,时间也短,不像中国那样,几乎以念经拜忏为职业。总之,他们从小孩生下来,到大了结婚,乃至死亡,一生都浸润在佛化生活中。所以泰国的出家人虽不问世事,不办社会事业,但却与社会接近,联系着广大的徒众,使佛教获得了全面的开展。

五、出家众的生活情况:泰国僧众的生活,可说与释尊时代的生活方式是比较接近的。如穿衣服,因为天气暖和,确能遵循三衣的规制。三衣是五衣、七衣、大衣,都是佛在世时的样子。衣服简单,不像我们中国,单的夹的棉的,鞋子帽子一大堆。不过他们的三衣,一律黄色,是否符合古制,是很有问题的。至于吃饭,也仍遵行佛世的托钵制度。在曼谷,每天早晨六点钟至六点半,满街都是托钵化食的黄衣僧,其中也分两派,一派用手捧着,一派比较方便,用络钵囊挂着。化食极容易,一刻工夫,每人的钵里都满满的,可见泰人的信心是怎样了!泰国的出家人,差不多每人都有一少年跟侍,僧王僧官则不止一人。这都是民众自愿送到寺里服务的,一面为出家人做事,培福,一面学习礼仪,听出家人讲佛教故事等。这些少年,住在寺里,饮食也是出家人化来的饭食。他们每天化一次,就够自己吃两餐,小孩吃三餐。当天化到的,当天吃完,不留过明天(这是佛制)。泰僧的经济生活、穿衣、吃饭,都简单而容易解决。我时常感觉到,中国的出家人,一天到晚,为衣食而忙。从前的寺院,或靠田产收租,或靠香火,靠游客,或做经忏来维持生活。终年为应酬忙碌,真正的佛事,反而做得少了。泰僧因实行乞食制,寺里没有厨房,没有居士到寺里吃饭,省却许多人情俗事。再谈到住的问题,泰国的寺院,佛殿和僧房是分开的,供佛的殿堂空明高广,而并不住人。即管理佛堂的香灯,也不住在里面。在一类功利者看来,也许有点惋惜,其实应该这样,才能使人发生清净庄严的感觉,培养信徒的宗教情绪(日本等寺院,都是不驻兵及机关借用的)。僧众的住房都在佛寺边,清静适用,会客室等,也有现代化的设备。但僧房,睡床,都极简单,僧皇也还睡的小床。因佛教制度,不许比丘睡高广大床。出家人对于寺院的修建是不消劳心的。寺院是佛教的,三宝的,如损坏了,就应由信众修理;僧众只是提议兴修而已。若房舍圮坏,而当地的信徒不肯发心,那就离开,另找别寺栖身去。事实上,他们的寺院,大都是清净庄严,不会坏到没有人修理(除了特殊情形,如大城寺院的大破坏)。就是乡下,人口少,寺院规模小些,也决不致破烂不堪,无人闻问。泰国的出家人,不愁衣食,不愁住处,就是医药、交通等问题,也都能够获得解决。曼谷有一僧伽医院,设了二千五百病床,凡出家人有病,便可以免费住进去,医药饮食一切成就。同时,市区里的公共汽车,出家人乘搭,不必买票;只有长途汽车,才要费钱。好在出家人平时没有事,也很少外出远行。

　　泰国佛教,因为尊重佛制,出家的大致都能依律而行,所以生活简单,衣食住行易于解决,而省了许多麻烦。僧团容易清净,信徒也才能生起信心,恭敬供养。我国出家人之所以不受社会尊重,甚至不能为信徒所尊敬,大约有两种原因,即金钱和男女的纠结。只要有一问题发生,就会被人轻视,令人退失信心。寺里有田产的,出家人当然要收租,佃户便难得欢喜。有钱放利息的,往往引起纠纷。或是大殿要修理,佛像要装金,向施主们去募化。僧众自己去乞化,数目又大,次数又多,其中或有些不尽不实,有些人便会引起反感,退失信心。男女问题,不但犯戒受人轻毁,就是并非真有秽行,如不能避世讥嫌,太多接触,就会引起诽谤。泰僧是奉行小乘律的,对此特别重视。为了减少恶缘,避免讥嫌,出家比丘就连跟女人身体碰一碰也不可以。在公共汽车上,如果中间没有男人隔开着,即不可与女人同座。所以在大都市,出家人走路要特别小心,否则一不留神,碰上女人的身体,便不得了。好在泰国的妇女们,见到了出家人都懂得规避。从泰僧的这些生活情形,可以说,困扰佛教的两大问题——金钱和男女,在泰国的出家人是大体解决了的。因为他们的衣食住行都能获得解决,而不致贪得无厌;而男女之间,又是远离得那么认真。这自然能成为比较和乐清净,受人尊重的僧团了。

泰国民众对于出家人的恭敬,真是到了极点。居士向出家人礼拜,出家人不要还礼,也不必说客气话。如遇有与人谈话,那么你谈你的,拜由他拜,这并不失礼。因为他们礼拜出家人,是恭敬僧宝,自己修福,不是为了客气。一般民众,经过出家人前,总是低着头,从旁边轻轻走过。若有什么话要跟出家人说,则先蹲下来,双手合掌,然后低声说话。信徒供养僧众,如毛巾等日用品,要是中国,交给寺里当家的去分发就算了,但在泰国,施主会亲自端着物品,一一奉送,一一敬礼。他们恭敬出家人,决不是一个两个或少数人,而是恭敬整个佛教的僧宝。凡是出家人,不管老的少的,只要剃光头,穿黄衣,其比丘相的,就是代表僧宝,要恭敬供养,一律平等,绝不分相。中国人不大懂敬僧的意义,在家信徒,只知道供养自己的皈依师或有名的大法师。我在香港曾听到一位居士说:"只要有道有德的法师,自然有人供养。"这是错误的,如有道德有学问的才供养,那么那些初出家的,学德还不足的,又有什么人去供养?时常听人说,某法师才是僧宝;言外之意,即是其他都不成。所以有些居士,对师父或大法师也恭敬礼拜,但若见到普通出家人,则头仰得高高的,理都不理,好像这些年纪没有他大,学问没有他好,就不足以代表僧宝了。这种观念,障碍了出家佛教的合理发展,也即是对于恭敬三宝的意义,没有正确的理解。在泰国,情形便不同。据说,从前某国王出去,跟一个出家人相遇,他们原是相识的,出家人就和国王致敬,国王大不愉快。他说,我是白衣弟子,你是比丘,怎好向我行礼呢?我们这次到泰国,华侨告诉我们,有人向僧人合掌或礼拜,千万不要跟他客气。看见小孩子,也不要摩他,不可起来与人拉手。总之,泰国人士,由上至下,非常敬僧;从这里看出了泰国佛教的兴盛。

六、念咒:泰国的密咒非常盛行,在二十万出家人中,至少有两千多咒师。这些念咒的出家人,据说也有许多神奇灵异。民间对于咒师们极具信心,如逢病患,或家庭不顺,都请咒师念咒加持。甚至想发财,买奖券,也去请教咒师,以致僧皇不得不下令禁止咒师为信徒指示奖券号码。但民众仍然趋之若鹜,想尽方法,以求得咒师的一点暗示。

本来,佛教从印度传到锡兰,又从锡兰传入缅甸和泰国等地,根据巴利教典,是不应有此密咒流布的。但从古代的佛教史实看,则锡兰、泰国、高棉一带,实在也有大乘,也有密咒,不过后来衰微了,成为纯粹小乘教的世界。大乘教义虽然无存,而过去所流行的密咒,却仍师承下来。他们原为师师相承,传承下来,经过时间太久,也不知道究竟从什么时候开始。大家只有信仰,认定它与巴利三藏不相违而已。

七、总结:泰国一般人民,对佛教的信心非常好,可说真正表现了"信敬"二字。普通在家信徒,论修行,只是三皈五戒,布施作福,就满足了,不像我们中国行门之多,理想之高。这也许是泰国民众知识水准稍低,故对佛法深义以及信佛所应实现的崇高理想,未能深切重视。然也因为如此,泰国上下一致,人人信仰,佛教传布普遍,而并非少数人的佛教。将来,若能配合高深的教义与行持,使佛教得到更合理、更正确的发展,那才是人类渴望的佛教呢!

(常觉记)

三五　《海潮音》之意义及其旨趣

——太虚大师去世六周年之追思

　　太虚大师创办本刊以来，已进入三十四个年头。当时就定名为《海潮音》，所下的定义是："人海潮中之觉音。"现代的人海思潮，虽有他的光明面，然从他的黑暗面看，真是越来越愚痴，越来越狂妄！独断的排他性，唯物的功利观，掀起了掠夺、奴役、仇恨、斗争的人海狂潮。现代的人海，无疑是机心越深，法制越密，手段越辣，控制越严，破坏越厉害；发展到无视真理，毁弃道德，引导人类，驱迫人类，走向集体毁灭的屠场！三十四年来，这种情势，一天恶劣一天。如人类不从速觉悟，不彻底反省，自以为然，一错到底，这真是人类的悲剧！我们抱着"小鸟救火"的精神，决不因力量的微薄而自馁；遵循虚大师踏出的径路，尽我们的智能，来播送人间的觉音。我们仰承佛陀的悲怀，发扬佛的慧光，想从人海思潮的正觉中，来实现人世与人心的和平与自由。这一坚决的信念，从本刊创办以来，三十四年如一日。此后三十四年，无数的三十四年，相信也一定会如此。

　　为了传达"人海潮中之觉音"而发行本刊，所以本刊的旨趣，虚大师明确地定为："发扬大乘佛教真义，应导现代人心正思。"人类本来多苦,而现代人类的苦难更多。我们相信:佛陀的觉音,是最能给予安乐,最能度脱苦厄的正道。佛法为了适应不同的时地机宜,有着种种方便。庸常的人乘行、神秘的天乘行、厌离而着重己利的声闻、缘觉乘行,都不能圆满而究竟地代表佛教。究竟而圆满的佛教,唯有大乘。在大乘佛教中,虚大师分别为:有依二乘行而趣入菩萨行,有依天乘行而趣入菩萨行,有依人乘行而趣入菩萨行。以现代人心来看此三类菩萨行,如依二乘行为方便,会被人误会为独善的、厌世的。如以天乘行为方便,会被人指责为神秘的、怪诞的。"佛出人间","人身难得","人为天之善处"——佛法根本是重人的。而我们自己是人,所要化导的根机,主要的也是人。尤其是,现代是着重人事的时代,中国是一向重人事的国家。以人乘行为方便的菩萨行,才是大乘佛教真义,才能应导现代人心。人菩萨行,不是庸常的人乘法,是发菩提心,趣向无上菩提的大乘行;是依信戒为道基,以悲慧为方便,不离人间,不弃人事,而能自利利他,功德庄严的人菩萨行。这样的人菩萨行,虚大师晚年曾说偈赞叹以表示"即人成佛"的真义,如说:"仰止唯佛陀,完成在人格;人成佛即成,是名真现实。"

　　现代人心,有它的黑暗,也有它的光明。如倾向于平等、自由、民主、大同,无论它是否能兑现,到底不能不说是正确的、合佛法的。又如重视大众福利,集体生活,现前实验,也并不与佛法的精神相违。契应现代人心,要重视现代人心的趋向,抉发大乘中契应现代人心的正道。然这决不是迎合潮流,随波逐浪的。发扬佛法,是要传达觉音于现代人心,引导人类,进向真平等、真自由，充满了无限光明的前途。如但求适应，而不能引导人心向上，向光明，向究竟；或者适应低级趣味，以为大弘佛法，而不知反蔽佛法的真光，也就失去了大乘救世的真正意义。佛法的适应现代人心，要引导而使人类发生向上向究竟的正思，从正思而起正行，以达到觉化人海潮的目标。所以，我们的发扬大乘，着重适应，更着重引导，导向于正觉的光明。

本刊的创办者——太虚大师，为我们指出了弘扬佛法的正确方针、恰当态度。我们在秉承大师的慈训下，应相慰相勉，而踏实地前进。在这大师圆寂六周年的今日，应该重温大师的遗训，来表示我们虔诚的追思；坚定我们的信念，认清我们的目标，追踪大师的遗轨而迈进！

三六　关于《海潮音》的话

　　本社同人要我出来主持，这虽说义不容辞，而事实是非常勉强的。单以文稿来说，来源就够困难了。台湾与散处各地的执笔者，没有过去那样多，这不能不请求爱护本刊的作家，多多给以文字的帮助！

　　有人觉得，本刊一向过于高深，这也许是对的。但本刊有三十三年历史，有它自己的风格；秉承大师的遗意，似乎不能过于降低水准，或者改变作风。不过佛法的高深，决不等于繁琐艰涩。所以真能言之有物，倒希望能多载一些通俗而有内容的东西！

　　在佛法中，本刊一向有着自己的立场——"即人成佛的人菩萨行"。然对于佛法，决不为狭隘的宗派成见所拘束，愿意在友意而求真的立场，使本刊成为各家共同发表的刊物。大乘法，本来就是充满容忍与谅解精神的。

　　有关改进本刊充实本刊的意见，本刊将真诚地乐于接受。

　　这个时代，有内容有分量的刊物，不要说佛法，推销都是难得理想的。所以维持本刊慧命，不能不请求多方协助。发心担任社董,长期帮助,这当然万分感念。能为本刊作介绍,作推销,就是自己长期定阅,也都是维持本刊,做着护持正法的功德! 这点,恳切地热望大家来发心!

三七　新年的旧希望

　　一年又这么过去！蒙三宝的恩威护念,社董、作者、读者的热情支持,本刊又完成了三十四卷的一年。回想起来,欢喜中充满惭愧。欢喜的是:无论如何,又完成了一年的历史;虚公大师留下的弘法事业,在这险恶艰苦的时代,还能继续其光荣的任务。然想到刊物自身,无论是文章的内容,适应这个时代的特殊意义;以及编排方面,校对方面,都不曾能达到预期的理想。虽不是不想做好,而有些难以解决的实际问题,然负责者的才能与经验不足,不能不说是问题之一。希望同人能日有进步! 希望今年的本刊,比去年更理想些! 这才能对得住社董、作者与读者的热忱! 才对得住本刊创办人——虚公大师!

　　新年新色,论理有一番新的希望。然而中国佛教,一向陈陈相因;所希望于佛教的,都只是历久犹新的问题。所以趁此一年一度的新年,重提旧希望——从本刊说到佛教。

　　"佛法的高深,并不等于繁琐艰涩。所以真能言之有物,倒希望多载一些通俗而有内容的东西。"(本刊三十四卷复刊号)这是不曾能实现的希望。专门化,过于繁琐艰涩,那佛法只是极少数人的佛法。而一般信众,仰信佛教而得不到正确的信解,莫名其妙,必然地变质为庸俗的、迷信的。深的是玄之又玄,门墙万仞;而浅的是俗而又俗,鬼话连篇。这对于摄引现代信众,都是障碍而不是方便。深入浅出而言浅意深的,意趣纯正而高尚的通俗文章,希望今年佛教界能多多产生! 本刊是竭诚欢迎刊载这一类的作品。

　　本刊在上年,介绍了一些国际佛教。如《日本佛教一瞥》、《菲律宾的佛教》、《锡兰佛教的现状》、《柬埔寨的佛教》、《香港佛教素描》:这是各地佛教的报导。《欧洲最近之佛教研究》、《日本佛学界现状》:是现代国际佛学的研究情况。《巴利文献》,可说是南传佛教的书目提要。《铃木大拙选集跋》、《序佛教圣典史论》:是日本佛学思想的一面。我们觉得,佛教不仅是中国的佛教,是创始于印度、传布于全世界的佛教。从加强中国佛教活力来说,从佛教徒的团结以发扬佛教来说,从联系世界佛徒,为自由与和平而努力来说,都应该了解别人,彼此谅解。佛教是有着国际性的,以印度文明为背景而施设的,所以决不能专以中国佛教为独一无二,以中国佛教来衡量一切。例如锡兰、缅甸等佛教,以大乘为非佛说,这当然是我们所不能同情的。然而决不能把他看作魔说,看作佛教叛徒,他们还是于佛教有信行的。如日本及西方的佛教徒,或着重事实,作严密的考证。或依据发现于现实人间的佛教文化活动,从历史观点,比较研究,而把握它的内容。他们有时是"如九方皋之相马,略其玄黄而取其俊逸";与我国一分信徒的确信一字一句为金口亲说,相当不同。然而他们的信解佛法,也许并不比我们差,能说他不是佛教吗? 国际佛教差异性,过去是声闻学与菩萨学,或重显与重密的不同,现在更是方法论的不同。

无论它是或非,纯正或驳杂,都需要理解它,理解它才能沟通它。也唯有了解它,才能批判地摄取它,接受它的长处而不是盲从它。本着中国佛教的特色,来摄取国际佛教的长处,以加强充实中国佛教,谋求中国佛教的复兴,这是虚公大师的愿望。虚大师的伟大,除了悲心为教的永不失望而外,就是这放眼全体,心胸阔大,而不自蔽于狭隘的洞穴。这种愿望,也就是本刊的愿望,真是任重道远! 希望法师与居士们,能予以同情赞助!

怎样整理僧制,充实僧众的学德? 这是虚公大师对于复兴佛教的核心问题。一向以本刊为中心,不断地鼓吹,不断地建议。然而虚公大师的兴教大愿,在传统的巨大抗力下,始终不曾能实现。现在一切得从头做起,这必须设想到实际情况,然后设计来整理建设。过去虚公大师曾以"教产革命"、"教制革命"、"教理革命"为号召。三四年前,我也曾归纳为"经济问题"、"思想问题"、"组织问题"、"僧俗问题",为建设佛教的先决问题。即是必先考虑这些重要问题,在建设的未来佛教中,希望是怎样的? 怎样才能不违佛法,契合时代,而容易到达佛教的复兴! 不知中国佛教的症结所在,无计划地建设,无条理地执行,将是中国佛教复兴途程中的障碍。这些,希望大家来考虑,希望能有积极性的、建设性的提议! 这是本刊的愿望,中国佛教而没有复兴,这将永远是迫切的愿望。

世界人类的和平与自由,国家民族的复兴,希望能从速地实现! 希望在三宝恩威的光明中,佛教发扬的途程中,真自由与真和平,能实现于人间。

南无佛陀! 南无达磨! 南无僧伽! 娑婆诃!

三八　佛化音乐应有的认识

——为马尼拉精进音乐团讲

诸位青年善友们:今天贵团约我到此地来与大家见见面,讲几句佛法,心里觉得非常的欢喜!因为我过去到过这儿,三年后故地重游,发现一种不同的新气象,知道有青年的组织——佛教精进音乐团的创立。大家借音乐的助缘来修学佛法,以佛法的精神领导音乐活动。而且有这么多的青年虔诚学佛者同聚在一堂,互相切磋励进,追求真、善、美的最高境域,可说是我这次感到最兴奋的一桩事情!

贵团名精进,以音乐的方便来学佛,我也想提供一点佛教与音乐的道理,贡献给大家作探讨、研究的材料。记得此地新近出版的《释迦圣诞特刊》里苏志祥居士的一篇文章——《精进音乐团佛诞演奏之意义》,说明音乐与佛教的关系,写得很详尽、美好。我现在只略加补充,或者是重说。

音乐对我们人类感动的力量很大。在大乘的佛法中,对于艺术,特别是音乐、歌咏,向来非常的重视。我们见到很多的信众,每每都因在赞仰三宝的歌唱中,生起宗教的情绪,渐渐与佛教发生关系,而走向到皈依三宝的路上。在佛灭四五百年间,大家都知道印度有位很著名的马鸣菩萨,相传他是以音乐化度众生的,曾经作过一首很美妙动人的歌曲("赖吒和罗"),而且由他亲自演奏。当时很多人受了感动而信仰三宝,甚至自动捐弃王位的尊荣来出家的。不单止于音乐,就是像寺院里的钟声,在清晨天将亮未亮的时分,震彻大地的昏暗,也会激发人们的宗教仰信情绪而来学佛的。所以我们要善为利用音乐的工具,作为弘扬佛法、教化众生的前导。

弘法的意义,可以说是将佛法宣扬、传布出去。这可以分为二类:一、知识的传授;二、(艺术)音乐的感化。把佛教的理论、修行的方法,条分缕析地说明,使人们对佛教的理法、行法有了明确的认识,加深信仰,真实修行。这种诉之理智的说教方式,当然是重要的,但有时反没有歌唱、赞咏的感化力来得快,来得强。因艺术是情意的,直接激动感情、意志,引生同情、好感的共鸣。僧团中诚挚虔敬的赞佛声,或念佛念得非常和谐、恳切的声浪里,最容易激发宗教的信仰情绪。所以在过去的大寺庙里,对于音乐也很重视的。诸位专门以音乐为中心来修学佛法,将来的成果一定非常的大。

音乐最容易感动人,可是缺不了真实性的。这是甚么意思?因音乐是由口唱或用乐器演奏的;像古时的琵琶、箫、笛,现代的口琴、钢琴,佛教里的铛、铃。而这些音乐的唱奏,是要由手、嘴来表达的,而嘴与手当然要启发于心的。如果内心没有真实的感情,这种音乐决不能感动人。换句话说,具有丰富、真挚、诚恳的情感,那么不管敲打、歌唱都好,一定能感人的。所以音乐,实际就是表达内在的心声。比方某首歌词是恬远、柔美的,但演唱的当下,心里非常的忧愁、苦闷,那么听者绝对得不到愉快、舒适的感觉。而悲哀的歌词,演奏者假使满腔欢喜,这还能引生别人的悲哀的同感吗? 乐器的演奏,也要内心感情相配合的。我想诸位在歌唱、演奏的时候,一定可以体会出这个道理。所以在演唱之前,应将歌调、歌调的主题有个彻底的认识,然后体会这种心境,激发自己的情愫,然后去演奏,去歌唱,才能表达出音乐的内容来,激发听众的共鸣。

精进音乐团,是佛教化的音乐团体,所有一切歌词乐曲,应以佛教为主为中心。所以我希望大家要先了解内容的真实意义。譬如赞佛的功德,就要深刻地知道佛是怎样的伟大、尊贵、慈悲,而后才能将佛的境界完整地表达。如说人生是无常的,有种种的悲哀,那么对于生、老、病、死的变易苦,乃至现前的种种境象是怎么虚幻,都要有亲切的体会,始能引发旁人对无常生起有同样的感觉。再说赞叹净土,当然对极乐世界是如何的微妙、如何的快乐,自己一定要去,像非去不可。歌唱要具备这种心境,使听众生起共鸣、同情。诸位无论是修学、研习,或做宣化的工作,希望本着这种精神去努力,我想更加能够成功。

一般的音乐,佛化的音乐,当然也不能例外,大约有两种作用:一、感官满足;二、感动内心。在有节拍的旋律中,发出动听的声韵,使人有适意、愉快、恬静的耳根耳识的满足。无论是喜乐、悲哀、轻松、严肃,一样的可以使人的感官得到满足。这只是好听,然而,一切音乐都是会感动内心、影响内心、变化内心的。不论音乐的性质怎样,对人心有益或有损,总之,都是会感动人而变化人之性情的。所以如利用音乐感人的力量,来赞扬三宝的功德,歌颂净土的圣洁,表达佛法的真理,让听众闻歌而能转移、影响他(她)们的心性,趋向于皈依三宝,净化内心。完成以音乐为弘扬佛法的任务,实现以诸音声而做佛事的最高目的,那是最好也没有了!

诸位!我有句很恳切的话要告诉大家:音乐不一定是好的。这因为,如乐音歌音的内容含有色情、绮想、诱惑的意义,演奏时虽然好听,但引人追求物质的欲望,使人浸沉在旖旎荒诞的妄想中,或歌颂战争,煽动残忍、狂暴的行为,能使人心狂暴而残忍起来。所以好的佛化音乐,不只曲调节奏得动人,而且要使人生起和平、慈悲、和谐、合作、热心、向上、光明的倾向。总之,音乐有好也有坏,我们应该有所认识,知所选择。

在我们中国的传统里,向来极崇拜孔夫子,而他对音乐也是造诣很深的。在他教弟子的课程中,就包括有音乐这门功课。然而,对某种音乐却极力地反对,曾经说"郑声淫",淫就是不正,这种音乐,能使听众的心理倾向于绮想、纵欲的不良方面。我想,精进音乐团是宗教的、佛化的,演奏、歌唱的时候,不单只顾到柔美动听,而更能注意内容的。

佛教音乐,有一些基本原则:如赞佛的功德,教理的发挥演奏时,那些优美的旋律要表达出:宽容、和平、庄严、隆重、肃穆、诚恳等,才能与佛教的精神相应。反之,再好的歌词,如演奏出轻浮的曲调,像"毛毛雨"一类的,当然不能激发宗教的情绪。精进音乐团要注意音乐的素质,做到只有音乐的好处而无流弊。

据我所知道的,西洋基督教徒,他们就有很多优美的歌词、乐谱,经他们教徒诚挚、和穆的演唱,曾鼓动很多人来信仰他们的宗教。我希望贵团不断地努力、进步，将来也能创造出很完善、很美好的歌词、乐谱，来感化、引导更多的人信仰佛陀，使人得到佛化的利益。

　　学佛的法门很多，方便也多，其中有"因乐得乐"的方便法门；从现生的快乐当中，来实现未来的快乐！诸位因音乐的方便而学佛，不止于现前歌唱、演奏的时候，心里感到安宁、欢悦、愉快。诸位能真诚信佛、学佛，陶冶于佛化的音乐中，大家的身心时时都会得到欢喜、快乐、自在！更能实现我们来生的快乐，乃至解脱，究竟成佛的安乐！

　　恭祝诸位在音乐的学习中，身心轻安、快乐，一直向光明的大道迈进！

（广范记）

三九　受戒难·受戒以后更难

听说,嘉义的大仙寺不久要传授戒律。这在中国,是一桩大事,大功德,不能不随喜赞叹。因为佛法的是否住世,全在有否如法如律的僧伽。

一般以为传戒是了不得的大事,其实佛制受戒,并不太难。授戒的,要有三师七证,这不但凑数而已,要有法定的戒腊,要自己能清净持戒。如明白戒律(论理是应该明白的)最好,但这不是学会"传戒正范",是要明白止作两持,开遮持犯。如果说传戒不容易,也许是清净持戒的三师七证太难得了!受戒的只要有衣钵,不犯遮难。双方的条件具足,传受比丘戒法,一两点钟,究竟圆满。现在的藏地、锡兰、缅甸,还是如此。

中国一向郑重其事,提倡集团传戒。人数一多,问题也多,自然时间要长一点。然真正受戒——沙弥、比丘(再加菩萨戒),也并不需要太久。不过趁这个时候,教导一些礼拜、穿衣、吃饭、睡觉、行路等日常生活,在形仪上做到整齐,也是很好的。

有人见到中国佛教(不但是台湾)的衰落,以为病在传戒太潦草了。于是发表高论,有以为至少要三个月,有以为要一年、三年。这些,根本不知道戒律是什么,传戒是什么。受戒,只是在大(僧)众前,立定誓愿,决意受持某类(或沙弥,或比丘等)律仪,经大众认可。这等于参加党团,举行遵守党规的宣誓仪式。这是重要的、严肃的,但并不是繁难的,真正的难在受戒以后。依据佛的制度,受戒以后,立即开始长期的严格修学,至少也要五年。这才能陶贤铸圣,造就龙象。而我们中国,把传戒看成天大的喜事;等到戒牒到手,谁也问他不到,让他挂单去,赶经忏去,这才是大毛病。怪不得隆重传戒,被讥为粉墨登场,做作一番。

"中国佛教会"重视大仙寺的传戒,起来指导它,使能够像样一点,这真是大功德!戒律原是马虎不得的。为佛教着想,中国佛教会以及参加传戒的大德,应该格外慈悲!不但使传戒合法,还应该负起传戒以后怎样来严格训练的应有责任。这才富有意义,这才合法合律。否则,即使如大陆上那样的辛苦传戒,也不免被印光大师慨叹为"滥传戒"。整兴佛教,这确是值得重视的一着。

四〇　政治经济等与佛法

——在汉藏教理院座谈会讲

　　大师提出的问题,刚才听了两居士所发表的意见,我也有一点感想。佛法是以有情(生命物)为中心为出发点的,所以佛法的目的,在使有情认识痛苦而求解脱。因为佛法的本旨如此,所以佛法完全是为了要改善人生。有情痛苦的发生,不出三方面:一是由于自己(身心之间)所引起的。二是由于社会(自他之间)所发生的。三是由于自然环境(我物之间)给予的。佛法的宗旨,是为了要解决这些痛苦。但我与自然之间,只要有方法,了解自然物质的原理,就可控制利用而摆脱之,人人可以实验,像科学所说的。可是人类社会的自他之间,就不会这样简单,在某种环境之下,同一的社会关系、社会机构,他赞成,你却不满意;过去可以安全,现在就不能控制;从前热烈地追求它,现在却厌恶它。社会现象所以不像自然科学的那样必然,就为了有人类的精神活动在。故仅只科学是不足以改进社会的。社会的改善,可从适合多数人的要求,用社会组织的共同力去改善它,政治、法律等,都是为了这一点的。说到身心间的问题,只要肯自我反省,就可以知道比社会纠纷更复杂,更不容易把握。个人的性格、兴趣、嗜好、思想，要加改善，是很不容易的。一切宗教、修养，特别是佛教，侧重在这一点。从广义说，要改善现实的人类社会与这三种都有关，也可说自然科学、社会科学以及宗教佛法，都为了改善有情中心的人间。但如社会不良，没有合理的制度，那科学会变成贼害社会的东西。现代战争，不是受尽了科学的伤害吗？但这与科学本身无关。进一步，如人类私欲发展，人格堕落，那么任何社会制度都难于改善社会。多少人假借民意，利用愚民；多少人利用政治、经济机构，来破坏社会的和平。所以这三者并重，而改善社会，应从根本的人格思想改善起，这是佛法的立场。而且，科学的进步，不一定是社会的合理与平安。社会的改善，不能担保你的身心安乐。佛法是从这究竟的观点出发的。

人类的社会组织的好坏，虽有各人的见解不同，但不是不能比较的。大概在国家强盛时，其政策就比较宽容倾向大同；若受到压迫，在危亡之时，就要强调比较狭隘的国家民族主义。社会的终极，当然是倾向大同，但真正的好坏，我认为应从人类的共同要求，而更当重视某一时空中的现实需要，从双方兼顾中去估量其价值。否则，任何制度都不能一定适合，这只是例子。

佛法对于现实社会的改造，可以约声闻佛教与大乘佛教两方面来讲。声闻佛法与大乘佛法不同，它是超越的，不是正面地去从事经济、政治等活动，它是从有生而到无生，超越社会而得解脱。有人说，这是消极，但消极并不一定与世间就无好处。如小乘圣者，他有伟大的精神修养，有高尚的人格，便可以影响社会。如中国的伯夷、叔齐，其精神感召后来的人也很多。然大乘佛法的思想,则完全不同。它以为生即无生,无生而不离生,故正面地去从事经济政治等活动,并不妨碍自己的清净解脱。它要从世间的正业去体验而得解脱,这种解脱,叫做不思议解脱,这在《华严经》里说得很多。故大乘佛教的思想,对于社会,并不一定要站在旁面,政治、经济等,在吻合佛教的思想体系下,何尝不是佛法? 因为它主张世间法即是出世法的原故。总之,佛法一是净化身心的声闻教,守住自己的岗位,不失自己的立场,从旁面去影响社会,不去从事正面的经济等活动,它深刻不能广及;二是以世间而达到清净解脱的大乘佛法,可以正面地去从事经济政治等活动。出家人应以声闻佛教为立脚点,而在家佛教徒则可本着大乘佛教的精神,正面地去从事政治经济等活动。这政治经济等,就是佛法。

（光宗记）

四一 论"西方不是菩萨所应去的"

《觉生》月刊"大醒法师纪念特辑"中,有吕君传述醒法师的遗言说:"西方不是菩萨所应去的。"这对于往生极乐的净土行者,当然要引起非常的异议。唐湘清居士来函,要我说几句话。我知道了,确乎是应该说几句的。但醒法师已经过世,他有没有说过,我并不知道。

佛法,本不如一般人所想像的一佛、一经、一咒。佛法是有无边方便,适应不同的时地情况,不同的根性好乐,而又是圆备众德以归趣一极的。从菩萨的根性不同说,有人行而向菩萨行的,有天行而向菩萨行的,有声闻行而向菩萨行的。有信愿增上的,有慈悲增上的,有智慧增上的。龙树菩萨说:"有菩萨以信(愿)精进入佛法,乐集佛功德,生净土中。"所以修普贤行,发心回向西方净土,即是信愿增上的菩萨,也即是所说的易行道。求生净土而能发菩提心,怎能说他不是菩萨行? 就全部佛法的立场说,如醒法师有这样的话,是应该修正的。因为菩萨不一定要生净土,却自有要去净土的菩萨。

然而,即使醒法师有如此说,也不知他的真意何在,本不便照着我的见解去论断他。依我所知来推论,可能有两种意义:

一、醒法师是偏于慈悲的。从他所表现于外来说,确乎如此。他护教是有热心的,极希望佛教能多做一些利益社会的事业。他不重信愿,不重智证。这句话,可能是流露自己的心境,也可能是把自己所看作最重要的、最彻底的内容,说出来教人。这等于古代重智证的禅者,以为西方在十万八千里外,劝人不必外求。也如一分重信愿的净土行者,以为"南无阿弥陀佛",一味阿伽陀药,学佛尽此就足够了!当然,从全体佛法来说,这是有所见而有所蔽,算不得圆正。

二、听说(唐居士信上说),醒法师也每每劝人念佛。那么他说这句话,应该是对治悉檀吧!事实的确如此,但听说人人求生净土,而对于现前的秽土众生的苦难,特别是当前的人类苦难,却充耳不闻,熟视无睹。慈悲,似乎非要等到再来娑婆不可。为慈悲为本的佛法住世,为佛法的利益人间着想,此时此地的菩萨,也应该为苦难的此土,苦难的人类,发发心,想想办法了!以慈悲为本,而针对偏重信愿的说法,是不了义的,却有着对治作用!

从圆正的佛教来说,这句话,仅有对治的意义,不是彻底的。我想,净土行者如能做到求生净土,而不放弃当前的责任,尽量慈悲利济,积集净土资粮,那么醒法师的话,就失去对治的意义了。

四二 《普陀山志奇》的来历

关于中山先生的《普陀山志奇》一文,有的说是陈去病代笔,有的不相信代笔。然无论是伪是真,而在普陀山,确乎见到奇迹,这是不可否认的。想起我事后所听来的说明,把它写下来,作为考论此事的参考。

民国廿三年旧五月底,我从武院回普陀,上佛顶山阅藏楼去阅藏。知客师月静、颂莱来告诉我,说普陀山新近发见了国父的墨宝。他们拿照片给我看,我对于如何发现一层,探问了一下,觉得也还入情入理。这才为他们写了一篇短文,发表在《佛教日报》上。

事情是这样:前寺的大知客万松,虽是十方人,却在山上过得很久,很熟。这年夏天,接任了净土庵的住持。净土庵是比较荒凉的小庙,交卸时,附带地交出此项文件。净土庵的旧住持,名字我已忘了,他怎会有这一项文件呢? 据说,中山先生游普陀时,前寺方丈是了余和尚,似乎陪同去各处游览。游览归来,在前寺丈室晚餐。谈起所见的瑞相,了余和尚当下请他留个纪念。据说,这篇《志奇》是当晚在前寺丈室写的。中山先生等当晚下山,了余和尚送客归来,一时忽略,等到第二天早上问起,已不知哪里去了。原来,后来在净土庵当家的那位,当时在丈室当侍者。他年纪还轻,不懂事,而对中山先生却有一种景仰,因此就把它藏起来。过了二十年,他已潦倒不堪,净土庵荒落得无法维持;自己也知道堕落,没有保存该项文件的资格与必要,因此就一并交出来。

　　该项文件的来历,照这样说,也还入情入理。假使说伪造,净土庵的那位旧住持,文章与书法,都还造不出这一篇来呢!

四三　须弥山与四洲

——兼答林楞真居士

须弥山中心的世界观，是佛教古典的一致传说。佛教的传说，以须弥山为中心，九山（连须弥山）八海围绕着；在须弥山的四方海中有四大洲；日与月旋绕于须弥山的山腰。我在《佛法概论》第九章说："这样的世界，与现代所知的世界不同。"换言之，佛教的传说与近代所知的世界情况并不相合。假使说，这是微小到看不到的，或远在十万百万亿国土以外的，那就不是一般世间知识所能证实，也不是一般知识所能否认，我们大可以不必过问。可是，须弥山是我们这个世界的中心，而四洲又是同一日月所照临的地方。又近又大的世界，我们自己的世界，这是不能避而不谈的。这一古传与今说的不能完全相合，应该有一合理的解说。否则，有近代知识的人可能会引起误会，因此失去佛法的信仰。

我在《佛法概论》中，曾有过一项解说。但试作合理的解说，不是由我开始。《佛法概论》中说："以科学说佛法者说：须弥山即是北极；四大洲即这个地球上的大陆，阎浮提限于亚洲一带。"这是老科学家王小徐先生的解说。这一解说，对于传说的南洲日中、北洲夜半,恰好相合。但以须弥山为北极,变高山为冰地,与固有的传说似乎距离得太远。还有,"真现实者说:须弥山系即一太阳系;水、火、地、金四行星即四大洲,木、土、天王、海王四行星即四大王众天,太阳即忉利天"。这是太虚大师《真现实论》所说的。依着这一解说,以北拘罗洲为另一星球,可以不成问题。而传说太阳旋绕于须弥山腰,而现在解说为太阳即是须弥山顶的忉利天,也不大相合。

对于这一问题,我有几点意见:一、佛是德行的智慧的宗教家,他着重于引人离恶向善,断惑证真。对于世界的情况,只是随顺世俗所说的世间悉檀。换言之,佛说的天文地理,是随顺当时印度人所知的世界情况而说,并不是照着佛陀知见的如实内容来说。如母亲要幼儿服药,幼儿却仰望天空,说乌云中的月亮跑得真快。慈母不必要纠正他的错觉,因为他还不能了解"云驶月运"的道理。说也徒然,也许会越说越糊涂,倒不如顺着他说,劝他赶快把药丸吞下。如来说法也如此,有"随众生意语","世界悉檀",有"婴儿行","婆婆啝啝"地顺着愚痴众生说些不彻底的话。"黄叶止儿啼","空拳诳小儿",这在佛法中,都是善巧方便,如语实语。如释尊而生于今日,或不生于印度,他所说的世界情况,当然不会随顺古代印度人的世界观而说。如忽略了这点,把曲顺世俗的随他意语看作天经地义,那就"根本违反了佛陀的精神"。

二、我以为,像佛教流传的世界情况,是"释尊部分地引述俗说,由后人推演组织完成"。如汉译《长阿含》的《世记经》(体裁与内容,近于印度的《往世书》),特地详细地论述世界情况,而阿育王时南传锡兰的巴利文本,还没有此经。其实此经的序分,明白说到由弟子间的商议而引起。与此经内容大同小异的《立世阿毗昙论》属于论典,说这是"佛婆伽婆及阿罗汉说"。这不但说明了这里面包含了佛弟子所说的成分,更证明了这只是由佛弟子讨论组织完成,认为合乎佛意。可是,佛说的不一定如此。

三、古代的地理传说,起初都是有事实依据的。或者是观察得不精确,或经过某些人的想像,这才说得与实际不相应。如我国燕齐方士传说的"海上神山"、"蓬莱三岛",当然有事实根据的。可是海上的三岛,并没有如方士们想像的那样是神仙住处。又如经中说:无热大池,流出四大河。依实际观察所得,帕米尔高原确有大池,俗称维多利亚湖。从四方高山发源而流出的,确有恒河、印度河、缚刍河;至于徙多河,即是流入新疆的塔里木河,可能古代与黄河相衔接。然而,说由无热大池流出,说由四方、牛口象口等流出,就不尽不实了。现在所要讨论的,须弥山为世界中心,拘罗、阎浮提洲等,当然也有事实根据的。不过在传说中,不免羼入想像成分,弄到与实际情形脱节。所以,唯有从传说中,寻求其原始依据的事实,才是对于传说的合理解说。

"我以为,古代的须弥山与四洲说,大体是近于事实的。"先从须弥山来说:须弥山,实即是喜马拉雅山(其实,这不只是我个人所说)。这不但是声音相合,而且须弥山为世界的最高山,而依近代测量,喜马拉雅山也是这个世界的最高山。汉译的经传中,须弥山以外,有雪山,其实雪山也就是须弥卢山。如释迦族后裔四国中,有呬摩呾罗国,意思就是"雪山下"。又在喜马拉雅山南麓,有苏尾啰(即须弥卢的异译)国,古称为雪山边地。所以,雪山——喜马拉雅山与须弥卢山,为同一名词的分化。在佛教的传说中,离开雪山而说须弥山,须弥山也就消失于现实空间,而不知何在了!

我从《起世经》中,见到海在地面的古说,这是与四洲在海中的传说矛盾。又从《阿含经》中,见到佛从忉利天(须弥山顶)为母说法下来,及阿修罗上侵忉利天而失败下来,都在喜马拉雅山南不远(并见《佛法概论》引述)。因此作成这一解说:须弥山即喜马拉雅山,南阎浮提、北拘罗等,并不在大海中,而是沿喜马拉雅山四面分布的区域。去年秋天,读到新译出版的《小乘佛教思想论》,才知道印度教的传说,阎浮提以须弥山为中心,分为七国。北有郁怛罗拘罗,南有婆罗多。须弥山四方有四树,山南的树名阎浮提(原书译作姜布,即瞻部。佛教也说阎浮提从此树得名;树在河旁,河名阎浮提,产金)。所以南方婆罗多也名阎浮提;而总称七国为阎浮提,只是以阎浮提来统称须弥山中心的七国。这可见佛教与印度教,都共同依据古代的传说——依须弥山为中心而四面分布,但又各自去想像,组织为独特的世界形态。

香港东莲觉苑林楞真居士,为了学生们研读《佛法概论》,关于须弥山中心的四洲说有疑,所以条列请答。因此,我先重复申述这一解说的意趣,然后来分别解答。

问:须弥山梵语须弥卢,即今喜马拉雅山。从来说须弥山顶乃忉利天,而喜马拉雅山顶是否即忉利天? 传说曾有探险家到喜马拉雅山顶,是否即到忉利天? 既能到喜马拉雅山顶,何以现在科学家,仍未能达于月球;因日与月是在山腰,故能登山顶,亦当能到月球。

答:须弥山顶,佛教说是忉利天,帝释所住;印度教说是梵天之都。帝释名因陀罗,本是印度教的一神。总之须弥山——喜马拉雅山,是印度人心目中的神圣住处。到了喜马拉雅山,是否到了忉利天呢?这可以说,天能见人,人不见天,人见的是山岭、冰雪、树木、岩石;在天可能是七宝庄严,所以到了等于没有到。至于须弥山腰,日月运行,与近代所知的情形不同。而且,在山腰,并非嵌在山腰上,是说运行的轨道,与须弥山腰(高四万由旬处)相齐。陆行而登山顶,哪里就能飞到同样高而遥远的月球?

问:当时的四洲说,还没有包括德干高原。……从四洲到梵天,名为一小世界。既然当时的四洲还没有包括德干高原,此小世界,是否单指印度?然则其余国土,如中国等,是否又是另一小世界?

答:起初虽但指印度的部分,但等到世界交通,视线扩大,小世界也就扩大,扩大到整个地球(从地下到空中)了。如我国古说天下,其实但指当时的九州。后来,扩大了。到现在,如说"天下一家",当然包括全地球的人类在内。

问:《俱舍论》云:前七金所成,苏迷罗四宝……山间有八海。若喜马拉雅山即是须弥山,而喜马拉雅山是否四宝所成?……说须弥山就是喜马拉雅山,似乎与经论有抵触,不知究竟依何者为合?是否……铁围山等,皆属神话传说?然则佛说世界安立,有无量无边,还可信否?

答：说喜马拉雅山即是须弥山，与经论是有抵触的。其实，不但我所说的有抵触，王小徐居士及太虚大师所说，也一样有抵触的。然而，所抵触的经论，根源来于《世记经》及《立世阿毗昙论》等，这都含有后人的想像与组织。而且佛说的世界情况，不外乎随顺当时人所知的世界情况。现在面对近代所知的世界情况，并不如传说所说，就难免有抵触。为了会通现代所知的世界情况而需要解说，所解说的当然不能与传说相合。如一一相合，就与现代所知的不同了。至于佛说世界无量，本为印度宗教的共说，而佛则说得更为广大些。依现代所知的世界来说，确乎可信！

问：佛说北拘罗洲是八难之一，何以此种世界，为佛教仰望中的世界？又其除亲属外，自由交合，云何能做到不邪淫？又既说北洲是极福乐的世界，而事实的北俱卢洲是否如是？

答：八难，依原语，应为八无暇，因为北俱卢洲等没有听闻佛法的机缘。虽然是极福乐的世界，只是生死轮回中事，不能发心出离，所以列为八难之一。如三界中最高的非想非非想天，也是八难之一——长寿天。此难，是无缘修学佛法，并非一般的灾难与苦难。说到不邪淫，一般人总是以现有的观念去看它，所以觉得自由交合，就不能不邪淫了。不知合法的交合为正淫，不合法的为邪淫。什么是合法？凡是当时的社会（或者国家）公认为这是可以的，为社会所容许的，就是合法。如古代印度，有七种妇：买卖婚姻名“索得”，掠夺婚姻名“破得”，自由恋爱名“自来得”等。社会容许，国家的法律不加禁止，便是合法。北拘罗洲，没有家庭组织，没有私有经济，近于原始社会。在这种社会中,大家都如此,所以谁也不会犯邪淫。如不了解这个道理,如中国在传说的伏羲以前,还没有婚姻制,难道人人都犯邪淫而要堕落的吗? 不过随社会的文明日进,而道德的观念不断进步,也就再不能以原始社会的情况为口实,而觉得我们现在也可以如此! 现代,如不经合法仪式(哪怕是简单的),就不免成为邪淫了。事实的北俱卢洲是否如此,现在还没有发现这样的乐土。论理,这在同一咸海中,在同一日月照临中,在同一小世界中,不应该离此地球以外的。我遇见一位方大居士,他想把北拘罗洲远推到银河系的世界去,以免找不到北拘罗洲而烦恼。然而,这不是合理的解说。

佛教所传的须弥四洲说,与近代所知的世界不同。这是一个问题,需要解说。前人有过解说,我也解说一番。也许解说得并不理想,不圆满的,可以纠正而说得更圆满,希望有更良好的解说出来! 假如,漠视现代的世界情况,高推圣境,再说一些科学"有错误"、"不彻底",自以为圆满解决了问题,那也只是自以为然而已!